中华文脉
SINIC CONTEXT

从 中 原 到 中 国

王战营 / 主编

《中华文脉》编辑出版委员会

主　编　王战营

编　委　（按姓氏笔画为序）

王　庆	王中江	王守国	尹书博
冯立昇	刘庆柱	李文平	李向午
李伯谦	李国强	张西平	张存威
林疆燕	耿相新	顾　青	郭元军
葛剑雄	曾德亚	谭福森	

从中原到中国

王战营 / 主编

人间惆怅客

纳兰性德

李 雷 著

中州古籍出版社
·郑州·

图书在版编目（CIP）数据

人间惆怅客：纳兰性德／李雷著 .—郑州：中州古籍出版社，2022.2
（中华文脉：从中原到中国）
ISBN 978-7-5738-0184-5

Ⅰ.①人… Ⅱ.①李… Ⅲ.①纳兰性德（1655-1685）-传记 Ⅳ.①K825.6

中国版本图书馆CIP数据核字(2022)第033802号

人间惆怅客：纳兰性德
李　雷　著

| 出 版 人：许绍山 |
| 责任编辑：石　丹 |
| 责任校对：岳秀霞　刘丽佳 |
| 装帧设计：曾晶晶 |

出版发行：中州古籍出版社
　　　　　（地址：郑州市郑东新区祥盛街27号6层　邮政编码：450016
　　　　　　电话：0371-65788693）

| 经　　销：河南省新华书店发行集团有限公司 |
| 印　　刷：河南新华印刷集团有限公司 |
| 开　　本：710mm×1000mm　1/16 |
| 印　　张：17.75 |
| 字　　数：241千字 |
| 版　　次：2022年2月第1版 |
| 印　　次：2022年3月第1次印刷 |
| 定　　价：58.00元 |

本书如有印装质量问题，请与出版社调换。

目 录

引　子 ——— 001

第一章　生命 ——— 007

　　一、同年降临人间的两个小生命 ········ 011
　　二、浴血沉浮的家族 ········ 016
　　三、何样双亲 ········ 023

第二章　青春 ——— 031

　　一、被寒疾困扰的孩子 ········ 035
　　二、翩翩诗才一少年 ········ 039
　　三、初恋之谜 ········ 046
　　四、万春园里误春期 ········ 056
　　五、红药栏边携素手 ········ 063
　　六、神驰心仪汉文化 ········ 066

第三章　尘缘 ——— 079

　　一、不信道，遂逢知己 ········ 085
　　二、肝胆相照重然诺 ········ 096

三、片时春梦归逝水 ……… 115
　　四、渌水亭畔的际会 ……… 124

第四章　困惑 ────── 137

　　一、金殿玉阶，个中冷暖和谁道 ……… 141
　　二、骤变的诗心 ……… 154
　　三、等闲离别黯伤魂 ……… 169
　　四、万帐灯火中的失意客 ……… 180

第五章　叛逆 ────── 191

　　一、惴惴有临覆之忧 ……… 194
　　二、醒也无聊，醉也无聊 ……… 202
　　三、万里西风瀚海沙 ……… 212
　　四、愿学海鸥，闲飞闲宿 ……… 225

第六章　早殇 ────── 231

　　一、最后的行旅 ……… 233
　　二、落花如梦凄迷 ……… 247
　　三、冷雨一宵葬诗魂 ……… 256

尾声 ────── 267

　　画面一：顾贞观，辍笔谢知音 ……… 269
　　画面二：明珠，风烛残年的凄凉 ……… 271
　　画面三：笔者，龙湾子河畔的紫思 ……… 276

引子

引 子

　　他病倒了，病得很重。

　　夜，犹如一只漆黑的大口，吞噬了周围的一切。窗外，雨依旧缓缓地下着，从傍晚一直下到现在，仍没有停的意思。细密的雨丝摔落在屋顶、树梢、花丛或跌落在地上、荷塘里，发出沙沙的响声。

　　往常，他最喜欢雨了。园子西南角假山上那座别致的扇形小屋，就是他的"听雨轩"。

　　雨，是大自然多么慷慨神奇又温柔多情的馈赠啊！那瞬息万变的灵动、跳宕，那与造化万物碰撞交融而奏出的美妙乐音，那把所有一切都包容吞纳进去的神秘朦胧，竟是那么令人着迷。春雨的细润无声，梅雨的如丝缠绵，秋雨的似泣如诉……你会喜、会忧、会怅然、会遐想、会无端涌上思绪万千……特别是盛夏之夜，倾泻如注的暴雨荡涤掉白日的喧嚣燥热，伴着烛光，一卷好书在手，耳畔响着雨啸雷鸣，一阵清爽之气渗透全身，那感觉真好！不由得让人心头涌上一种柔和温馨的感动。

　　可现在，他——纳兰性德正靠在睡榻上烦躁不安地转动着身子。他在发高烧。眼看就进入七月了，他还裹着一床挺厚的红锦缎被，却仍止不住地打冷战。药早吃过了，没有发汗，体温还在上升。头痛得像要炸裂一般。

　　漫长的夜，恼人的雨。

　　幽暗的烛光一闪一闪的，照着他烧得通红的面颊。他合着眼，真想睡一会儿，可意识被烧灼着，格外活跃。

"雨真大，那些花儿不会被打落吧？"听着雨声，纳兰性德惦念起窗外那两株"明开夜合花"。它们刚刚开花吧？

其实，那夜合花树，实在称不上树，也算不得花。这种本名卫茅，俗称"鬼箭羽"的落叶灌木，真是太普通了。北方的山坡土丘，沟沟岭岭，甚至村落乡野的道边路口随处可见，平凡得不会让人多看它一眼。可是，纳兰性德喜欢夜合花。这两株就是他特意让人从西山那边挖回来，他亲手栽在西花园这座房子前的。

与园子中那些奇葩异卉、贵树珍木比，它太不起眼了。可是这并不妨碍它和别的树一起蓬蓬勃勃地生长，这两日它们竟开花了。那些花朵可真小，仿佛还害羞似的躲在葱绿茂密的枝叶间，可因为多，竟也星星点点缀了一枝梢。看上去，白绿相间，煞是可爱。若在姹紫嫣红的春天，谁也不会注意它的存在。可它聪明地避开百花争艳之时，在夏日的浓荫中悄然开放，那一小朵一小朵的洁白，虽无浓艳，但却别样幽芬，散发着淡淡的清香，倒真有一份脱俗的美感。最有趣的，这小花竟有些像人。白天活活泼泼地开放，晚上却要安眠，那一对一对小小的花瓣一齐合上。人们给它起了个好听的名字——明开夜合花。

"这小东西怪通灵性的。"纳兰性德曾几次惬意地提起它。他喜欢的正是这一点。

> 阶前双夜合，枝叶敷华荣。
> 疏密共晴雨，卷舒因晦明。

不知怎的，脑子里就跳出几句诗。这不是白天和朋友们在庭中题咏夜合花时自己写的吗？"白天，白天……"他竭力回想白天的事情，但让高烧折腾的，感觉白天仿佛已经是遥远的事儿了。

顾梁汾、姜西溟、梁药亭、吴次原……一张张熟悉的脸在黑暗中闪过，倏地，又消失了。"梁汾，你们在哪儿，在哪儿？"纳兰性德实在想不起朋友们什么时候都走了……

  影随筠箔乱，香杂水沉生。
  对此能销忿，旋移近小楹。

又是那首诗，"对此能销忿，真的能销忿吗？"一阵剧烈的头痛，伴着眩晕，他的思绪无法连贯了。

屋外，天仍然黑沉沉的，雨似乎还在下，但已经小多了。当、当、当……硬木条几上，那架雕花的精美西洋自鸣座钟一连敲了七下。已经是清晨了，他被高烧搅得竟一夜未合眼。

家童出去了一会儿，回来说："那花儿还好好的。"

"这就好。"纳兰性德长舒一口气，疲惫地合上眼。

第一章　生命

第一章 生命

两天的透雨，紫禁城的拂晓被洗得清爽亮丽。

薄纱般的晨雾悄然散去，笔直的中轴线上一座座华丽的金殿碧宫、四周错落有致的龙楼凤阁，一下全鲜亮亮地跳出来。金黄的琉璃瓦顶、暗红色的宫墙、大红的窗棂廊柱、光洁的汉白玉围栏……整座紫禁城沐浴在灿烂的朝阳下，夺目辉煌，美极了。

天空没有一丝云，蓝得澄澈透明。这是一个勃勃有生机的夏日清晨。

内宫乾清门里出来一个人，他向南面中左门方向走去，踏在还有点雨渍的青石砖道上，他的步子有些迟缓。这人五十开外，一身合体的朝服罩住已微微发胖的体态。红缨帽下的方脸盘嵌着一副慈眉善目，看上去平和尊贵。可如果端详，还是能从他那紧抿着的嘴唇透出的果断自信、从那双精锐的目光中射出的机敏，想象出他年轻时咄咄逼人的英气，只是此刻，那眼神中含着一丝不易察觉的忧虑和疲惫。

他就是当今康熙朝中一位举足轻重的人物——明珠。

这条路他太熟悉了。从先皇帝顺治的侍卫到当朝的太子太傅，他已经在这里走了三十多年。这青砖大道平坦宽敞，让他感到非常舒服，走在上面那么平稳踏实。可今天，这路忽然显得那样长。

刚才，在乾清宫启奏完毕，康熙皇上又向他询问起纳兰侍卫的病情。其实两天来，皇上已经多次派御医、侍卫去他府上探望。明天，皇上就要按每年的惯例，起驾去关外避暑，他似乎还不放心，嘱咐明珠要一日三次派人向他禀报纳兰侍卫的病情，皇上那张年轻的脸上挂着关切、眷顾，宽慰明珠太傅要自重，不可过于忧虑……

谢过龙恩，明珠退出养心殿，心里仍是沉甸甸的。他怎么能不着急呢？他心爱的长子高烧不退已经是第三天了。

他的眼前浮现出长子纳兰性德那张英俊清秀的脸，脸上挂着他熟悉的微笑。忽然，那微笑消失了，换了一张苍白、憔悴，被痛苦扭曲的脸。明珠像被什么绊了一下，脚步乱了。他下意识地做着调整。多年来，他已经能准确用相同的步距走完这段路。如果数一下，准会一步不多，也一步不少。他深深地吸了口气，好像也是为了调整一下纷乱的心绪。可他此刻沉郁的心境一点儿也没有被周围清新湿润的空气感染而变得明朗起来。

一缕强光，透过建筑物间的空隙射了过来。明珠下意识地眯起双眼，原先晃动在眼前的影像一片模糊——英气勃勃的、憔悴痛苦的脸全不见了，一张粉红、稚嫩、灵秀、漂亮的男婴的小脸却跳了出来。明珠睁开被阳光刺得眯起的双眼，他想捕捉住这个幻觉。眼前什么也没有，可那张可爱的小脸再也赶不走了。那是三十年前，就已经深深印在他脑海中的孩子的脸。三十年前、三十年前……

"太傅，中左门到了！"一声低低的呼唤，提醒着他。

中左门外，两侧整整齐齐地排列着一干人。每日明珠去乾清宫奏事，各部院的满汉官吏，还有他的心腹，便自觉地列队在中左门外，垂手直立恭候等待。这情形不知从什么时候开始的，现在早已形成了一种习惯。每回，他都要在这儿驻足多时，或与下臣处理政事，或者与官员们传递交流着宫廷的情形，或者与心腹们密谈，或者仅仅是随便闲聊几句……这个时候，总是明珠心情最舒畅、思维最活跃、处理事情效率最高的时候。他喜欢这种被人簇拥着的感觉，享受人们对他俯首听命、一呼百应的场面。

可是今天，他的注意力无论如何也集中不起来，思维仿佛已经停滞。

儿子幼时那张可爱的小脸总恍恍惚惚在眼前晃动。两侧的文武官员仍然恭首伫立，有人行了礼，却没有人走上来问安。他们都听说了纳兰侍卫病重的消息，他们知道太傅此刻的心境。

明珠的脚步仍有些粘滞，但没有停下来。他好像没有看见站在那儿的人群，目光越过他们，散漫地注视前方，径直走了过去。他甚至没有向左拐到武英殿——他平日办公的地方——而是木然地继续往前走去。他要赶回家，他实在放心不下被高烧困扰着的儿子。虽然纳兰性德发烧是常有的事，可是这次来得如此凶猛，且迟迟不发汗、不退烧，愈来愈重，却是不曾有的。一种不祥之感忽然从心底浮上来……

午门外，明珠的贴身仆从安图早等候在那儿。他把太傅搀进一架四抬绿呢红布围大轿，轿子匆匆地向北城而去。

太阳已升得老高，被阴云遮住了两天，现在要报复似的，加倍地把自己的热力洒向大地。潮湿的空气经骄阳的烤晒，蒸发，升腾，消散。天，燥热、燥热的。

明珠全然不觉，他把头靠在轿背儿上，疲倦地闭着眼。儿子小时那张漂亮的小脸就在眼前晃动。三十年前……明珠的思绪随着轿子的颠动飘飘忽忽，飘得很远、很远……

一、同年降临人间的两个小生命

公元一六五四年，顺治十一年。

大清国迎来了入关后的一个平静之年，平静得好像都没有什么可记述的。可是，因为一个人的出生，这顺治十一年，至少对大清王朝来说，就变得非同寻常了。

据记载，这一年的三月十八日（公历五月四日）巳时，紫禁城景阳宫里，一声男婴的啼哭，穿透厚密的宫闱，在春光融融的艳阳晴空下响亮地回荡。这时一股奇异的香气缓缓弥漫开去，久久不散。随之，一团五色光雾升腾而起，绕梁穿栋，充盈庭宇……当朝天子顺治帝福临的第三个儿子、未来的康熙大帝玄烨诞生了。

喜讯传来，福临正端坐在养心殿里明黄色的软缎绣榻上，脸上并没有露出平时就不易见到的笑容。刚刚落地的儿子，既不是第一个，也不会是最后一个，他并未感到格外惊喜。对于做父亲，他似乎还没有充分的心理准备——尽管他已经有了三个皇子。此刻，这位刚满十七岁、从年龄上讲还处于青春萌动期的少年天子，他还未完全发育成熟的、并不太宽阔的胸膛中，完完全全被别的事情占满了。

身为满洲入主中原、定都北京后，大清国的第一任皇帝——福临，在紫禁城中那把龙椅上已经坐了整整十年了。这又是怎样的十年啊！

当年，父王皇太极驾崩，在叔父与兄长们争夺皇位的鹬蚌之争中，作为皇九子、仅有六岁的他，被阴差阳错、不情愿地推上那把对他来说过于宽大的龙椅上。那时，他还并不清楚太和殿中三层丹墀之上那把盘龙的大椅意味着什么，只觉得它又硬又冷。穿着黄色龙袍，他像看戏一样好奇地看着眼前穿着华丽朝服的大人们向他叩首朝拜，毕恭毕敬地对他宣读一些冗长、乏味、听不懂的奏表。他还不清楚，他之所以一直没有从这把龙椅上被赶下去，完全是因为那位似乎并未过多搂抱他、给他更多温柔母爱，但却异常睿智、富有政治才干与坚强意志力的母亲的保护。全是母亲——孝庄皇太后博尔济吉特氏——在各种觊觎着这宝座的政治势力之间斡旋、斗智，甚至不惜忍辱负重而换来的……

年复一年，福临从不谙世事的小孩长成了十几岁聪敏的少年天子，当他在这把龙椅上坐了七年时，慢慢懂得了这把椅子的分量。可同时，他更深深地体会到什么叫作傀儡。他发现，自己的叔叔摄政王多尔衮才是这把椅子的主人，自己不过是叔叔那双大手操纵着的一个木偶。他感到那双大手无处不在，遮蔽着紫禁城的上空、主宰着大清帝国的一切。他生气可又没有办法，因为他明白，满洲八旗军能够入关灭明、赶走李自成的大顺农民军、平定中原、讨伐江南抗清起义，一直到大清国初期的许多政治纲领的确立、王朝的巩固……这一切应该主要归功于多尔衮。但是，自己毕竟是一朝天子，对叔叔的擅权跋扈、不把自己放在眼里，福临感到的只有尴尬、屈辱，还有不服气。在复杂的宫廷生活中成长异常早熟的他，对叔父凌驾于皇权之上的所有举动充满了仇恨，可又感到身为一个少年人的无奈。他只盼望自己快些长大、快快亲政。

顺治七年，福临十三岁时，叔父多尔衮突然在关外暴病而亡。这个内心充满积蓄已久仇恨的少年天子，展现出十足的韬略。他先是极为恭顺地亲自至东直门外五里地迎候灵柩归来，"跪尊三爵"，为之大恸。可是仅仅过了几十天，他亲政后，依然是坐在太和殿那把龙椅上，他做的第一件事就是把多尔衮"开棺锉尸、暴骨扬灰"、"削封夺谥、剿灭族党"……他终于吐出了胸中那口恶气，从心底获得了一种从未有过的复仇快感。

接着，这位少年天子便把全部的热情投入国家事务。他以极大的决心和毅力攻读汉文，只有短短几年，便能够用汉文读写、评定考卷、批阅公文、处理政务，他要在治理国家上有一番作为——他要证明自己比叔父更强。十七岁的福临正在雄心勃勃地施展着自己的政治理想，难怪他对自己皇三子的降生竟未过多地关注了。

当然，福临最初对三阿哥的冷落恐怕还有更深一层的原因。在异常复杂的政治环境及冷漠的亲情影响下，他在婚姻观上崇尚爱情至上，他渴望得到真正能抚慰自己那颗疲惫心灵的爱情。只是此刻，那种让自己心颤的爱情之火还没有被点燃。尽管他已拥有了皇后与数名嫔妃，尽管他也沉溺后宫的声色之欲，但与历史上很多帝王不同，福临对于出于政治需要而缺少爱情基础的婚姻绝不凑合。凡是他不爱的后妃，在他这里一律遭受冷遇，甚至还会承受他更极端的举动。幼年长期的、畸形的宫廷生活已经造成了他任性、固执甚至有些乖戾的性格特征。前一年，顺治十年八月二十五日，他就不顾群臣的劝阻，坚决废掉他不喜欢的皇后，将她"降为静妃，改居侧宫"。

三阿哥的母亲佟妃的处境也好不到哪儿。佟妃是汉族旗人的女儿，他的父亲佟图赖隶属汉军正蓝旗、镶白旗等旗的固山额真，任礼部侍郎等职，在太宗、世祖两朝都屡立战功，晋爵至世袭三等子。本来按照清廷旧制，后妃之选除了满洲人便是蒙古人，皇帝是不可以与汉人联姻的。但当大清朝入主北京后，为了缓和满汉民族关系，从顺治朝起开始提高汉军的地位并在汉军中选妃。大约顺治九年，佟氏被选入宫中，成了福临的妃子，这多半是桩政治联姻，佟妃没能得到丈夫的爱，她不幸成了政治的牺牲品。所以皇三子究竟是爱情的结晶，还是纵欲的产物呢？无人知道。反正在三阿哥刚出生时的确未能引起其父皇的重视。这一点可以从三年后福临宠爱的董鄂妃生下四阿哥时，给福临带来的巨大喜悦这一事实得到反证。当然，那已是后话了。

可刚刚降临的三阿哥毕竟是当今圣上的儿子。这会儿，没有谁会探究顺治皇上对儿子的态度。大家只知道一点——皇上得子是关系社稷的大事。满朝文武官员纷纷贺喜。

十九岁的明珠夹在贺喜的人群中显得突出。那张英姿勃勃的脸上喜气洋洋，满面春风。他实在太兴奋了。但此刻只有他自己清楚，让他格外高兴的真正原因——他刚刚从新婚不久的妻子那里得知，自己

第一章　生命

也要做父亲了。

这时候的明珠还只是顺治帝侍卫队中的一名侍卫，处于一个并不重要的位置。此刻他的想象力再丰富也还想不到，日后自己会与这个刚刚诞生的小皇子发生什么联系，但他的眼睛中却分明闪动着不容置疑的自信——终究有一天自己会崛起的。人们会知道，我明珠将是出入这宫阙殿宇中一个不可多得的人物。而眼下最重要的是，自己就要做父亲了。叶赫那拉氏又要添丁，又要有新一代了！

春的妩媚，夏的炎热，时序在缓慢的节奏中交替着。日子一天又一天平静地过去，平静得让人觉得距那个企盼的日子还那么遥远，盼得人好心焦。时间老人仿佛在考验明珠的耐心，又好像有意让那个日子来得更激动人心。终于，夏日的绿色浓荫染上了一层金黄的秋光，然后便是冬天灰白的萧瑟……顺治十一年显得特别长，进入腊月时已经是公元一六五五年了。这一年的冬天又格外冷，当呼啸的西北风卷着雪片，将皇历掀到腊月十二（公历一月十九日）时，又一个小生命被寒气裹挟着，姗姗来临——好一个漂亮的男孩儿！

粉嘟嘟的小脸蛋儿、宽广光洁的额头，而在这被视为吉祥的饱满天庭下，镶嵌着一双漆黑灵透的眼睛。那眼睛睁得大大的，好奇地看着他刚刚来到的这个陌生世界。不知道他看见了什么，"呱"的一声哭了。

"男孩儿女相，长大一定会有福气！"俯下身端详着裹在襁褓中的儿子，明珠心想。他有一种直觉，这孩子的降生一定会给自己带来好运。

他给儿子取名纳兰成德（后避东宫太子讳，改名性德），小名冬郎。

命运是一个难以琢磨的谜。谁会想到，这两个同年降临人间的小生命，二十年后竟会结下一段不解之缘？又有谁会想到，在未来的岁月中，他们将各自走向生命的辉煌。一个是叱咤风云、兴国安邦的一代英主，成为可以和中国历代任何一位伟大君主比肩的王者；另一个，我们本书的主人公，成为一名卓然挺特、流芳百世的诗人。他们的名字被骄傲地镶刻在中华民族的史册上，熠熠生辉。

有趣的是，他们来自两个交织着世仇血泪，又扯不断千丝万缕联系的家族。

二、浴血沉浮的家族

土默特，蒙古族的姓氏。

遥远遥远的以往，纳兰性德的祖上，应该是蒙古人——曾世世代代生息繁衍在水美羊肥的大草原上的蒙古人。这是一个兴旺的家族，逐野兽而食，择牧场而居，一代又一代，土默特氏成为"金三十一姓"之一。这又是一个有着强烈原始生命力、天性好战的家族。就像草原上的雄鹰，只有搏击长空，才能找到自由翱翔的所在。这个家族的血脉中淌流着不安分的血液。古老马头琴弹奏出的曲子太单调、太苍凉了，他们注定要向更远的地方扩张。驰骋马背、游牧四方的生涯孕育了他们勇武、剽悍、无所畏惧的心性；辽阔浑莽、一望无际的大草甸子给了他们向外拓展、征服一切的勇气……不能确定在什么时候，这个家族消灭了女真人中的一支，并占据了他们的地盘；又不知出于什么心理，他们不愿再叫土默特氏了，而采用了被征服者的姓氏——那拉（纳兰）。他们还义无反顾地永远离弃了大草原，举族迁到威远堡东北（今辽宁省内）的叶赫河岸，号称"叶赫国"。叶赫，蒙古语中就是"伟大"的意思。

纳兰性德的始祖：星恳达尔汉；二世祖：席尔克明噶图；三世祖：

齐尔克尼；四世祖：杵孔格；五世祖：太杵。他们都是叶赫部落一代接一代的贝勒、一个个铁骨铮铮的汉子。因为他们，这个后来加入女真人的家族，枝繁叶茂，香火一天比一天盛。到了太杵的儿子——清佳砮与杨吉砮时，已经绥服叶赫诸部，迫使大量哈达国人归之，并建立起两座威严的城堡。兄弟二人各居一城，东西相望。

其时，中国的历史正行进到明朝的后期。统治了华夏大地二百多年的朱姓王朝，此刻就像汪洋大海上的一艘漏船，在万顷巨涛的颠簸摇荡中随时可能翻覆。当明神宗正耽溺于声色犬马、不理朝政，置他的国家和臣民于不顾时，在东北边陲，那块也属于他，但他却无暇旁顾的延绵起伏的崇山峻岭间，大片大片油汪汪的黑土地上，一个少数民族——女真，正在悄然兴起。他们已经由一个个零散的家族、部落逐渐形成三大部族——建州女真、海西女真、野人女真。

三支女真人中最强大的还属努尔哈赤领导的建州女真。这个英武魁伟的爱新觉罗家族好汉——努尔哈赤，以十三副铠甲起兵，在长白山山麓拔地而起，东征西伐，坚韧不拔地一点一点开疆拓土，已经基本上统一了建州女真。现在，他正在雄心勃勃地继续扩大战果。而居住在今吉林松花江一带的海西女真也不甘示弱，虽然他们这时还分为四个部落——辉发、哈达、乌拉、叶赫，但他们中的叶赫部在那拉氏兄弟杨吉砮与清佳砮统领下，也达到相当鼎盛的时期。叶赫部实际上已成了海西女真的一面旗帜。

两面旗帜迎风招展，对峙着。可以相抗衡、彼此不能忽视的只有这两个家族——建州女真的爱新觉罗氏与海西女真的叶赫那拉氏。他们同样强悍，几乎势均力敌。不过最初，他们并未武力相向，甚至还和睦相处过。

叶赫部首领、纳兰性德的高祖杨吉砮在远远观望着，他从努尔哈赤迅速发展的势头中看出了此人是非常之才，认定努尔哈赤日后必定是成就大事业、大气候的英雄，便有了与他交往、发展友谊的愿望。他盘算着，身边有这么一位强大的朋友，无疑给自己统一海西女真增加了取胜的筹码。这样的好事何乐而不为呢？而努尔哈赤这边，也正在为最后统一建州、巩固胜利成果而战。为了避免树敌过多，他采取远交近攻的策略——叶赫部正是他想结交的对象。

这种从各自利害出发的考虑，还有某种英雄相惜的潜意识作用，使这两个部落你来我往地有了来往。努尔哈赤亲自去了叶赫部。一见面，杨吉砮就喜欢上了这个身材魁伟、方头大耳、浓眉下有着一双炯炯有神的双眸的建州女真年轻首领。他的确有一种非同一般的英雄气概和一股男人的魅力。努尔哈赤似乎也感觉不错，有些急不可待地要娶杨吉砮的大女儿。可是杨吉砮则坚持要把自己疼爱的小女儿孟古格格嫁与努尔哈赤。他觉得只有天生丽质、聪慧可爱的小女儿才配得上这位英雄。当然，要等到女儿长大一点儿再完婚。

联盟的事情由一桩姻缘而结成。

可惜杨吉砮没有来得及看到自己女儿出嫁，明万历十一年（一五八三）十二月，对叶赫部一直不服气的哈达部挑拨明朝驻辽总兵李成梁，合伙将杨吉砮及清佳砮兄弟二人诱骗到开原城的汉寿亭侯庙杀害。杨吉砮的长子纳林布禄继承父业做了叶赫部的贝勒。后来，他的弟弟——纳兰性德的曾祖金台什也成了叶赫部的贝勒。

部落首领被害、明朝的不断压迫、哈达部的挑衅进犯，使正欣欣向荣的叶赫部突然之间陷入危急之中。焦虑万分的纳林布禄情急中把仅有十四岁的妹妹送到建州与努尔哈赤完婚，以此换取他的支持。果然努尔哈赤的威名震慑住哈达部，叶赫部从危机中解脱。

那时候部落间、民族间的通婚常常是实现某种政治目的最直接、最有效的手段，不知葬送掉多少青年男女的幸福。可是爱新觉罗氏的首领努尔哈赤与叶赫贝勒之妹孟古格格这门本来纯粹出于政治考虑的联姻，却实实在在是桩称心如意的美满姻缘。十四岁的孟古格格已出落成面如满月、丰姿妍丽的美丽女子。她还具有很出众的品格——器量宽宏，端重恭俭，聪明柔和，见逢迎而心不喜、闻恶言而色不变，从来口无恶言、耳无妄听……小小年纪已经有了一种大家的母仪之风。努尔哈赤一下就爱上了她。孟古格格更是崇拜丈夫的雄才大略、勇猛非凡。英雄美人，一对最佳组合。夫妻俩相敬如宾，感情甚笃。

来自两个同样强悍的家族的一对优秀儿女，又共同孕育了一个同样出色的后代——未来的清太宗皇太极。孟古格格后来被封为孝慈高皇后，她就是纳兰性德的高祖姑。爱新觉罗氏与叶赫那拉氏从此展开理不清又扯不断的恩恩怨怨。

生存变得愈来愈艰难。明王朝愈是加速地行进在灭亡的道路上，它的统治就愈黑暗、愈腐朽，对日益兴起的女真人愈加紧残酷地压迫。此时明朝的土地已高度集中，加在百姓身上的各种赋税非常繁重，对少数民族的女真人更是无止休地勒取贡物。只有老老实实又源源不断地把自己的收获贡奉给朝廷，才能免于受到武力威胁与镇压。明朝总兵李成梁镇辽二十二年，攻打女真人仅大捷就有十次，为此，他多次受到朝廷的嘉奖。

当时女真人的生产方式还很落后，朝廷便借此严格控制着对女真人的贸易。对他们生存所需要的粮食、种子、盐、绢、缎、布、蜜、蜡、锅、剪、针线等生活必需品都加以限制，进行极不平等的交换。地方贪官污吏在对女真人贸易中趁机通过所谓验收、征税而进行层层盘剥，贸易市场也时开时闭，出尔反尔，常常使女真人手中大量的蘑菇、人参等山货白白烂掉……

最厉害的一手，是明朝廷非常善于利用女真人之间的冲突，拉一部打一部，让他们在互相残杀中耗尽力量，以便分而治之。

现实是如此严峻。无休止的压迫、无穷无尽的灾难、接连不断的流血冲突困厄着这个发展中的民族。要想活下去，活得好，就必须使自己强大起来，就必须让一个个零散的、力量薄弱的部落统一在一起。女真人中的英明人物努尔哈赤第一个认清了这一点，而叶赫那拉氏的纳林布禄、金台什似乎也看到了这一点。

一个严酷的事实摆在面前。统一，意味着整个女真人只能有一个领袖，而这个领袖又绝对无法心平气和地产生，它注定由两个几乎同样强悍，具有同样竞争力的部落决出胜负。一场不可避免的龙虎相争，在两大部族间拉开帷幕。长白山卷起风暴，黑水掀着狂涛。辽阔无垠的东北大地上，一场昏天黑地、血肉横飞的搏杀开始了。

公元一五九三年，叶赫部首领纳林布禄以让努尔哈赤割让土地遭拒为由，联合哈达、乌拉、辉发以及蒙古的科尔沁、锡伯、卦勒察，长白山的珠舍里、讷殷等，九部联军，集结三万多人马向建州发起进攻。这是股准备已久的力量，气势如排山倒海般压过来。努尔哈赤居住的费阿拉城上空弥漫着战争的乌云，一场殊死的大战将要爆发。当时建州女真只有一万人马，形势极有利于叶赫部，这是历史赐予他们的一次机会。

但是，战争要取得胜利，只有勇猛、人多是不够的，还需要头脑、需要智慧，更需要过人的胆识和统领全军的胸怀。这些是纳林布禄、布斋（清佳砮之子）、金台什所短少的。而努尔哈赤则具备了领袖的智勇双全的非凡素质。在这一仗中，努尔哈赤指挥若定，巧妙地布下圈套，把对手引诱其中而歼之，最终以少胜多。战争中，叶赫部首领之一的布斋被努尔哈赤的神勇吓坏了，他丢下自己的士兵而逃走。这一仗海西女真彻底伤了元气。

而对于努尔哈赤来说,这一仗是一个巨大的胜利,是他统一事业的重要转折。得胜后,他在今辽宁新宾附近丘岗起伏、层峦叠嶂怀抱着的谷地中建起了历史上有名的赫图阿拉城。城堡巍峨坚固,它是建州女真走向繁荣、最终奠定大清王朝两百七十六年统治的基地。

努尔哈赤乘胜征服了哈达、辉发、乌拉等部,海西女真实际上已不复存在。努尔哈赤又彻底地与明朝分庭抗礼,开始对其进行武力进攻,软弱的明朝深惧努尔哈赤咄咄逼人的威慑,他们支持鼓动已经恨透了努尔哈赤的叶赫部一次次发动着攻势。这是最后的较量。

可惜,这时的叶赫部已经没有力量与努尔哈赤抗衡了。他们大势已去,再与同样衰败的明廷联盟也无裨于事。终于,一六一九年,在著名的萨尔浒战役中,努尔哈赤重创了明朝远征大军的同时,也击败了前来策应明军的叶赫兵,并乘胜追击,直捣叶赫部的老巢。他们团团包围了那两座著名的城堡。叶赫贝勒、纳兰性德的曾祖金台什战败纵火自焚未果,被建州兵缢死。

一切都结束了。

历史曾给了爱新觉罗氏与叶赫那拉氏同样的机遇,但却把成功赠给了努尔哈赤。当然,这位女真人优秀的儿子也无愧担当起统一女真各部的使命。只是,叶赫那拉氏在历史无情的演进中做了祭坛上的牺牲品。他们该感到悲哀的是,杨吉砮、纳林布禄、金台什不幸生在了与努尔哈赤同一个时代。不然,满洲的历史、大清国的史书会不会是另一番叙写?我们无法也不可能对历史做出假设。不过,纳兰性德的前辈们也应该无愧无憾了。因为他们努力过、奋争过,他们虽败犹荣。

惊心动魄的一幕终于结束了。祖辈间为了生存而进行的血雨腥风的厮杀已归于永久的沉寂。"叶赫"这个蒙古语中表示伟大的部落,"那拉氏"这个曾驰骋草原、马踏沃野、威武显赫的家族，在一阵刀光剑影、浴血搏斗中消亡了。

这一部惨烈悲壮又屈辱凄凉的家史，留给叶赫那拉氏子孙的该是怎样一种感受呢？半个多世纪后，纳兰性德驻马伫立在那个沉默的古战场时，曾留下一首《满庭芳》：

> 堠雪翻鸦，河冰跃马，惊风吹动龙堆。阴磷夜泣，此景总堪悲。待向中宵起舞，无人处、那有村鸡？只应是、金笳暗拍，一样泪沾衣。
> 须知今古事，棋枰胜负，翻覆如斯。叹纷纷蛮触，回首成非。剩得几行青史，斜阳下、断碣残碑。年华共、混同江水，流去几时回。

那块流淌着鲜血、被战火熏黑烧焦的大地，如今已是一片新绿，好像什么也不曾发生过。可是年轻的诗人无法心平气和。他痴痴地望着那片土地，五十年前的那一幕"堠雪翻鸦"、"河冰跃马"的酣畅激烈，"阴磷夜泣"、"无人处、那有村鸡"的凄楚苍凉，仍深深撼动着他年轻的心灵。四下望去，他想觅到一点先人的踪迹，可是天地苍茫，远处只有幽幽凄婉的金笳在低鸣。他眸子中充盈着一眶同情的泪水。这个太敏感、过于严肃的青年久久不肯转身离去，他固执地循着自己的思路，"棋枰胜负，翻覆如斯"，"叹纷纷蛮触，回首成非"。历史的无情、生存的冷酷、同类的相互残杀，狠狠地刺痛着他。他咀嚼、他呻吟、他流泪，但面对斜阳、断碣残碑，他只有发出"年华共、混同江水，流去几时回"的叹息。

他悲悼先人，又在哀叹自己。这是诗人的忧虑，生命的忧患。

三、何样双亲

诗人的父亲明珠，可没有那么多愁善感。

或者说，他并未让祖辈战败的屈辱在自己心中长久地停留。他是个心理极健全、承受力非常强的人。难道不是吗？满洲从肃慎、挹娄、勿吉、靺鞨、女真……缓慢地一步一步地走到今天，一年又一年，一代复一代，不正是从原始落后走向开化文明？不正是从极其恶劣的生存环境中，从对内兼并与统一中壮大发展的吗？从白山黑水、荒野老林到葱郁的塞北平原再到金碧辉煌的紫禁城，从蛮夷之族到统治华夏九州的新贵，大清国不也正是在对外的拼杀抢夺中创建和称雄的吗？

物竞天择，铁一般的规律。明珠深深懂得这一点。他的一生都崇尚和实践这一法则。

当年他的祖父金台什战败身亡之后，他的父亲倪迓韩和叔叔没有重蹈覆辙。他们投降了努尔哈赤，在与明朝作战中屡建战功，他父亲入关后获骑都尉世职。现在叶赫那拉氏的子孙都已归顺到爱新觉罗王朝的正黄旗下。由于他们自身的努力与作为，也由于有着一半叶赫那拉氏血统的清太宗皇太极的眷顾，叶赫那拉氏的后代们在八旗军和朝廷中重新获得一席位置。

明珠几乎没有赶上战争。清军八旗骁勇冲越山海关，马踏中原，以胜利者的姿态开进北京城时，他还太小。在那些激动人心的创业日子里，他没有机会在马背上建立功勋。顺治三年（一六四六），父亲倪迓韩去世，他的哥哥振库袭世职，作为次子，明珠没有爵位、没有靠山、没有依凭，他必须自己从头做起。明珠是个讲究实际的人，他明白，没有幻想、只能实干。他有的是自信，还有过人的胆识与智慧。

这是他唯一也是最有力的资本。

明珠是幸运的，他生逢其时。因为与战场上那种单纯的武力相向、以命相拼来比，明珠也许更适合复杂的宫廷政治。在激烈残酷的官场角逐中，他总有一种如鱼得水、游刃有余之感。明珠一生最大的幸事，就是赶上了康熙朝，并得到年轻有为的康熙皇帝的赏识和信任。

顺治皇帝在位时，明珠仅任侍卫，后来升到銮仪卫治仪正。康熙继位时，他升迁为内务府郎中。明珠虽然精明过人又才智超群，但这时他并未锋芒外露，而是一步一个脚印地从基层做起。在内务府郎中这个琐细、不起眼的位置上，他也认真尽力，经营得有声有色，结果自然崭露头角。康熙三年（一六六四），他升为总管。这是一个苦差事，凡皇宫内的典礼、仓储、财务、工程、畜牧、警卫、刑狱……事无巨细，总管都要亲自过问处理。明珠坦然从容地当起了这偌大皇宫中的总管。他精力充沛又精明能干，无论事情再多、再繁杂，无论多么操心费力，他都勤勉为之，并样样做得井井有条。这个工作也带给他很大的益处，使他对宫廷内部的事情了如指掌，为他日后的发达奠定了基础。

正当他在总管的位置上得心应手时，他又被改任为内院侍读学士。这是一次很大的跨越。表面看，品位降低了，可实际上，他却从后勤总管转向了朝政中枢，直接参与国家事务了。他接着又先后担任过刑部尚书、兵部尚书、吏部尚书……事实上，朝廷政务各个机构他几乎都待过。试想，在清朝初期的宫廷政治中，有几个官吏能像他这样频繁地更换职务？又有谁具有像他这番丰富的阅历呢？难怪他有了后来权倾一时、炙手可热的凭仗。

明珠从来就看不起也不屑于靠阿谀奉承而平步青云，他凭自己的实力。但他又绝不是那种只知道埋头苦干的人，他非常善于在最恰当的时间、场合不失时机地展示自己的才干。

第一章 生命

康熙十二年（一六七三）三月，明珠走马上任兵部尚书不满两年，就赶上皇上驾幸南苑，到晾鹰台检阅八旗甲兵。这南苑（南海子）位于京城正南二十里，早在明朝永乐年间就成了北方地区面积最大的皇家猎园。园子里草木丛生、坑道遍布、行宫庙宇林立，还放养着大量的兔子、黄羊、麋鹿及老虎等，野趣十足，专门供帝王演练骑射、行围狩猎、逛野消心、游玩享乐。在这南海子中还有一个高六丈、直径十九丈的高台，被称为晾鹰台。每次皇帝就站在这里观阅兵大典。对明珠来说，这次晾鹰台阅兵非同小可，它是自己作为兵部尚书的第一次亮相，更是向皇上展示自己能力的机会。所以他为此颇费心神，他亲自制定训练计划、确定教武的条例，并亲自率众演习，总之做了精心的准备。

三月的南海子，西北风咆哮着，参天的古树枯枝上时不时落下又飞起一群群乌鸦，枯黄没人的蒿草中时而传来禽兽的哀鸣，平添了一种萧瑟肃杀之感。可在晾鹰台下，万杆旌旗猎猎迎风招展，鼓号声阵阵，马蹄声踏踏。八旗军将士队列整齐、纪律严明。他们各个骑射娴熟、身怀绝技。校武场上一项接一项的比武演练，精彩纷呈，高潮迭起。

年仅二十岁的康熙皇帝兴奋异常。对这次检阅军容，他很重视。此刻他正面临着许多棘手的问题——东北边陲罗刹的虎视眈眈、西南王吴三桂的蠢蠢欲动，整个大清江山还远远没有稳固，他必须拥有精锐强悍、具有战斗力的军队。而现在，站在晾鹰台上，望着眼前整齐肃庄的八旗劲旅，又远眺南海子，九门、八庙、宫墙璃瓦在阳光下烨烨闪耀。年轻的皇上当即赋御诗一首：

清晨漫上晾鹰台，八骏齐登万马催。

遥望九重云雾里，群臣就景献诗来。

对于兵部尚书明珠，皇上非常满意，敕谕他"永着为令"。在后来的撤藩、平定三藩之乱、治河等重大朝政问题上，明珠也都恰如其分地表现出他过人的才智与胆识。他愈来愈得到康熙帝的赏识。这是一个有着雄才大略又励精图治的年轻君主对一个精明强干又胆识过人的朝臣的赏识。慢慢地，这种赏识变成信赖与默契。明珠在朝廷中的位置迅速上升，官愈做愈大。

岁月迢迢，人生漫漫。从一名侍卫历经内务府郎中、总管、弘文院学士、刑部尚书、左都御史、兵部尚书、吏部尚书，直至后来的武英殿大学士、太子太傅，短短数年，明珠连续升迁，直到成为康熙帝一人之下、万人之上的大清国第二号人物。你会从这些令人眼花缭乱的职务更迭与权力递增中感受到，他该是怎样一个强有力的人物。你会从明珠稳健的步履中、从他咄咄逼人的气势里体会出，在他那平和尊贵的外表下，包容着何等复杂的性格特征。

的确，对纳兰性德的父亲这样一位曾权倾一时的铁腕人物，不能用简单的褒或贬概括而论。不论他曾对康熙朝朝政做出过多么大的贡献，也不管他后来因谏官郭琇的弹劾而被贬官，我们不会忘记这位拥有着多重复杂人格的政治人物内心深处，还有一份浓挚的亲情。他爱自己的家、爱自己的妻子和儿子。

明珠大约在顺治十一年（一六五四）初结婚。他娶的新娘是阿济格正妃所生的第五个女儿，爱新觉罗家族的和舍里氏。也就是说，纳兰性德母亲一脉是正宗的皇家血统。年轻诗人的血管中有一半流淌着皇族的血液。

这又是一桩多么有趣的婚姻！明珠的祖父战死在努尔哈赤的铁蹄下，而多年后，明珠却娶了努尔哈赤的亲孙女。祖辈间兵戎相见，这不共戴天的仇恨在孙辈结成秦晋之好中化解了。

关于明珠的夫人，我们能知道得很少。不过她既然是阿济格的女儿，我们是否能从父亲的身上看到女儿的某些性格端倪呢？

阿济格是努尔哈赤的第十二个儿子。在清太祖十六个儿子中他排行较后，可是阿济格还有多尔衮、多铎都是努尔哈赤的宠妃阿巴亥所生。母贵子荣，他们兄弟三人自幼便深得父王的器重、疼爱。阿济格长得挺难看，小时候出天花落下一脸麻子，但这并没影响他生性凶猛强悍。十五岁时，他就跟着父王与他的哥哥们南征北战打天下了。

先是征伐蒙古，父王去世后，他又跟着继承了皇位的哥哥皇太极与明朝作战。在战场上他是一员猛将，一六三六年，他被封为武英郡王。皇太极死后，皇九子——只有六岁的顺治继位，阿济格的弟弟多尔衮为摄政王。清军入关后，他又被晋封为英亲王，授靖远大将军。统率大军向陕西追击李自成，也战绩辉煌。

按理说，阿济格为创建大清国立下了赫赫战功，他的同胞弟弟又正在主持朝政，他该飞黄腾达，至少也能安享富贵吧？可实际上阿济格的结局却很惨。他有一种注定要失败的性格——勇猛却不够聪明、强悍却缺少智谋，他居功而自傲，虽屡建战功却不会讨人喜欢……他的个性过于粗陋简单。这一点与和他同样勇敢却足智多谋的弟弟多尔衮简直不能相比。他常常鲁莽行事，又不顾及后果，不但劳而无功，最终还祸及自身。

比如那年，他和弟弟多铎奉命各率一支大军追击李自成的大顺军。他率北路军，一路杀下去，直插陕北。这时征讨河南另一支大顺军的弟弟多铎奉调征讨南京抗清起义。阿济格实际上独自统领了追击李自成的大军，而且打了大胜仗，平定了湖北和江西，还迫使明朝将领左梦庚投降，本来他已经功勋显著，可他在给朝廷的战报中偏偏夸口说李自成已被他打死。其实他并不清楚李自成的生死，而事实上此时李自成也并没有死。结果，他虽作战有功，但有谎报战况之嫌。非但未受赏，反而受了罚。

还有一次，他先去天津成功地镇压了一场抗清起义，第二年又奉命前往山西大同防御蒙古，被任命为定西大将军。当他率部众到了以出美女著名的大同城时，开始大肆抢掠民女。原驻守大同总兵姜瓖是降清明将，本来就对阿济格此行怀有敌意，现又见清军在城中胡作非为，强抢民女，遂举反清大旗占据大同，致使多尔衮不得不统兵亲征。而阿济格见到本来就十分恼怒的多尔衮却不分场合地要求弟弟命他为辅政，未能如愿后，又请求为他造一座府第，当然又受到严厉斥责。后来阿济格收复了大同，但他自己想得到的东西一点也没有得到……

终于，阿济格为自己招来了大祸。多尔衮死后，毫无城府的阿济格纠集同党要谋取辅政，但在前往参加多尔衮葬礼的途中被早就对他们恨之入骨的济尔哈朗等亲王逮捕，押到北京监禁。第二年（一六五一）已成为阶下囚的阿济格又被人告发私藏武器，并企图纵火越狱。于是他被清廷赐死。在战场上出生入死、曾赫赫有名的努尔哈赤的后代，到头来竟得到了这样的下场。这个人就是纳兰性德的外祖父。

明珠没有见过他的岳父大人。与和舍里氏成亲时，阿济格已死去三年。夫人的家已被抄没家产、革除宗籍而彻底败落，不能再带给他们皇亲国戚的富贵与荣耀。一个是皇帝侍卫队中的普通军官，一个是家道中落、一无所有的格格，这就是他们结婚时的状况。好在这对年轻夫妻情投意和，琴瑟相谐。

当我们了解了阿济格的为人后，再来看下面这段所能找到的唯一的、关于他的女儿明珠夫人的记载：

> 纳兰太傅明珠，康熙时煊赫一时，其夫人和舍里氏，与公起

第一章 生命

> 自微贱，甚相和睦。性妒忌，所使侍婢，不许与太傅交谈。一日，太傅偶言某婢眸子甚俊。次晨，夫人命侍者捧盆置太傅前，即某婢双目也。

这是乾隆年间清宗室昭梿在他的笔记《啸亭杂录》中的一段记载。零零碎碎的几笔，一个占有欲极强的女子形象便跃然纸上，读着令人毛骨悚然。由爱生妒，由妒生毒，古往今来这恐怕也是极端典型的例子了。我们实在不愿意把纳兰性德与这样一位女子联系在一起，而且关于这段笔记的真实性，我们至今仍无法断定。不过，昭梿是清代宗室，对清廷的奇闻秘事是比较了解的，他的《啸亭杂录》被后世史学界所看重，其中不少内容被史家作为撰史的重要参考甚至依据。同时，结合其父阿济格的品行再来读这段笔记，我们似乎能多少触摸一点明珠夫人性格的脉络：

十四五岁以前，和舍里氏是英亲王的女儿，一个有着正宗皇族血统的格格。幼年及少女时代一直过着富贵荣华的生活。那时候，满洲女子绝大多数是没有受过教育的。所以，和舍里氏虽出生侯门，却并不一定有大家闺秀的风仪，而且说不定还秉承了父亲的粗鲁、强悍而形成自己性格中的任性、乖戾。

最糟糕的是，阿济格的突然败落使她原先所安享的一切都没有了。这个曾要什么有什么、说一不二的皇家格格，突然降到了性命难保、衣食无凭，连平民都不如的地步。这种天壤之别，对于本来就未受过完备教育、又没有父母良好言传身教的和舍里氏来说，是一次沉重的打击，带给她的只能是内心深处对周围一切事务极端变态的仇恨。

她没有办法改变自己所处的现实，在家族屈辱历史与贫寒困顿的生活环境中，唯一实实在在属于她的，只有她的丈夫。丈夫便成了她生命的全部。尽管刚成家时丈夫还很贫寒、地位卑微，但她全不在乎，她可以跟着他吃苦、受累，可以为他去做一切。她从丈夫的精明才智中看到未来、看到希望。更重要的是，他们彼此相爱。伴着丈夫从卑微走向显贵，从贫寒走向富贵荣华，她又逐渐找回了当年做格格时候的感觉，但同时她也感到作为女人，她自己付出了许多。随着岁月流逝，她失去了青春美貌，也失去了自信。她感到害怕。她怕自己失去丈夫，怕自己得到的再失去。她最怕别的女人抢走她的丈夫，便把丈夫周围的女人视为自己的假想敌，她像一只警惕的母兽时刻维护着丈夫发迹后自己所应该得到的一切。她绝不容许别的女人觊觎她的位置，哪怕这种觊觎只是自己无中生有的一种想象。渐渐地，原先的爱就变得极自私、极狭隘、极残酷……

这样一位嫉妒、凶悍、残忍又内心可怜的女人，如果做了母亲，会是怎样一种情形呢？叶赫那拉氏与爱新觉罗氏两个强悍家族中，一对有着强烈个性、充满生命活力的青年男女，共同孕育出一个爱情的结晶，那将是一个什么样的新生命呢？

第二章 青春

第二章 青春

北城，明珠府。巍峨的五间朱漆大门紧紧关闭着。两尊石狮蹲在门外几米开外的地方，各据一角，龇牙咧嘴地睥睨着路人。

门里边，七进深的大宅静悄悄的，失去往日宾客迎门、喧红闹紫的热烈，这座豪华的府邸顿时显出与它那些朱栏翠瓦、雕梁画栋极不协调的冷清。府中上下，人人面带愁容，一个个行色慌张，谁说话时都不由自主地压低着嗓子，脚步匆匆却又都不发出一点声音。

寂静，一种这座院落很少有的寂静。寂静中又飘浮着异样不安的躁动，一种不祥的气氛悄悄地、缓缓地弥散开去……

宅子的年轻主人纳兰性德被确诊为寒疾，一种非常棘手的寒疾。

回廊曲曲折折引向府中的深处。一条细长的甬道尽端是个月亮门，门里一个宁静幽雅的小院，院子中央是个硕大的山石盆景。一汪池水当中，几块太湖石随随便便就叠成一座玲珑的假山。数尾大红的龙睛鱼在浮萍睡莲中自由自在地穿游着。墙角，一大丛竹子正茂密葱郁，阳光射去，把后面的粉墙打上斑斑驳驳的竹影。绿草、灌木、花卉……小院的精巧雅致与前宅那些华丽的高堂大殿形成鲜明的对比。

一条碎石铺就的小路直通正房。大热天的，那几间正房竟门窗紧闭。

这青砖、红柱、彩檐大瓦房，高大通风，本来就冬暖夏凉。每到夏季，茜萝纱幔遮窗、湘竹门帘低垂，那屋子里便渗透出凉气。可现在，屋子的主人正患寒疾，怕他再受风，门窗被关得严密。可正午的阳光还是透过雕花窗台的缝隙顽强地挤进来，屋子里有些闷热。

发病的第二天，纳兰性德就从西花园被抬回府中。已经四天四夜了，高烧，持续不降的高烧在时时刻刻困扰折磨着他。几天来，皇上派来的宫廷御医、京城的名医、府中的家医，甚至民间有点儿绝招的郎中，踏破门槛似的出出进进，使出各自的看家本领，甚至打破以往的忌讳在一起切磋，商酌治疗的方子。然而，他们的眉头愈皱愈紧了。

明珠每日下朝归来，顾不得更衣品茗，总是径直走到儿子的卧房，而出来时脸色一次比一次阴郁。随着儿子病情加重，他与夫人已是焦虑万分，寝食不安了。纳兰性德的夫人官氏，更是日夜守在丈夫的病榻前，无声地淌着眼泪。人们只能等待。幻想能出现奇迹，又无奈地听候着判决。所有的人都惴惴不安。

纳兰性德紧闭双眼，额头上敷着冰袋。本来就清瘦的面颊，因为消瘦，两个颧骨更突出了。药一服服吃下去，仍不发汗，嘴角燎起一圈血泡。他被体内体外的高温炙烤着，难受地在床榻上翻动着身子。又是一阵剧烈的咳嗽，简直要把五脏六腑都咳出似的。这两日，咳得愈来愈烈，嘶哑的咳声把人的心揪得更紧了。显然，病愈来愈入里了。

"水、水……"纳兰性德干裂的嘴唇翕动着，用几乎只有自己听得到的声音说着。他慢慢睁开眼睛，醒了过来。

自己这是在哪儿？怎么躺在这里？刚才自己好像是在一片很空旷的地方，周围没有一个人。自己试着往前迈步，脚下却是软绵绵的。哟！是沙地。对，自己在沙漠里，四周是茫茫瀚海，没有一棵树，连一根草也不见。太阳在头顶上灼烤着，身上还穿着一层厚厚的铠甲，箍在身上又紧又热，自己想喊，可是口干得喊不出声来，使全身的劲儿拼命往前走，却怎么也迈不动双腿……

"他醒了！"守在身旁的家人惊喜地呼唤着。这两天，纳兰性德已经出现昏厥，次数愈来愈频繁，开始还时醒时睡，后来开始说胡话，接着是长时间的昏迷。

纳兰性德喝了口水,他完全醒过来了,他明白自己刚才是在做梦,是幻觉。他问自己,这次得的真是寒疾吗?寒疾,他太熟悉了,这毛病像个影子伴随了他三十年。可这次怎么来得这么猛?怎么竟是在夏季?而且这次怎么感觉和之前的都不一样?真是难受啊!

一阵眩晕,他又一次昏迷过去。

一、被寒疾困扰的孩子

顺治十一年(一六五四)冬天,奇冷无比。一进入腊月,狂烈的西北风便夹着鹅毛般的雪片,落满大街小巷。可是,对有钱人家来说,屋里烧着火红的炭盆、暖烘烘的热炕,那窗外的冰天雪地好像与他们并不相关。他们已经开始张罗过年的事情了,忙着扫房、贴窗花、购置年货、买像生花供佛。更有钱的还请来打太平鼓的。一派迎新年的热烈景象。

明珠一家没有忙这忙那,而是静静地翘首盼着、等着。腊月十二日(一六五五年一月十九日),整夜的大雪铺天盖地。一声脆亮的啼哭唤醒了黎明,一个小男孩来到这银白的世界。年轻的明珠夫妇欣喜若狂。他们享受着这份最珍贵的新年厚礼带给他们的欢乐,过了一个喜气洋洋的春节。

这个大名纳兰成德,小名叫冬郎的男孩子,一点儿也不像满人的后代。他长得既不像强壮的父亲,又不似高大的母亲,更没有他们部族中许多人都有的方面赤脸、黄眼珠……总之在他身上几乎看不到先人粗犷、剽悍等遗传痕迹。他长得太清秀、太漂亮了,清秀得看上去有些孱弱。父母怜爱地把他裹在厚厚的襁褓中,可是他还是感冒了。

大概告别东北老家松花江畔的冰天雪地太久了,或许他降生那年北京城严冬的西北风太暴虐，再不然就是他的母亲对照顾第一个孩子没有经验，反正小冬郎对寒冷有着一种特殊的敏感。他经常患寒疾。

天气刚刚露出寒意，他就不得不开始和讨厌的寒疾周旋。喝苦药汤子几乎成了他幼年时的家常便饭，就为了这倒霉的寒疾，小冬郎曾失去多少次和别的孩子一起堆雪人、打雪仗的机会，还有在冻得结结实实的河面上溜冰、滑雪或者抖空竹、打陀螺等许许多多诱人的游戏！

更令他不开心的是，每当温暖的阳光融化了河里的坚冰，和煦的春风一夜间吹绿了树梢、草地，迎春花、桃花、杏花到处怒放，当别的孩子已经蹦蹦跳跳去踏青，或是到旷野放风筝、骑马、打马球，满世界奔跑跳跃时，小冬郎仍然不情愿地被大人们裹着厚厚的小棉袍，被叮嘱着不能玩这玩那，要提防寒疾。

如果这是一个天资平平、饱食终日的孩子，他会慢慢地四肢发达、健壮起来的。如果他的小脑袋里不总是想这想那，也和别的孩子一样打打闹闹或安于养尊处优，他的一生也许会平安无恙。可偏偏这个小男孩儿天资饱满、聪颖过人，他那双黑亮的眼睛总是睁得大大的，好奇地望着外面的世界，偏偏在那沉静、内向的外表下有着一颗活蹦乱跳、敏感不安的心。那么，这将会是怎样一段生命的旅程呢？

一个人的体质不能不影响他的性格，尤其是幼年体弱多病。在纳兰成德那双漆黑清澈的眸子里，闪耀着一道几乎与生俱来的忧郁光亮，是不是有一部分就来自这不断困扰着他的寒疾呢？在他大量忧伤的诗篇词作里，是不是有一些就是在病痛的状态或情绪中写下的呢？

明珠不能让儿子弱不禁风。对于这一个儿子，他格外珍爱，也充满信心与厚望，他觉得儿子各方面都该是出类拔萃的。尽管公务繁忙，他还是决定亲自教儿子练武功。

崇尚武功是满洲人世世代代的思维定式。对他们来说，骑马狩猎就像吃饭睡觉一样的天经地义。这些身后拖着一条大辫子的满洲人尽管已经住进了北京的四合院，由喝高粱碴子粥、啃玉米面饼子改吃起上好的大米白面，生活上一天天趋于汉化，可在他们的意识中却根深蒂固地牢记着自己那块黑土地，记得自己曾是在白山黑水间驰骋游猎的民族。他们的天下就是从马背上得来的，勇武、强悍的巴图鲁才是他们崇尚的英雄标准。他们也必须让他们这些对故乡已经没了记忆的子孙，时时刻刻牢记住这一点。更何况，在这块刚被征服不久的广袤华夏大地上，那些数量上比他们多得多的汉族人并不从心里臣服他们。抗清复明的旗帜还在天南地北、此起彼伏飘扬着。要想真正成为这九州大地的主人，就必须保持马上的优势。从顺治到康熙，打猎行围一直是帝王生活不可缺少的重要内容，而刚入关不久的八旗军也是以军纪严整、训练有素、能征善战而著称的。京城的八旗子弟们也都毫无例外地自幼便接受着马背上的严格训练。

才四五岁的冬郎，很乐意接受这种必不可少的人生课程。他小小的、有点孱弱的身躯里毕竟奔流着叶赫那拉氏与爱新觉罗氏这两个满洲最富有活力、最强悍的部族的血液。那血液中沸腾着巴图鲁的激情，那是一种天然的英雄本性，它也是与生俱来的。体弱、多病都不能减低小小年纪的冬郎渴望成为英雄的志向。何况，他是多么盼望从那讨厌的、纠缠人的寒疾中摆脱出来，长成一个顶天立地的男子汉！

为了早日实现这个愿望，幼小的他心甘情愿地开始了这种艰苦、单调、严格的武功训练。每当东方的天边刚露出一丝淡淡的曦光，周围万籁俱寂，别人还在酣然睡梦中，小冬郎就从暖烘烘的被窝里爬起来，穿好练功服，在庭院中练起功来。先是各种基本功——压腿、劈叉、下腰、倒立、翻筋斗……反反复复地练，然后就是拳术、刀枪、剑棍。练功的孩子，神态严肃，从不叫苦喊累。一招一式虽有些幼稚，但一板一眼里还真透出一股英武之气。经冬历夏，风雨无阻，在阿玛和后来专门请来的师傅严格训练下，一练就是几年。他练功的动作日渐娴熟，身姿愈发飘洒奔放，武功大有长进，刀、枪、剑、棍、拳术竟样样拿得出来。寒疾发作的次数慢慢减少了，不知不觉中，冬郎的个子长高许多，俨然是一个英俊少年了。

最让冬郎惬意的是阿玛送他的那匹枣红马。那马真棒！真正的蒙古种，一身棕红油亮的毛像缎子一般柔滑，在阳光下闪闪发光。那漂亮的马头总是高傲地昂视前方，即便站在那里，枣红马的前蹄也总爱蹬着地，仿佛随时准备一跃千里。冬郎牵着它，爱不释手，一有空就去马厩看它，喂它好吃的豆子。他最盼着阿玛忙完公务带自己去郊野骑马，那是他最幸福、最愉快的时候。尽管这时他的个子还不到枣红马的下巴，但一想到自己骑在马背上、飞奔在一望无际的草原上的情景，他就兴奋得跃跃欲试。

最初，枣红马可不愿意让这么一个瘦小的孩子驾驭自己，总是不客气地把他摔下来。一次、两次……可是摔下去的那个小人儿又倔强地爬上来，两个倔强的家伙反复较量着。最后，枣红马终于臣服了自己的小主人。它亮开四蹄，带着他在郊野的大道上飞奔。那少年骑手身穿紧身的骑马服，全身伏在马背上，一双黑亮的小马靴紧紧夹住马肚子，身后，一条黑色的斗篷随风飘着，像一股黑色的旋风，好生潇洒。一会儿，那少年骑手抬起身子，从腰上挎着的箭匣中抽出一支箭，然后娴熟地搭在弓上，瞄准一只在草丛中惊慌逃窜的野兔。"啪！"随着箭发出，兔子应声倒地。那少年骑手骑着马奔过去拾回战利品。他的脸上露出灿然的笑容。他觉得自己长大了，像一个得胜的将士。十来岁的纳兰成德，已经是武功超群，骑射百发百中了。

望着儿子渐渐高挑结实起来的身骨，看他骑马如飞、搭弓射箭的英姿，明珠宽慰地笑了。如果赶上战争，这又是一个勇猛的巴图鲁。

二、翩翩诗才一少年

　　精武艺、善骑射的纳兰成德渐渐强壮起来，但这并没有让他变得活泼好动。相反地，这孩子的性格愈来愈趋于内向。他不像别的孩子喜欢缠着大人，或者与大家凑在一起玩耍。更多的时候，他宁愿一个人发呆，常常一坐就是很久，安静得与他小小的年纪不相符。那双漆黑清澈的眸子总喜欢专注地凝视着一个地方出神，你无法知道他正在看什么，也不懂他在想些什么。可那眸子中闪耀着的晶莹的光亮，那迷蒙飘忽的眼神，都会告诉你，那颗小脑袋里一定在营造着一个奇妙、美丽的世界。

　　也许是因为对寒冷太敏感了，纳兰成德自小就对物候变化、对神秘莫测的自然律动有着惊人的颖悟。也许幼时总被寒疾困扰而不能像别的孩子那样跑跑跳跳，他便学会了静静地观察、静静地体会着自然界的变化。春天，他会为嫩柳抽芽、百花争艳而欣喜，也会为春意阑珊、落花流水而伤心。夏日的清晨，练完功，他会站在小树林里，仰起小脸着迷地听黄鹂、八哥唱歌，而盛夏的夜晚，他又沿着园子里长满苔藓、野藤、葛蔓的围墙去聆听蟋蟀、蛐蛐、金蛉子的鸣叫，他甚至在暴雨雷电的深夜，从床上爬起来听雨点拍打水塘、树叶、屋脊时发出的好听的音响……大自然的万籁之声在他听来都是美妙无比的音乐。秋天，他喜欢仰头看那瓦蓝的碧空下，排成人字形队阵的大雁向南飞去，一直看到它们消失在遥远的天际。他更爱到郊外红枫林中去踩那一地火红、沙沙作响的落叶。而到了冬季，雪霁初晴，他会登上琼岛那座刚刚落成的白塔，俯瞰四周那漫天银白的世界……只有在大自然中，纳兰成德才恢复了一个孩子的天性。他欢笑、他大叫、他奔跑、他雀跃、他无拘无束……他在用心、用情去和大自然交流拥抱，他的一生都保持着对大自然的敏感与热爱。

纳兰成德在孩童的时候就透露出了诗人的气质与心性。他注定是一个诗人。

常常孤独、喜欢沉思冥想的小纳兰成德忽然在家中发现了一个比骑马和射箭更有趣、更令他着迷的地方。那天，只有六七岁的他，不知怎的，一脚迈进了阿玛的大书房。这一脚迈进去，他就再也不想出来了。这一脚迈进去，便决定了他终生要与书结下不解之缘。

其实，这硕大的书房，明珠自己倒不常来。他现在公务很忙，而且会愈来愈忙。随着他头上的官衔不断提升，他在家的闲暇时间就愈来愈少，光顾这书房的时间便更少了。更何况，他本来就不是读书人。但是在对待文化这件事情上，明珠表现得很有意思，最能展现他与众不同的特点。他本人读书并不多，也未受过系统的教育，可是凭着过人的聪明，在清初众多的满洲官吏中，他能说一口流利的汉语，并且是当时朝廷中少数竭力主张吸收发扬汉文化的满洲官吏中的一个，后来还多次以阁臣兼编纂重要史书、政书的职衔。他自己呢，不管是真喜欢还是附庸风雅，总是不断收集各朝历代的名人字画、儒家典籍的各种真本善本。他的家里到处是锦卷，藏书更是琳琅满目。走进明珠的宅子，不大像是高官显宦之府，倒像进了书香门第。有人称他的藏书室仿佛一个邺架省（图书馆）。

明珠的这一嗜好，不知给自己带来多少好处，却无疑使他的后代受益无穷。这种汉文化的气氛太适合纳兰成德的天性，太有助于他的成长了。

小纳兰成德打从心里喜欢这个地方。他带着孩子特有的好奇、兴奋，还有点不可名状的紧张、激动，在阿玛这座宽敞亮堂的书房中小心翼翼地走着。他的脚步放得很轻，好像生怕惊动那一屋子书籍。书房很大，迎面一排书橱整整占满了一堵墙，红硬木的书橱擦得油光发亮，光鉴照人。那书橱高得几乎顶到了天花板。站在它面前，纳兰成德觉得自己那么矮小，只能抬起头来仰视它们。书橱的每一个格子里都放着一部厚厚的、用蓝布做的精美书匣，里面装着一部又一部珍贵的大部头书。纳兰成德带着几分敬畏、几分崇拜地凝望它们。他想："要是有一天我能把它们都读了该多好！"

书房的另一面墙上挂着一幅字画。纳兰成德学写汉字不久，认不出上面写的是什么。可是，他还是被深深吸引了。他惊讶地瞪大眼，张着嘴。"这龙飞凤舞的一大篇大概就是人们说的汉人的书法吧？它实在太漂亮了，像画一样。比以前自己学的小蝌蚪一样的满文好看多了。我也要学会它们，我还要认识许许多多汉字！"纳兰成德在阿玛的书房中走着、看着，小脑袋里不停地转着。

阿玛的书房中还有一样是纳兰成德喜欢的，就是屋子中央那张巨大的书桌。书桌也是红硬木制的，同样一尘不染、光可鉴人。桌子的案头整齐地摆着全套白底青花的文房用具，笔筒、印盒、笔洗、镇纸……一应俱全。旁边一个精致的硬木雕花笔架上，悬挂着大小不一、各色各样的毛笔。纳兰成德一样一样仔细看着、摸着，样样爱不释手，就连那张精美的端砚上飘出的墨香味，都让他觉得好闻极了。

最后，他在一把后背镶嵌着云山大理石的红木太师椅上坐下了，他的腿还够不到地，就一边荡悠着双腿，一边惬意地翻开一本厚厚的大书……

从此书房里便总有了这孩子的身影。每天他练完功做的第一件事，便是到阿玛的书房里读书。晨风飘来鸟语花香，阳光透过木质镂空雕花窗台照射进来,在墙上、书橱上、纳兰成德宽广光洁的额头上打下柔和的光,暖洋洋的。

阿玛的书房与家中的藏书楼成了纳兰成德童年时代最常去、最爱去的地方,一直到他有了自己的书房。长大后,他充满温馨地描述着自己的读书生活:"闲庭照白日,一室罗古今。偶焉此栖迟,抱膝悠然吟。"

读书,在纳兰成德那原本就灵透的心窍里又打开了一扇智慧之门,他走进去,从此乐不知返。如果说,骑马如飞、射箭百发百中还是别的八旗子弟可能做到的,那么读书过目不忘则只有纳兰成德才行。那些陌生的、令人望而生畏的大部头书,那书上密密麻麻的蝇头小楷,似乎对这位满洲少年有着天然的吸引力。那些对别的孩子来说最头痛的背书默写,对他来说是那么容易,凡是读过一遍的书他便牢牢记住了。很快地,京城的满汉官吏人家就都传开了——明珠有个神童儿子。这使有点虚荣的明珠沾沾自喜。他全力支持,开发着儿子智力,为他购置、搜求更多各种汉文书籍,给儿子提供着受教育的最好条件。

因为这种读书、学习完全出于热爱,所以从一开始纳兰成德就没有受什么限制,而是以一种广泛涉猎、博览群书的方式去读书、学习。最初,小成德什么书都读,但很快地,他就有了自己的倾向性,他最爱读《左传》、《春秋》、《史记》、《资治通鉴》一类的历史书,那些发生在许多年前惊心动魄的往事,像一幕幕画卷在他眼前晃动,令他激动,惹他不安。他从先圣、先贤们的丰功伟绩中开始悄悄地营建自己的人生理想,"我亦忧时人,志欲吞鲸鲵"。小小的人有着一颗很大的心,他想长大后为社稷、为国家成就一番大业。他更努力、更勤勉地读书,更刻苦、更自觉地练武。

有一天当他翻开一本书时,他的心中便产生了自己终生景仰的英雄——从那天起他开始做起了英雄梦。那本书是《离骚》，那英雄便是《离骚》的作者屈原。这位生活在两千多年前的伟大诗人深深牵动着少年纳兰成德的心，他是多么同情这位徘徊在楚云下、湘江边孤独郁愤的老人啊！而屈原纵身向汨罗江一跃激起的浪涛，在这个满洲少年的心中也溅起经久不散的波澜，使他平生第一次产生了崇高与崇敬之感。当然，他真正理解屈原与《离骚》还在几年之后。但正是从这一天起，少年纳兰成德有了自己精神上的楷模，而《离骚》也成了他案头枕畔以至后来羁旅行役的书袋中必不可缺的读物，成了他终生须臾不离的友伴。而对纳兰成德产生重要影响的还有《离骚》的艺术，很快地，他就能把长篇的《离骚》背得滚瓜烂熟。由美人、香草、奇葩、异卉幻化成的那个美丽高洁、奇伟瑰丽、色彩斑斓的世界，使小成德那原本就无羁无绊的想象力更加充盈、饱满。他先是读了大量的诗词作品，如楚辞、乐府、唐诗、宋词……渐渐地他不再满足于朗读、背诵，而是跃跃欲试，沉睡在心底深处的诗的精灵开始萌发苏醒了。

时光倏忽，转眼纳兰成德已满十岁。腊月刚刚过完生日，甲辰年（一六六四）元夕就到了。京城家家户户忙着准备闹元宵、赏花灯。已经是紫禁城内务府总管的明珠府上，也张灯结彩准备着过正月十五。

人们只等待玉盘般的明月一挂上冬夜冷寂的星空，就要开家宴、吃元宵，孩子们就要猜灯谜、挑花灯、放鞭炮了。可是当大伙儿仰头赏月时，却发现金灿灿的月亮上出现了一个黑斑，慢慢地，那黑斑愈来愈大，最后竟把月亮遮住了。正月十五出现月全食，这可是过去没见过的事，大人们纷纷议论，有的说这是天狗吃了月亮，有的说今年说不定会遭大灾……小成德只觉得好奇，在他的记忆中，每次元宵节的月亮总是又亮又大的。这阵子，他正学着作诗词，正在兴头上，看到一景一物、一花一木就会涌出一种冲动和灵感。这会儿，看着被阴影遮住的月亮，他又想写点什么。

家人和宾客们正热热闹闹地聚宴说笑。小成德趁大家不注意，悄悄跑到院子里。冬夜的空气清冽新鲜，满地积雪泛着白光。他仰起小脸望着天空出神。大家总把正月十五闹元宵当成欢乐团聚喜庆的节日，可是以前读过的那些与月亮和正月十五有关的神话为什么总是和凄凉与分离相关呢？那个为人妾的紫姑不堪大老婆的忌妒，不就是在这十五月圆的日子里含恨死去的吗？还有那个美丽的嫦娥，偷了丈夫后羿从西王母处求来的长生不老药奔到了月宫。都说月宫里琼楼玉宇，可它寂寞广寒，哪有我们人间好呢？现在嫦娥一个人，一定孤独寂寞地连菱花镜都不肯揭开了。没有人欣赏，梳洗打扮有什么用呢？没有人相爱，长生不老又怎么样呢？这十五赏月究竟给人带来欢乐还是带来忧伤呢？十岁的纳兰成德第一次开始体会欢乐和忧伤这样的问题。他小大人似的一会儿在院子里来回踱着步，一会儿又仰头望着天空出神，心里竟有些像被阴影遮住的明月，不那么轻快了。忽然，他转身跑回书房，他想把自己的感想写出来。他先写了首七绝：

夹道香尘拥狭斜，金波无影暗千家。
姮娥应是羞分镜，故倩轻云掩素华。

——《上元月食》

写完小诗，他觉得好像意犹未尽，提起笔想了一会儿，又写出一首词《梅梢雪·元夜月蚀》：

星球映彻，一痕微退梅梢雪。紫姑待话经年别，窃药心灰，慵把菱花揭。　　踏歌才起清钲歇。扇纨仍似秋期洁。天公毕竟风流绝，教看蛾眉，特放些时缺。

　　成德正在字斟句酌，看要不要再改一改，家仆进来找他了。原来，客厅里已经宴罢。主宾们正品茗谈笑，高兴处忽然有客人提议让小公子为大家朗诵首诗。客人们都知道明珠的儿子能诗善赋，是个小神童，也知道明珠最喜欢在大庭广众下显示儿子的天才。可是小成德却不愿意，写诗作词是给自己看的，再说，自己还写得不好。但他从来没有违拗过阿玛，人们这时才发现小成德早已不在客厅，明珠知道儿子一定又去书房了，于是他叫仆人到书房找他。

　　一屋子来宾争着传看十岁孩子的创作。懂不懂的都要夸上几句。几个略通文墨的汉吏啧啧赞不绝口："'姮娥应是羞分镜，故倩轻云掩素华。'小公子真是奇思妙想，竟把个月蚀写得如此美！"另一个拿着那篇《梅梢雪》嚷道："十岁孩子居然也写出'天公毕竟风流绝，教看蛾眉，特放些时缺'，真把这元宵月蚀写绝了！亏他想得出来，后生可畏，公子才情不可估量！"又是一片"神童"之类的赞叹声。十岁的纳兰成德被大人们围住夸赞着。他心里想，自己还没有把想说的话都表达出来，什么时候心里话能像流水一样涌出来就好了。他想着，那双乌黑闪亮的眼睛又飘忽起来。

　　和他日后写出的如行云流水般的清词丽句相比，这首《梅梢雪》实在还算不上佳作，这时的纳兰成德还像大多初学者一样，免不了用一些华丽的辞藻充填作品的字面，但这毕竟只是开始，只有十岁的满洲正黄旗少年，已经表现出他在诗词方面的天赋了。

　　初学诗词的小成德尝到了初试锋芒的喜悦，从此一发不可收拾。他继续大量熟读背诵古诗词，也更起劲儿地作诗填词，琴棋书画他也开始涉猎、尝试。广读博览、敏学好思使纳兰成德比自己的实际年龄早熟许多。他的天性从一开始就朝着智性生活方面发展,对大自然与书籍的热爱,使他在花柳繁华之地、温柔富贵之乡中得以保留了多情淳厚的真性灵。一路求知、一路成长,不知不觉中,纳兰成德已长成风度翩翩、能文亦能武的英俊少年。

三、初恋之谜

又是一个莺飞草长、花红柳绿的季节。

明珠府中的花园里响起一串银铃般的欢笑。笑声是从灌木丛后那大片的草坪上传来的,一个美丽的小姑娘正站在草坪上一架荡起的秋千上,对地上帮她推的少年欢快地笑着。那双晶莹的大眼睛笑得弯成一对好看的月牙儿,两个浅浅的酒窝嵌在白嫩的脸蛋上,身上粉红的裙子随着荡起的秋千,飘飞着,像一只美丽的小蝴蝶。和一园子烂漫的鲜花相映衬,简直就是一幅美妙的图画。少年看呆了,直到小姑娘已经从停下的秋千上走下来,甜甜地叫一声"表哥",他才回过神来。

姑姑家的表妹是纳兰成德少年时代最好的玩伴。平常他接触的孩子太少了,父母到现在还没有再给他生一个弟弟或妹妹。那些到府中走动的富家子弟,他又实在与他们谈不到一块儿。只有表妹的到来,能给落落寡合的纳兰成德带来巨大的欢乐。每每这时,一向沉静少语的他就变得格外活跃,话也显得特别多。他能想出各种各样别出心裁的游戏让表妹开心,他会给表妹讲许许多多他从杂书上看到的神奇有趣的故事。每到这时,表妹总睁着那双晶莹的大眼睛一眨不眨地望着他。表哥是她心中的偶像,是她崇拜的英雄,是她的保护神。最让纳兰成德高兴的是,妹妹不似别的满洲旗人家的女孩不读书不识字,不是不扭扭捏捏害羞得不肯与男孩子说话，就是舞刀弄棍和男孩子没什么两样。表妹向来都是大大方方的，可也不失小姑娘的文静。她不仅读书识字，而且也喜欢吟诗诵词，他们在一起最多的时间就是读他们喜爱的诗词，也常常把自己作的诗歌小令拿给对方看，他们还喜爱对诗联句的游戏，这是他们最快活的时候。表妹还弹得一手好古琴，每当她为纳兰成德抚琴弹曲时，他总是凝神屏气，沉醉在那流水般的美妙乐曲中，用欣赏的目光望着也沉浸在乐曲中的表妹那动人的神态和那在琴弦上飞动的纤柔灵巧的手指……

　　在纳兰成德看来，表妹是完美的。这是他生命中真正接触的第一位女性。不，第一位女性当然是母亲。孩子总应该和母亲最亲的。可是想到母亲，他心里总有些害怕，还有点说不清楚的感觉。其实，他知道母亲很爱他，小时候母亲总把自己搂在怀里叫他心肝宝贝。可不知什么缘故，母亲常常会突然暴怒，对着被吓得呆若木鸡的女婢大声吼叫起来。这时候母亲那张原本很丰满、很好看的脸就会变得扭曲、丑陋、陌生。他害怕见到母亲这张脸，他更喜欢和哺育他的奶娘、侍候他的小丫环待在一起。渐渐长大了，尽管他每日晨昏必定恭敬、孝顺地去给父母请安，他从来不顶撞父母，但却在潜意识里有一种自己也无法说清的隔阂和距离……但是，现在与表妹在一起是那么轻松、愉快，还有一种只有和她在一起才有的温馨……

　　时光一天一天过去，在青梅竹马、两小无猜的亲密中，纳兰成德和表妹，一个长成玉树临风、神采飞扬的俊少年，一个出落成如花似玉、兰心蕙性的小美人。两个人相视的目光渐渐有了新的变化，欢快中带上了羞涩，亲密里夹着一份柔情。他们甚至不肯对自己承认这种微妙的变化，但心里却再也放不下对方，不见面的时候，便多了一份带着甜蜜期待又有点折磨人的思念……

两家的大人也在用欣喜的目光注视着这对一天天长大起来的孩子。姑舅亲，打断骨头连着筋，亲上加亲不更好吗？他们已经私下谈论起两人的婚嫁，这实在是天造地设的一对！

成德与表妹不像儿时那么无拘无束了。他们不再紧紧偎靠在一起读一本书，甚至不再手拉着手在园子中奔跑……但是，他们相视的目光中却多了一份相知，话语中带着一份浓浓的情意。他们在温柔缱绻的相恋中编织着未来美好的梦。蓝天飘动着洁白的云，葱绿的大地开着耀眼的花，生活中的一切在这对相互爱慕的少男少女眼里都像春日里的阳光，明媚而灿烂，他们精心地培植着心中那朵含苞待放的爱情之花。却没想到，一股意外袭来的风暴使它夭折了。

表妹被选秀入宫——这对少年男女的美丽梦想，永远破碎了。

当时按照清宫的惯例，每个待字闺中的满洲旗人家女儿都有一次通过选秀入宫的机会，这是皇家恩赐给八旗女子的一次良机。一顶顶送往皇宫参选的花轿中载着多少女子的承恩梦，可是又有多少女子能得幸于皇上？她们当中又有几位能幸运地登上六宫的主位？紫禁城的高墙里锁住多少妙龄女子的青春，使她们失去了人间虽然平凡但是实实在在的幸福，在那见不得人的去处断送了自己的一生？

也许这一切，少年成德此刻还无法体会到，但他却真正品尝到相思相爱而不能相守的痛苦。他恨自己没能保护住表妹，更恨自己无法复仇，就仿佛一件最珍爱的东西突然被人抢走，却连夺回的机会都没有。他痛苦、愤怒，又茫然无奈。他第一次感到生活中并不是所有的愿望都能顺理成章地实现，自己一生中一些最重要的事情，并不能由自己完全把握。

他无法留住表妹，更无法阻止自己思念她。他多想再见表妹，哪怕就一面。但这回表妹不是回家，不是去串亲戚，也不是出远门。她是进了那见不得人的深宫。宫墙是那么高、那么冷漠,宫禁的大门是那般禁卫威严。怎么进去呢?实在太难了。从此那座万人俯首跪拜、翘首仰视的紫禁城便在少年成德的心灵深处留下了一道抹不去的阴影,以致日后他每天出入宫闱时总有一种格格不入的排斥心理。

才十几岁的少年,性格中已透出痴情与执着的一面。他久久地思念表妹,常独自一人徘徊在与表妹玩耍嬉戏的地方,脑海中跳动着那美丽活泼的倩影。思绪早飞进厚厚的宫墙。愈是无法做到的,就愈惹得他想去做到。

机会终于来了,那一年适逢国丧,皇宫照例要做盛大的道场,纳兰成德灵机一动——这不正是进宫的机会了吗?宫中举吊唁之事,后宫的人也要参加,如果能进宫,说不定真能见到表妹呢!他用钱贿赂了一个要进宫唪经的喇嘛。于是在一大群身披袈裟、垂首合十,口中念唱有词的喇嘛队伍中,便夹进一张眉目清秀的少年人的脸。在一身袈裟的遮掩下,成德混入宫中。只是他没有闭目念经,而是偷眼搜寻着一大群参加丧礼的宫人。他终于发现了表妹。

表妹高了也瘦了,梳起两把头,虽然身着丧服,但仍掩不住她的天生丽质。她依然如花似玉,那张脸依然白皙娇嫩,但却没有了红润,那神情也再没有以前的天真灵透之气,看上去倒像一张虽然美丽却无血无肉的画。她此刻眼帘低垂,神情黯然,不知是在悲悼死者,还是悲悼自己死去了的青春与爱情。她万万没有想到,在一大群起劲儿唱着经的喇嘛中,正有一双灼热的目光在专注深情地注视自己。

纳兰成德心如刀绞,他多想呼唤一声表妹,哪怕表妹只看他一眼,他们也会从彼此的目光中得到一点慰藉和满足。无奈宫禁森严,咫尺天涯,纳兰成德又一次尝到相望不能相认、相见不能相亲的滋味。他怅然而归。

其实，关于纳兰成德这次伤心的初恋，至今仍是一个谜。所有的数据都散记在后来清人的笔记中，其真实性就要打折扣。这次初恋究竟发生在成德多大年龄？表妹何时入宫？成德宫中探望的那次国丧又是什么时候？或者根本没有表妹这个人，没有这次的初恋。我们都只能猜测。但是有一点却是真的，在纳兰成德的生命历程中必定有过这种相爱不能相守的情感经验，这在他凄美动人的词篇中一览无遗。

> 正是辘轳金井，满砌落花红冷。蓦地一相逢，心事眼波难定。谁省？谁省？从此簟纹灯影。
>
> ——《如梦令》

> 相逢不语，一朵芙蓉着秋雨。小晕红潮，斜溜鬟心只凤翘。
> 待将低唤，直为凝情恐人见。欲诉幽怀，转过回阑叩玉钗。
>
> ——《减字木兰花》

年轻、多情的贵公子的爱情故事里有了一种固定的情结。爱情的男女主人公总是在幽美的地点或氛围中相遇——辘轳金井畔、满地落红处、秋雨霏霏、斜阳残照……幽美确实幽美，但却总是带着无法示人的凄清，它暗示着一种悲婉的结局。相逢总是蓦然，回廊一瞥全是偶然。但这偶然中却必然引出一见钟情，一片相思，一段佳话。然而，这爱情是注定没有结果的。

> 红影湿幽窗，瘦尽春光。雨余花外却斜阳。谁见薄衫低髻子？还惹思量。　莫道不凄凉，早近持觞。暗思何事断人肠。曾是向他春梦里，瞥遇回廊。
>
> ——《浪淘沙》

第二章 青春

> 昨夜个人曾有约。严城玉漏三更。一钩新月几疏星。夜阑犹未寝,人静鼠窥灯。　原是瞿唐风间阻,错教人恨无情。小阑杆外寂无声。几回肠断处,风动护花铃。
>
> ——《临江仙》

最后只能把相思留在簟纹灯影的孤寂中,留在了然无痕的春梦里,留在小栏杆处无望的企盼中……这类的词作还有很多,年轻的诗人对爱情还有对人生已经有了深深的悲剧意识。人生有太多的缺憾,是如此不完满,美好的东西与情感总是转瞬即逝,你只能发出一声无奈的长叹,压抑久了便凝聚喷射出悲愤的呼号:

> 一生一代一双人,争教两处销魂。相思相望不相亲,天为谁春?　浆向蓝桥易乞,药成碧海难奔。若容相访饮牛津,相对忘贫。
>
> ——《画堂春》

这首《画堂春》与他以往大多数爱情词的凄婉缠绵,带着委屈、缺憾、感伤的喃喃细语,是那么不同,它是急促管弦,是呼天抢地,是直露的宣泄,是真率的表白,如果没有痛彻心扉的体验、没有恨入骨髓的丧失、没有刻骨铭心的祈愿,就无法有这首词。我更愿意相信纳兰性德有过一次失去的初恋。这是他初次尝到的一颗酸涩的人生苦果,多情的少年也许还未意识到,自古多情则命途多舛,因为多情,他今后还要承受不知多少苦难呢!

正当纳兰公子咀嚼这颗酸涩的果子苦不堪言时,离他不远的紫禁城中,一场激烈的政治角逐与争斗也正愈演愈烈。那位与纳兰成德同年降生、如今刚刚宣布亲政的少年玄烨也正面临着一件棘手却又必须解决的难题。七年前，父皇顺治帝驾崩，颁发遗诏，宣告天下：

> 太祖太宗创垂基业，所关至重，元良无嗣，不可久虚，朕子玄烨，佟氏所生，八岁，歧嶷颖慧，克承宗祧，兹立为皇太子；即遵典制，持服二十七日，释服即皇帝位，特命内大臣索尼、苏克萨哈、遏必隆、鳌拜为辅臣。伊等皆勋旧重臣，朕以腹心寄托，其勉矢忠荩，保翊冲主，佐理政务，布告中外，咸使闻知。

二十四岁的福临因一场天花，撒手人寰。但他实在不能放心留下八岁的儿子独自面对百废待兴的国家，况且这也是不可能做到的，儿子还太小，没有独立治理朝政的能力。按照传统旧制，皇帝年幼，国家政务应由宗室诸王摄理。但顺治皇帝又万万不会选择这种办法，他从自己当年因叔父多尔衮摄政而处处被掣肘的遭遇中，仿佛看到儿子再次重蹈自己覆辙的可怕景象。所以临终前与母亲孝庄太后经过斟酌、选择，最后留下了由四大臣辅政的遗诏。他唯一欣慰的是儿子还有一个懿睿超群、意志坚强的祖母的庇护。福临匆匆地走了。

这将要辅佐新皇帝的四大臣是经过精心考虑的。其中三个出自皇帝亲自统辖的两黄旗大臣——索尼、鳌拜、遏必隆。这几位阅历资深的大臣，早年跟随太宗皇太极南征北战，为清王朝的创建及巩固都立有赫赫战功。而且他们在多尔衮摄政期间就坚决站在顺治帝一边，深得福临的信任。而另一位辅政大臣苏克萨哈虽然原是多尔衮手下的近侍，但在多尔衮去世后，他归附顺治帝，工作非常努力，也同样得到福临与皇太后的信任。

让四大臣辅政，还有更深一层的考虑。这几位辅佐大臣虽然地位显赫、权力很大，但他们毕竟是异姓臣子，并不像皇室宗族的各位亲王那样直接掌管八旗军权。他们与皇帝除君臣关系外，还存在旗主与旗员的隶属关系。这种双重的制约，使他们不会对皇权构成威胁。另外，这几位大臣均是上三旗的成员，直接受皇帝统辖，这就与下五旗各旗主亲王只顾本旗发展不同，他们与皇帝的利益息息相关。一旦皇位动摇，他们的地位也会一落千丈，所以他们比起各位亲王来，更会对皇帝忠心耿耿。

顺治皇帝真可谓用心良苦，为儿子考虑周到；但他未想到的是，岁月会改变事情的初衷，权力会使野心膨胀。四大臣辅政的前几年，似乎相安无事，但很快他们中的一位便给年轻的康熙皇帝带来困扰。这是玄烨在自己艰苦卓绝的一生中遇到的第一个麻烦。

四大臣中原先只占第四位的鳌拜，这时已经上升为主角。他是个实力非常强的人物，身后留下一串赫赫功绩——崇德二年（一六三七），他随武英郡王阿济格进攻明朝海上重镇皮岛时，曾勇为马上前驱，并许下誓言，不得此岛，不复见王。皮岛被攻克后，他晋升三等男爵，赐巴图鲁。后来大战锦州，他五战五捷。再后来，他进逼燕京、掠地山东，三败明军而克兖州下临清。接着又与李自成作战，与张献忠交锋……在清军夺取江山的一些重要战争中，他都立下不小的功劳。但也正因此，他居功自傲，目中无人。尤其在做了辅臣后，他利用手中权力推行极不得民心的圈地政策，自己从中占有了大量土地。在朝廷中，他结党营私，谁不听他的就把谁除掉。在他眼里，皇帝还只是一个乳臭未干的孩子，因此更加飞扬跋扈、肆意妄为。对鳌拜，朝廷百官敢怒不敢言，他们只有一齐呼喊着要求皇帝亲政。

当十四岁的玄烨端坐在太和殿那把龙椅上开始亲政时，鳌拜用那双鹰隼般的黄眼珠盯视片刻，再环顾自己身边——老态龙钟的索尼，唯唯诺诺的遏必隆，还有那个对他不服气却成不了气候的苏克萨哈……便不屑地翘翘他那一脸络腮胡，决定了下一步该如何做："索尼行将就木，已构不成任何威胁。遏必隆是本旗，一向对自己言听计从，正好是得力帮手。苏克萨哈必须尽快除掉。这样小皇帝就得听我鳌拜的。"

巧的是，偏偏这时苏克萨哈的一个举动正为鳌拜提供了迫害他的借口。苏克萨哈早就不满于鳌拜的跻位擅权。作为辅臣之一，他不愿与其同流合污，又深知自己势单力薄，不是鳌拜的对手，便想抽身官场，以保全自己。他看到皇上已经亲政，便上疏提出退隐为先帝顺治守陵。他这样做，一是表明鳌拜跋扈，自己与他无法合作；二是以自己的行动迫使鳌拜、遏必隆也相应辞职。但他哪里想到，他诚心诚意归政于皇上的一片忠心及他想用来辖制鳌拜的苦心，竟成了祸及自身的因由。鳌拜以苏克萨哈"不欲归政"等列大罪二十四款，并怂恿康亲王杰书上奏皇上：

> 苏克萨哈乃辅政大臣，不知仰体遗诏，竭尽忠诚，反坐奸诈欺饰，存蓄异心，论如大逆，应与其长子、内大臣查克旦皆磔死……

这时候年轻的玄烨才明白鳌拜的真正用心。他坚决不允所请，但鳌拜打定主意要置苏克萨哈于死地，他攘肩向前，强奏累日……结果，可怜的苏克萨哈为辅佐皇上操持辛劳多年，最终竟被一根绞绳结束了性命。被处死的是苏克萨哈，可实际上鳌拜对付的是年轻的皇帝。他原以为自己这种咄咄逼人的气势足以震慑住还是少年的玄烨。

可是，他完全错了。

鳌拜似乎没注意到，眼前这位十五岁的少年天子，神采奕奕，目光炯炯，紧抿着的嘴角已经脱去稚嫩而换上一抹刚毅，他早就在数年夜读晨习、孜孜以学的勤奋努力中成长为一个沉稳、坚韧、满腹经纶的治国之才。他已暗下决心，绝不坐享其成守着祖辈与父辈挣出的家业，而要做天上揽月、沧海捉鲸的一代英主。十五岁的他正等待契机，一展胸中激荡着的治国安邦的宏图。

面对鳌拜这个曾建立过功勋，但现在顽固守旧、狭隘、疾言厉行的权奸之臣，这块必须搬走的绊脚石，少年康熙帝的脑子里一个计划已然成形。

过了几天，素来庄严沉闷的皇宫忽然喧闹起来，一群哈哈珠子、布库少年开始在这里嬉戏、摔跤，与他们年龄相仿的一国天子玄烨经常夹在他们当中，玩得最欢、笑得最响，他仿佛完全被这游戏吸引过去了。鳌拜又撅了撅他的络腮胡子，哼出一句："到底乳臭未干！"可是，当有一天，他照例迈着方步，傲慢地、两只黄瞳朝天地迈进乾清宫时，一声呼号，布库少年们如猛虎下山同时扑向他，不可一世的鳌拜，嘴啃着地，被捆个结结实实。

年轻的康熙皇上端坐在龙椅上。双眼仍是炯炯有神，明黄色的龙袍上九条五爪金龙明光闪闪，仿佛要飞出来一般……

智擒鳌拜是年轻的康熙帝亲政以来做的第一件大快人心的漂亮事，是他雄才大略的第一次展示，也标示着他从此开始了励精图治、治国安邦的一代伟业。在这次事件中，索尼的儿子索额图起了至关重要的作用，而纳兰成德的父亲明珠做了什么？史料不曾记载，但他肯定也参与其中。因为这一年（一六六九），明珠由刑部尚书又被任命为都察院左都御史，从此走上他政治生涯的坦途，他的家也因此日渐发达而愈加富贵显赫。

四、万春园里误春期

北京城东北角安定门内的成贤街,是一条青石铺地、不大宽的小街。街道两旁,高大茂密的国槐把整条街搭成一个严严密密的绿荫凉棚,小街就更显得清幽僻静。这模拟胡同、稍宽一点的小街,京城里有许多条,本来没什么特别之处。可是走进小街不远,会看到一座华丽的五彩牌楼横在那里,煞是醒目,立刻使这小街添了一层不同寻常的气派。元明两朝以来的全国最高学府——国子监,就在这条街上。

国子监是座不太大的园子。朱墙黄瓦的明式建筑群与一园子苍松、古槐、银杏、翠柏和谐地组成不华丽但却端庄古朴的氛围。此时,出出进进集贤门、太子门的已经是身着长袍马褂、背后拖着条长辫子的新朝学子。

纳兰成德夹在一大群满洲、汉族和一些边远异族的学子中间很是显眼。十七岁的年轻人个子高挑挺拔、清瘦秀气,肤色微黑的脸庞上,一双清澈黑亮的眼睛烨烨放光,眉宇间勃勃英气中夹杂着一丝忧郁的书卷气,举止儒雅、谈吐有度,总之他身上有一种说不出的高贵气质,让你一下子就能从一大群人中认出他来。

在国子监,纳兰成德的确是出类拔萃的。十几年刻苦研习,熟读经史百家又博览群书,使他思维敏捷,语言文字功底扎实,诗、词、赋、散文各种文体无所不能,兼以通晓琴、棋、书、画,不久就成为同级中的佼佼者。可他好似浑然不觉,依然内向、萧条若寒素,深得同级学友的敬重。而他的才华、修养与谦谦君子之风很快就引起国子监祭酒、敬一亭座主徐元文(号立斋)的注意和赏识。下堂后,徐元文每每与他长兄徐乾学品茗闲聊,几次提起他的得意门生纳兰成德时就情不自禁地赞叹道："司马公的贤子可是非同一般的人才！"

己亥科状元徐元文性情端肃，平日寡言少语，喜怒不形于色，他是极少夸赞别人的。现在，对一个满洲学生赞不绝口，不能不引起其兄徐乾学的注意。他也听说过纳兰成德的名字，看过他的一些诗词作品，也曾暗叹过他的才华。要知道，这徐氏兄弟可是当时京城中赫赫有名的人物，能得到他们的欣赏可不容易。

徐氏三兄弟中，老大徐乾学，号健庵，庚戌（一六七〇）以殿试第三名即探花及第，现任紫禁城南书房编修。老二徐秉义，号果亭，也才学不浅，后来在癸丑（一六七三）得探花郎，自然也走向官宦之路。而老三徐元文早在两位哥哥登科及第的前好些年就荣登己亥（一六五九）的状元榜首，一六七〇年始，做起国子监的最高主管。三个同胞手足各个学问博通、才华超群，别说在当时传为美谈，就是在历代文人墨客中也不多见。

当然他们兄弟三人都能出人头地，也事出有因。他们出生于昆山一个大户人家，昆山山明水秀，是人杰地灵之乡，饮故乡水长大，自然灌注以灵气。他们又是明末大学问家顾炎武的亲外甥，可谓有家学渊源，给他们很大影响。三兄弟早年丧父，他们的教育便由他们的母亲——顾家小妹来承担。母亲也是个有名的才女，失去丈夫后，她把全部希望寄托在三个儿子身上。她对三个孩子实行严格教育，要求他们每日课诵至午夜不辍，一坚持就是数年。这种自幼苦读练就的扎实功底，有几个文人能比得上？

三兄弟身世不凡又各个出类拔萃，自然就带上颇多传奇色彩。尤其是老大徐乾学个性更突出，所以有关他的奇闻逸事就更多些。据说他记忆力惊人，凡是他见过一面的人便能终生不忘。他在南书房任编修，常常需要观古碑，而那些古碑一般又高又大，碑文密密麻麻，乃竖行刻文，一行读下来实在困难，一般人深感头疼。而徐乾学却自有高招，每次观碑，他先站在同行者身上，先把碑文的上部飞快地横阅一遍，然后再横阅中部，最后是下部。这样，一方碑很快就看完了。然后他硬是凭着非凡的记忆，将碑文按顺序一字不落地记录在纸上。这本事令当时文人墨客惊叹，加上人们添枝加叶，徐乾学便被人们传得神乎其神了。再因为他藏书甚丰、学富五车、满腹经纶，京城的学子纷纷投其门下，以能成为徐乾学的学生为荣耀，年轻的纳兰成德也夹在这些崇拜者之列。从小读书过目不忘，而被称为神童的他，从心里羡慕、敬仰这个传奇般的人物，一心想拜他为师。

说来也巧，去国子监读书的第二年（一六七二），十八岁的纳兰成德参加了顺天乡科考。而担任此考场副主考官的正是徐乾学。那次考试的试题是：

卫公孙朝一章，修道之谓一句，后稷教民至人育。

试题对纳兰成德来说很容易，他顺利通过乡试，中了举人。会考结束，两位主考官蔡启僔、徐乾学按照惯例举行宴会，招待此次顺天乡考区中榜的举子们。一群年轻的举子恭恭敬敬拜于堂下，只见为首的青年一身青袍，黑色八宝坠角小帽上缀着一块晶莹的岫玉，一条乌黑油亮的发辫拖在脑后，英俊挺拔。神情自信端重而毫无狂傲之气，举止高贵娴雅却没半点绮罗纨绔之态。徐乾学端坐堂上，胖胖的脸上露出微笑："这恐怕就是那位纳兰公子吧！"第一眼他就对这位满洲公子充满了好感。

三天之后，纳兰成德单独再赴徐府，专程拜谒徐乾学。他骑着枣红马缓慢地走着，显得有些踌躇，心里也忐忑不安——"徐座主会收下我吗？他可是京城的大儒啊！那天在宴会席间向徐座主敬酒时，曾表达了想拜师于他的愿望，可是徐座主只是笑而不答，今天去他府中拜望会怎么样呢？"一路想着，已经到了徐府门前。在踏进门槛的那一瞬间，他坚定了信念："无论如何，也要争取让徐先生收下我。"

纳兰成德怀着仰慕谦恭之情，言辞恳切地说明来意，徐乾学细细打量着这位满洲的贵家子弟。依然一身青袍，素朴中却有一种掩不住的高贵气质，神情端重但眉宇间却透着青春的勃勃英气和真率之情。"一表人才啊！"徐乾学心里赞叹，脸上却仍旧淡淡笑着，把纳兰成德引到书房。两人便在徐乾学那间宽大的书房中从从容容交谈起来。从经史原委到文体正变，他们的话题很广。年轻人慢慢摆脱了最初的拘谨，他得体地选着措辞，但也不失侃侃而谈。他的语气谨慎谦逊，但思路清晰而且自信。徐乾学又一次暗自诧异："都说司马公贤子非常人也，可还是想不到一个不满弱冠之年的满洲青年，竟如此识见高卓、谈吐不凡，谈经论道竟实在比那些宿儒学者要深刻得多。后生可畏啊！"如果说，刚见面时，徐乾学还有些端着架子，现在不由得完全认真起来……

他们谈得很多，很投缘。谈着谈着，自然就谈到了书，这恐怕是最热烈、最投机的话题了。他们谈一部部儒家经典，说到兴奋处，徐乾学便忍不住拉着成德走到他那一壁藏书前。明珠家的藏书之丰在京城也算是出了名的，但如果和徐乾学比可就差远了。徐乾学毕竟来自书香门第，是硕儒之后，他集几十年的精力心血，已拥有一座名为"传是楼"的藏书楼，里面藏有大量珍贵的儒家典籍，它们几乎全是当时京城所不曾见到的孤本、珍本、善本……现在，他如数家珍般地给纳兰成德介绍、评价这些宋元以来的儒家典籍，像抚摸着自己心爱的孩子般摩挲着这些书。爱书如命的纳兰成德简直被迷住了，他家的藏书够多了，可他觉得自己今天才大开眼界。望着满屋的"珠玑"，他仿佛走进了一座瑰丽神奇的宝库。他摩挲着那些大部头，爱不释手。徐乾学见状笑着说："这些书，今后你可以慢慢读。"纳兰成德激动得涨红了脸，因为徐乾学这话无疑等于告诉他，已经收下他这个学生了。成德兴奋得有些语塞："学生必晓夜穷研，以副明训！"

待掌灯时分，成德离开徐宅时，他们已互称师生，并约定从此每逢三、六、九日纳兰成德到徐府求教。

回家的路上，纳兰成德仍沉浸在拜师求教的欢乐中。多好啊！今后有名师指点，还可以读到许多好书。他的心因为兴奋而怦怦地跳着，回味着刚才会面的情景，品味着老师的每一句话——先生说："为臣贵有勿欺之忠。"自己少年新进，还没有官守，勿欺在心，更不会欺心，先生的告诫是从何而来呢？他一路思忖遐想着。枣红马仿佛也感染了主人的好心情，轻松地一溜小跑，欢快的马蹄声留在夜幕笼罩着的青石路上。

回到家向父母请过安后，纳兰成德便兴冲冲地告诉他们："吾幸得师矣！"看着儿子一反往日的少言寡语，神采飞扬地讲述在徐乾学家的情景，明珠和夫人也受到了感染，微笑着望着儿子。很快地纳兰成德的亲友便都知道了他拜名师的消息，他们分享着纳兰成德的喜悦。

从那时起，每逢三、六、九日纳兰成德便准时去上课。天刚大亮他已经骑马至徐宅，听徐乾学授课，或回答问题，或谈读书心得，或师生一起研讨……每次日暮方归，不论阴晴寒暑从未间断。

在名师指点下，纳兰成德又有系统地研读了先秦以来诸子学说，尤其是儒家经学典籍，并熟读《资治通鉴》，研习古人文辞，学问又有了大的飞跃。他对老师充满感激之情，在一封写给徐乾学的信中，纳兰成德曾虔敬地写道：

第二章 青春

> 夫学术文章道德罕有能兼之者。得其一已可以为师，今先生不止得其一也。文章不逊于昌黎，学术道德必本于洛闽，固兼举其三矣，而又为某乡试之举主，是为师之道无乎不备。而某能不沾沾自喜乎？先生每进诸弟子于庭，示之以六经之微旨，润之以诸子百家之芬芳，且勉以立身行己之谊。

字里行间充满着感激与虔敬。这时候已经通熟历史的他完全明白了徐乾学最初告诫自己"为臣贵有勿欺之忠"的深意所在。他接着写道：

> 退而读史，宋寇准年十九登第。时崇尚老成，罢遣年少者。或教之增年，准不肯，曰："吾初进取，何敢欺君？"又，晏殊童年召试，见试题，曰："臣曾有作，乞别命题。虽易构文，不敢欺君。"然后知所谓勿欺者随地可以自尽。先生固因某之少年新进而亲切诲之也，某即愚不肖，敢不厚自砥砺奋发以庶几无负大君子之教育哉？

年轻的纳兰成德拜师求学，熟读经史不是为应付即将到来的殿试，而是在用心体会儒家经典的真髓，以此构建自己的思维方式与价值取向。他在为日后成就大事业、大理想，努力做着思想上的准备。

求学的时光如梭似箭，转眼癸丑年的春季到了，两年一度的殿试将如期举行。

清朝的科举基本上沿袭了明朝的科举旧制，分乡试、会试、殿试三种。凡参加科考的学子，首先要经过县试、府试、院试取得生员资格——也就是秀才——才有资格参加每三年在省城举行一次的乡试。乡试中榜称举人，中了举人也就拿到第二年入京会试的许可证，会试由礼部主持，考取称贡士。最后一关，是参加由皇帝亲自主持的保和殿殿试。榜上题名者赐进士。因为那时是开科取士，想有所作为、想走仕途的人只有参加科举考试，所以这层层筛网般的考试，便成了所有读书人既畏惧又渴望、既烦恼又不得不走的道路。

殿试的日子一天天临近，十九岁的纳兰成德跃跃欲试，满怀信心。可不知怎的，内心深处突然跳出一丝隐隐的、连自己也说不清的不安。不安什么呢？按说自己的学业是没问题的，十几年的勤奋读书，早已打下扎实的功底；国子监中有系统听课，又有名师的指点教习，所谓养兵千日用兵一时，参加殿试是该有自信的，何况从少年时代自己就有了"志欲吞鲸鲵"、"银河亲挽，普天一洗"的大志向，而参加殿试就是走向理想的第一步！纳兰成德想来想去，忽然明白，自己的隐忧就是那倒霉的寒疾。

寒疾，是纳兰成德命中注定的克星。

虽然这些年一直不断地与寒疾抗争，虽然在长期的习武操练中体质有了明显的增强，但是可恶的寒疾依然像一个黑色的幽灵时常来窥探他，特别是在秋冬或冬春之交。每到这时，他就格外注意。可是今年整整一个冬天自己都在紧张地复习，竟疏于保养照料。现在，冬天已经过去，可春风依然料峭，而因为过度辛劳和紧张，内火积蓄，体质也明显虚弱。纳兰成德已经感到了身体内部的不适，他似乎看到寒疾躲在黑暗的角落里朝自己窃笑。他赶紧看大夫，喝汤药，可是已经晚了。

高烧，可怕的高烧不容分说地把纳兰成德击倒在床榻上，他完全失去了反抗的能力，眼睁睁看着黄历一页页掀过举行殿试的日子，眼睁睁看着自己许多年的努力与心血就这么付诸东流。这个打击够大的，它意味着纳兰成德要重新等待三年。他的心情糟透了。他难过、懊悔、沮丧、失落，更多的则是无可奈何。他又一次感到造化弄人，自己在强大的命运面前是多么束手无策。

屋子外面就是明媚的阳光,芬馥的花香伴着和煦的春风,还有所有春天的诱惑一起从窗外飘进来。可病榻上的年轻人心境并没有变得明朗欢快。他在床上躺了很久……

殿试放榜,纳兰成德的同级同窗韩菼获癸丑科状元,而他还要再等待三年。已经能面对现实的他写下了《幸举礼闱以病未与廷试》一诗:

> 晓榻茶烟揽鬓丝,万春园里误春期。
> 谁知江上题名日,虚拟兰成射策时。
> 紫陌无游非隔面,玉阶有梦镇愁眉。
> 漳滨强对新红杏,一夜东风感旧知。

诗里依然带着淡淡的遗憾、忧伤和无奈,还有对功名王事的期待。不过,春天的忧伤总会被夏日的炎烈融化,年轻的病痛会迅速痊愈,青春的无奈也会被新的喜悦取代。何况殿试还有下一次,等三年就再等三年,他毕竟年轻。

五、红芍栏边携素手

但真正让纳兰成德从寒疾的阴影中走出来的,是他的生活中发生了一件大事——他结婚了。

婚事是父母一手操办的。看着唯一心爱的儿子被寒疾折磨得瘦弱不堪,看着他长时间不能从耽误了廷试的沮丧懊恼中解脱出来,明珠和夫人实在着急。这样下去怎么好呢?他们私下反复商量,最后想起民间人们常用的方法——冲喜。再说,儿子十九岁,该结婚了。女方也是父母亲自选定的，也是个殷实显赫、门当户对之家。新娘子卢氏年方十八，是奉天人，属汉族旗，父亲卢兴祖任两广总督，同时又兼兵部右侍郎、都察院右副都御史。婚事在紧锣密鼓地准备着，只是新郎纳兰成德似乎不那么积极。他也确实精力不支，寒疾没有完全好，身体十分虚弱。尽管他已经接受了再等待三年参加殿试这个事实，但神情仍旧是恹恹的，打不起精神。最主要的是那次失败的初恋，仍是一个没有完全愈合的伤口，隐隐作痛。表妹的芳姿倩影有时还会跳出来，令他无法忘怀……但纳兰成德是孝子，他不愿让双亲为自己操心，作为长子，他必须承担一份对这个家族的责任。父亲十九岁时已经有了自己，哎，人总是要结婚的，他叹了口气，服从了命运的安排。

婚礼隆重而热烈。明珠和夫人未完全料到的是，那迎新人的喜庆炮竹真的把这场寒疾带来的所有晦气连同儿子的忧郁一起扫得无影无踪了。纳兰成德也没想到婚礼上高悬着的大红灯笼、大红双喜字，那一身大红衣服的新娘给自己带来了真正的幸福。

早就听说卢氏虽然年龄不大，但幼承母训，贤淑明慧，长读父书，佐其四德；生而婉丽，性本端庄，知书达礼，有大家闺秀之风仪……可是当纳兰成德揭开新娘的红盖头时，仍然惊呆了，在灼灼红烛的照耀和一身鲜红的软缎旗袍衬托下，他的新娘清丽妩媚得像一朵刚刚出水的芙蓉。成德怔怔地望着她，竟以为是吹花嚼蕊的天仙降到了人间。卢氏也抬起一泓秋水般的双眸含情脉脉地望着成德，身旁这个面色苍白、清瘦但却气质高雅的年轻公子就是自己的丈夫吗？这个诗才文名传遍京华、俊逸飘洒的青年真的就属于了自己？真的就是自己托付终身、朝暮相伴的那个人了吗？这不是做梦吧？情不自禁地，她纤细娇柔的身子向前靠了靠，一双温柔的臂膀拥住了她。这对年轻人一见钟情。

新婚的日子如诗如梦般的美丽。卢氏婉丽端庄又柔情似水，她深深地爱着自己的丈夫，用全部心力照顾大病之后还未完全康复的成德，虽然是大家闺秀，在娘家时一直由丫环侍候，现在却每天亲自为丈夫端汤送药，不辞辛劳。纳兰成德在病榻上，这时他虚弱得还不能下地走动，他最常做的事情就是目不转睛地凝望着妻子。妻子每一个细小的动作，每一次浅浅的笑靥在他看来都美极了。他从小就喜欢看美丽的女人。"浅黛双弯"，"微晕娇花"，美丽的女人是大自然中一道美丽的风景，但美丽的女人不一定是温柔的。表妹美丽又温柔，但表妹不属于自己；额娘美丽却不温柔，发起脾气来甚至很凶狠，所以他怕她。妻子美丽温柔而且知书达礼，善解人意。她懂得自己的心，总是在自己最痛苦、最脆弱时送来知心的劝慰。那柔柔的软语仿佛浓浓的热酒，温暖陶醉着他凄冷的心，比药还灵验地驱散着病魔。他常常想把自己的感激和赞美告诉妻子，可是情到深处反而说不出口，只有相看好处却无言。

他对妻子的回报便是苍白的脸上很快有了血色，清癯的面颊渐渐丰满和红润起来。有一天，他能下床并在妻子扶伴下到庭院、花园散步了。红药栏边、渌水亭畔便常常留下他们携手并肩漫步徜徉的身影；曲廊深处、花间草坪便时常传来他们轻轻的笑声；书房里，妻子铺纸研墨，丈夫秉笔挥毫；红苏帐中他们温柔缱绻，互诉衷肠……年轻的夫妻沉浸在甜蜜的爱河里，纳兰成德有一种觅到知己的幸福感。

这段日子，纳兰成德很少作诗填词，他在抓紧时间享受青春和爱情。况且新婚的日子本身就是一首诗，与它相比，所有的佳词丽句似乎显得黯然失色。当然，年轻的诗人还没有完全忘记录下自己的幸福感受：

十八年来堕世间，吹花嚼蕊弄冰弦，多情情寄阿谁边？紫玉钗斜灯影背，红绵粉冷枕函偏。相看好处却无言。

——《浣溪沙》

>洛神风格丽娟肌,不见卢郎年少时。
>无限深情为郎尽,一身才易数篇诗。
>
>——《艳歌》

>水榭同携唤莫愁,一天凉雨晚来收。
>戏将莲蓊抛池里,种出花枝是并头。
>
>——《四时无题诗》

与他绝大部分爱情词的凄婉哀艳相比,这几首小令、绝句则是少有的明朗欢快。它们把纳兰成德新婚后那份痴情、那份满足、那份幸福感和盘托出。爱情是富有魔力的,当春去夏来的时候,纳兰成德的身体完全从寒疾的阴影中走了出来,他的心理也战胜了因耽误考期而带来的失落、沮丧。呼吸着户外潮湿新鲜的空气,滋润着爱情的甘露,他觉得一股青春的热血在血管中奔腾,一股蓬勃的生命活力在周身激荡。纳兰成德重新振作起精神,三年的时光与一生相比很短,二十岁的生命很年轻,未来的路还很长。

鸡窗露晓,拨灯书尽,纳兰成德又开始晓夜穷研,披经读史,他要把因病耽搁的时间赶回来,那颗敏感不安的心此时沉静安然,因为有可爱的知心人在身边相伴。

六、神驰心仪汉文化

大病复原又新婚燕尔,生活像春雨后的天空明朗而温馨。纳兰成德刚刚行了弱冠之礼,并有了字——容若。他的心情好极了。

他恢复了每逢三、六、九日去徐健庵先生家求教,枣红马又驮着年轻的主人在那条熟悉的青石砖道上轻快地小跑着。沐晨曦之清风，踏柔和之月色，依然朝去暮归，依然风雨无阻。徐乾学发现，大病初愈的年轻人脸色还有些苍白，身体还有点孱弱，但那双乌黑明亮的眼睛中分明闪烁出成熟的光芒。他的学生比以前更用功、更勤勉，他一本接一本地换着他藏书楼中的大部头书。他的学生更喜欢长时间地沉思默想，然后提一些令他颇费心思才能解答的问题，回答提问也总是深思熟虑后谈出自己的独到见解。徐乾学门下的弟子究竟有多少，他自己也记不清了，但他却清楚地知道，纳兰成德是他最得意的门生之一。这个被时下文人视为奇才的人物，在想到自己的学生时也不免疑惑——满人中竟有这样天才灵异之人，小小年纪，汉人学问却样样精通，就连被视为汉学精髓的经济之学，他的水平竟也在一些宿儒学者之上。难得的是，身为八旗贵胄，长处温柔之乡，久居膏腴之地，身上却未沾染半点绮罗纨绔之态，如此谦逊素朴、勤勉好学……实在是凤毛麟角！

这的确是件很奇怪的事情，汉文化对于满族正黄旗青年纳兰成德有着一种魔幻般的吸引力。当年他一踏进阿玛的大书房，便对汉文书籍产生兴趣，后来更是彻底被汉文化博大精深的魅力征服了。十年来，他不知疲倦地博览群书，吸吮着汉文化的乳汁，在文学艺术的天地里濡养陶冶着自己儒风典雅、钟灵毓秀之灵气。

而现在，大病之后的他把读书学习的气氛调整到最佳状态，因为现在读书学习不用再达成一个近期的功利目的——科举考试，这是三年以后的事了，所以也就不必再准备、背诵那些不会带来什么收益但却是应付考试必需的索然无味的八股文章。学习和读书对于他而言变得兴味盎然。

他一面继续在徐乾学的指点下"肆力经济之学，熟读《通鉴》和古人文辞"，一本接一本啃着徐乾学书架上的一部又一部儒家经典。这是他真诚的选择，那些艰涩高深的大部头捧在手里，纳兰成德一点儿也不觉得枯燥，而是细细咀嚼、体会其中的精髓所在。儒家的"经世治用"、"济世安邦"思想使他少年时代便做起的英雄梦有了理论依托和精神支撑。建功立业、效身于社稷的理想伴着青春的热血在纳兰成德的胸腔中奔涌；"我亦忧时人，志欲吞鲸鲵"、"银河亲挽，普天一洗"的激情现在已经化为更具体明确的与品行相关的修炼。长时间有系统地学习儒家经典，给他在思想上打下了深刻的烙印，以至儒家思想在某种程度上构成了他的思维方式、行为准则和价值取向。比如日后他走上仕途后对皇上尽忠尽职，他自始至终对父母尽心尽孝，还有对妻子、儿女、兄弟的情，对朋友的义。忠、孝、礼、义——儒家的伦理道德标准，纳兰成德当之无愧。作为一个社会上的人，他几乎是完美的。这是他理性也是真诚的选择，但他也许还未意识到为这种选择他将付出昂贵的代价。因为在他生命里还潜藏着一股与生俱来的更顽强、更蓬勃、更精彩的力量——诗的性灵。诗的性灵在幼年的忧郁中萌孕、蛰动，如今，在汉文化的润泽濡养下，它将迅速成长，发出灿烂的光。

诗的性灵不要规矩成方圆，它需要自由；诗的性灵无法忍受束缚和羁绊，总有一天它要走向叛逆与超越。天性的力量与理性的选择很快遭遇。纳兰成德迟早将承受这种无法调和的强烈冲突而带来的精神巨大分裂。

不过现在，纳兰成德还浑然不觉。沿着冥冥之中命运的轨迹，他一面坚定着自己的理想信念，一面又淋漓尽致地发展着自己的天性。

除了刻苦攻读那些儒家经典外，他几乎什么书都读，甚至包括西方传教士写的洋书。他贪婪地吸收着各方面的知识——历史、文学、天文、地理、历算、佛学、音乐……当然，最让纳兰成德神驰心迷的还是那些长短句。他书房中最显眼的地方摆着唐宋以来所有能够找到的词家的词选，常常顺手拿过来一本翻看，这是他最惬意的时候。那些他喜爱的词人的作品，小令也好，长调也罢，他轻轻吟诵一遍便记住了，仿佛原本就是与自己的生命天然相连的。它们自然地流入心田，又自然而然地从心田中涌出，经过他心灵的润泽，那些新鲜动人的长短句便会被记住了。读词、作词是纳兰成德无法抵御的诱惑，是他禁之难止的一生所爱。

他现在再也不用借用阿玛的书房了，他已经有了属于自己、完全按照自己的设计布置起来的书房。纳兰成德颇费心思地为它取了一个好听的名字——"花间草堂"，取后蜀赵崇祚所编《花间集》与南宋人编的《草堂诗余》二者合义，这是两本他平时爱不释手的词集。

坐在精美典雅、满室书香的花间草堂中悠然自得地读书写作，纳兰成德感到充实愉快但又有一种缺憾和不满足。他有许多读书心得需要与别人交流，他有许多人生问题想对人倾诉，他需要朋友，他渴望心灵之间的碰撞，可是环顾四周，他的朋友实在太少了。二十年的人生，他常常生活在孤独中。小时候过人的聪颖、早熟，还有内向的性格、体弱多病，都让他与同龄的孩子玩不到一起。长大后在私塾、后来又在国子监读书，尽管他性情平和谦逊，但他的才学、识见仍使他显得鹤立鸡群，除了同窗韩菼等寥寥几个人外，能够深入交谈的实在很少。他又不屑与他生活的贵族圈子中那些阔少、纨绔子弟们来往，即使有登门拜访的，他也一律不见。和这些人有什么共同语言呢？纳兰成德渴望友谊，可友谊也和爱情一样需要心灵的共振，需要等待机缘。他不免寂寞，但却坚守着宁缺毋滥的交友原则。

某日，他正在健庵先生家上课。忽然外面一阵嘈杂吵嚷，不等家仆禀报，一个中年人便闯进堂来。一见徐乾学，那人又笑又嚷又是拍肩握手的，还没寒暄两句便又大声抱怨起刚才家仆不让他进屋……好一会儿，才容徐乾学开口把纳兰成德和另几位门生介绍给他。那人这才像是刚发现屋里还有其他人似的略一施礼，然后又旁若无人般地与徐乾学谈起话来。这时纳兰成德才知道来人是姜宸英。他饶有兴趣地打量着这位浙江慈溪诗人。他看上去与徐先生年龄相仿，但神态气色远不如徐先生好，似乎有一种潦倒之状。一身灰布长衫不整，脸上带着倦容，显然是刚从远道而来。虽然言谈举止一派狂狷傲慢之气，但仍能一眼看出其胸中文采不浅。"还从不曾见过这般不拘礼节之人。可他身上确有一种吸引人的地方，是过去接触过的那些人所没有的。"纳兰成德心想。

等吩咐家仆带姜宸英沐浴、更衣、休息后，徐乾学才顾得上向成德他们解释。这姜宸英本是才华横溢之人，写一手漂亮文章，以此闻名江南。可他个性忒强，加上屡试不第，不免满腹牢骚，性情愈发焦躁，说话常无遮拦，结果得罪不少人，生活便更加落魄。其实他的心地还是不错的，这次来京投奔徐乾学，恐怕也是想寻找一点发展机会。

刚才纳兰成德已对姜宸英有几分好感，觉得他真实、不虚伪做作，现在听老师一讲，更生出几分倾慕和同情。他立刻想到："何不邀请他到家中做西席？这样这位先生的生活问题解决了，自己也可以随时向他请教。"他从小就倾慕有才华的人。

就这样，纳兰成德结识了第一位汉族友人。接着，又结识了张纯修、吴天章……很快又与浙西诗人朱彝尊通信往来，第二年，又结识了来京的无锡诗人严绳孙……

一下子拥有了朋友，纳兰成德高兴极了。过去，他一直是人人羡慕的贵公子——才华、富贵、美眷、未来辉煌的前程，一个人能得到的，他似乎都有了，可为什么还常常孤寂落寞，常常不快活？为什么在繁华热闹之中总有一种怅然若失之感？现在他明白了，那是因为没有真正的友谊，没有那种无所不谈、肝胆相照的朋友。而现在不同了，他找到了友谊，他觉得自己是真正富有的。

如果说，是因为热爱汉文化，他才找到了这些汉族友人，那么现在因为有了这些朋友，他就更加心痴神迷汉文化。过去是书籍在他面前打开一个色彩斑斓的汉文化艺术世界，而现在他的朋友们就仿佛是一本本打开便不愿再放下的珍贵书籍，从他们这里，他对汉文化的精神了解得更具体、更生动、更真切，他从中学到许多东西。

纳兰成德用他的心品读着，他们每个人都是那样不同——姜宸英，狂率不羁中不失正直天真；严绳孙，淡泊宽厚里含着内在的深刻；张纯修细腻挚情；朱彝尊渊博老道……纳兰成德喜欢每一个朋友，又更欣赏他们的共同之处——他们全是当世的俊异之才，一样的怀才不遇，一样的落魄潦倒，又一样的困郁守志，不肯悦俗。

而那些年长纳兰成德二三十岁的汉族文人，就要复杂多了。他们毕竟阅世深矣，作为汉族文人，他们有的是明朝重臣之后，有的自己就是明朝的遗少，几乎都经历了改朝换代撕心裂肺的创痛。现在，他们虽然已能面对大清国统治的现实，但内心深处却与新王朝若即若离，心存隔阂。所以虽然才华横溢，却不热衷于入仕，而以一介布衣，流于民间，写些长短句，寄托情怀。在复杂多变的艰难世事中，他们无法直接袒露自己的感情，但对新朝权奸佞贵，他们绝对给予白眼，或者根本不予理会。而当他们的目光与面前这位风度翩翩的满洲贵公子一相遇，便是一片青睐。他们从纳兰成德的那双眼睛中看到真挚坦诚，看到与他们相通的东西。

纳兰成德与他的汉族友人们越过了民族的、阶级的、年龄的藩篱，走到了一起。从此，花间草堂中便常常爆发出那震碎屋瓦般的笑声。

他们经常从早到晚聚在这间宽敞明亮、布置精美典雅的书房中，或剧论经史、品评时政，或推杯换盏、耳红心热地煮酒论英雄，或拟题限韵唱和、对吟诗词曲赋、摩挲琴棋书画，或者伴着茶茗酒香，没有任何主题的漫谈。漫步在几千年博大精深又五彩缤纷的汉文化艺术长廊中，沉浸在友谊的海洋里，纳兰成德觉得其乐无穷。

在尽情发展天性的同时，纳兰成德当然没有忘记学业。他继续向健庵先生和友人们求教儒家经济之学，同时又忙于扩展自己的藏书。他一面自己到处搜求购买儒家经典，一面托京城的朋友和在外地的朋友帮他向民间求购藏书，他花费了不少人力财力，却发现收效甚微。那些自隋唐以来的儒家典籍已大量散失民间，许多已经被毁坏、丢弃，还有一些在传印中出现遗漏或错误；有的好不容易找到了，却不是好的版本。

想到在徐先生书房中读到的那些京师所没有的珍本、善本，成德忽然灵机一动，萌生了一个强烈的念头——如果能把目前还存留的经史子集整理、注释然后重新雕版印刷出来，岂不是能使这些珍贵典籍流传于世，也为今人后人读书带来裨益吗？他把自己的想法告诉老师。徐乾学先是兴奋得眼睛一亮："成德，你真是与我心有灵犀。"但转头望望那满壁珠玑，又感叹道："三十年来，我收集经营这些书，何尝未生过此意？可是这宋元以来的儒家典籍浩如烟海，数量之多惊人，编辑、校勘是项巨大工程。再说，这需要大量资金，谈何容易！"成德沉思片刻道："正因为难，才更有必要把那些散于民间的书籍整理出来，辨别真伪，然后注释、勘刻，再雕版印刷……至于资金一事，我来想办法筹措。"成德为自己的建议兴奋着，黑亮的眼睛炯炯地望着老师。徐乾学从他眼中看到坦诚、坚定，这回他真的兴奋了，他拍着成德的肩膀，指着一壁的书说："公子既有此志，老夫当全力支持，这些书都是我三十年来心力所择，现在你可全部拿去校订。"纳兰成德惊喜得脸色通红，他暗下决心——无论多难，也要把这件事做成。

徐乾学拿出自己所藏的全部经典书籍，成德又托友人秦松龄（号对岩）、朱彝尊等人从藏书家手中购得部分典籍，一共收集到一百四十多种宋元以来解释儒家经典的书籍，均为世所罕见之本。成德一边筹措资金，一边和同窗、友人开始了卷帙浩繁的大部头整理校勘工作。

秋天的时候，校勘古籍的工作紧张有序地进行着，可是纳兰成德的老师徐乾学遇到了一些麻烦。给事中杨雍建劾奏，康熙十一年（一六七二），徐乾学任顺天乡试副主考官时曾滥取汉军卷。于是他与正考官、修撰蔡启僔并降一级调用，二人返江南故里。这是一次不太重的处罚，南归也只是暂时的，可是纳兰成德还是有些感伤，他一连写了四首《秋日送徐健庵座主归江南》：

江枫千里送浮飔，玉佩朝天此暂辞。
黄菊承杯频自覆，青林系马试教骑。
朝端事业留他日，天下文章重往时。
闻道至尊还侧席，柏梁高宴待题诗。

玉殿西头落暗飔，回波宁作望恩辞。
蛾眉自是从相妒，骏骨由来岂任骑。
白首尽为酬遇日，青山真奈送归时。
严装欲发频相顾，四始重拈教咏诗。

不同纨扇怨凉飔，咫尺重华好荐辞。

> 衡岳雁排回日字，葛陂龙待化来骑。
> 斑斓正好称觥暇，丝竹谁从着展时。
> 弱植敢忘春雨润，一生长诵角弓诗。

> 惆怅离筵拂面飔，几人鸾禁有宏辞。
> 鱼因尺素殷勤剖，马为郫泥郑重骑。
> 定省暂应纡远望，行藏端不负清时。
> 春风好待鸣驺入，不用凄凉录别诗。

写出这四首诗之后，纳兰成德觉得还未表达尽自己的情意，当天又写七律一首：

> 商飙猎猎帝城西，极目平沙草色齐。
> 一夜霜清林叶下，五原秋迥塞鸿低。
> 相将绿酒浮黄菊，莫向黄云听鼓鞞。
> 此日登高兼送远，欲归还听玉骢嘶。

这是纳兰成德第一次品尝送别的滋味，何况送的是自己尊敬的师长。他心里含着淡淡的忧伤，但毕竟面对的是老师，他字斟句酌，克制并把握着感情的分寸。他在心中期待，不久就会迎接尊师的归来，到那时自己将用校勘典籍的丰硕成果来迎接他。

秉承着天然的灵慧与才情，又有后天的刻苦和勤勉，纳兰成德青春的生命迸发出创造的光华。在文学上他已开始崭露头角——他的古诗平淡冲和，绝句清雅飘逸，他的古文质朴，骈文恣丽。最让他酷爱、禁之难止的词呢？这时候他已经有了第一部词集《侧帽集》。这"侧帽"二字用于此时的纳兰成德真是再适合不过了。北魏年间，一贵族美男子独孤信，因其貌美常被时人作为模仿对象。一次独孤信去打猎，不觉天色已暮，为赶在关城门前进城，他策马急驰，结果进城时，帽子微侧。不想第二天，城中戴帽的男人因羡慕他，皆模仿他侧帽而行。这个典故后来便用以形容风流自赏。北宋词人晏几道有《浣溪沙》云："侧帽风前花满路。"尽写承平公子侧帽潇洒、风流自赏之意态。成德素喜小山词，用其义题集名，而"侧帽风流"正是纳兰公子此时的风采神韵。这时他的词还多写情思、闺怨、伤春、惜别、咏柳、题花一类，但那清新、隽秀、空灵、飘逸的风格已经形成了。

一面晓夜穷研、砥砺奋发地整理校勘那些令人望而生畏的大部头儒家经解，一面风流自赏、禁之难止地吟诗填词，大病复原后的纳兰成德仿佛要证明什么似的展示着年轻生命的烂漫。但他强烈的求知欲与旺盛的精力还不止于此，同时，他还在兴致勃勃、非常投入地做着另外一件事，而且从去年患病时就开始了。

那时寒疾把他囚禁在病榻上，他只能靠读闲书度日。广读博览是他从小到大最喜欢做的事情，只是近两年先去国子监做太学生，后来又从师徐座主，忙于课业、准备殿试，倒与这类书疏离了。现在真是难得的机会，见到这些书，成德就像见到久违的朋友。他一本接一本读着，读到兴奋处常常笑出声来甚至拍案叫绝，这些书无疑也帮他冲淡了耽误考期带来的不快。

愈广泛地涉猎，他愈感到自己眼界开阔，他认定只有博采众长、兼容并蓄才能成就大学问。一天，成德捧着一本叫《泰西水法》的书津津有味地读着。这书是明末意大利传教士熊三拔撰著的，像这类西方传教士们写的书，成德已读了不少，比如德国传教士汤若望的《西洋测日历》、《历法西传》，法国传教士白晋等人绘制的《皇舆全览图》，还有《万国舆图》、《远镜说》、《奇器图说》、《测量法义》，等等，凡是能找到的这类书，成德都读。西方人在这些书中描绘的那些有趣的事情、技术、观念……纳兰成德开始觉得又新鲜又好奇，又有些半信半疑。可是慢慢地，他越来越信服，越来越感兴趣。

父亲明珠常常带回一些外国传教士送的礼物——西洋的航海图、望远镜、显微镜、八音盒……成德屋中那架精美的自鸣钟也是西洋货。这钟实在奇妙，滴滴答答，一刻不停地走着，周而复始，每转一圈就会自动发出好听的声音报时，比家中原先使用的漏壶、日晷要精确、方便多了，不受天气阴晴冷暖的影响，成德为此还专门写了一篇洋洋洒洒的《自鸣钟赋》。另一次他读《西洋测日历》，书上说天上的银河是由许多小星星组成的，这可和过去读过的郭守敬《授时历》所称天河是一团聚于苍穹之积气不同，为了证实，成德专门找到西洋高倍望远镜，果然看见小星星似乎近在眼前。过去古书上总说大地是方的，皇天后土，中国是中心，现在才知道世界是那样大，在距中国遥远的那一端还有许多有趣的国度。成德记得当时自己曾记下这样的话：

> 西人历法实出郭守敬之上，中国曾未有也。

现在，他手中的这本《泰西水法》是介绍西方水利技术的书籍。成德一边读一边比较、思考着，记下了自己的心得：

> 中国用桔槔，大费人力。西人有龙尾车，妙绝。其制：用一木柱，径六七寸，分八分，橘囊如螺旋者围于柱外。斜置水中而转之。水被诱，则上行而登田。又以风车转之，则数百亩田之水一人足以致之。大有益于农事，苟得百金鸠工庀材，必相仿效。通行天下，为利无穷。

他甚至连西人水车的制作方法都详细记录下来。纳兰成德向来都敬佩、羡慕更富有智慧的人们，既然世界上有人在使用更先进的东西，为什么不可以学习仿效呢？中国有如此广袤的土地田野，如果那些辛苦耕稼、劳作的人们都能用上这种既便利又易制作、能带来高效益的技术，该是为利无穷的。年轻贵公子深切关注着他生活范围以外更广大的社会民生。他又记录下不少读西洋书的体会：

西人云，望远镜窥金星亦有弦望。夫月借日光以有光，故有弦望。金星自有光，不仗日光，不知何以有弦望。

武侯木牛流马古有言是小车者。西人有自行车，前轮绝小，后轮绝大，则有以高临下之势，故平地亦得自行，或即木牛流马乎？而坎壈曲折大费人力也。

西人长于象数，而短于义理。有书名《七克》，亦教人作善者也。尊其天主为至极，而谤佛又全不知佛道。

纳兰成德认真阅读这些西方书籍，他既不完全赞同也不全盘否定，而是仔细比较判断，好的就拿来为己所用，不妥的则提出质疑。这时年轻的纳兰成德思想已趋成熟，读西书带给他最大的益处恐怕还是思想更开阔、宽容，也更严谨、缜密，而西方先进的人文科学思想也在浑然不觉中潜入他的心灵。

养病、读书、思考，成德忽然悟道，为何不把自己读书所得分门别类整理、记录下来？于己，日后读来会甚觉有趣；于人，也是可以参阅、借鉴的数据！再说，这场寒疾所失中总该有所得吧！

真的着手开始进行，才感到并非易举之事，纳兰成德涉猎太广泛——上至天文，下到地理、历史、经学、文学、艺术、考古，从三皇五帝传说、狐仙鬼魅故事到正统的宋明理学、李贽等明末思想家的异端邪说……实在够庞杂的。只能从长计议，慢慢去做。一年多来，他竟也拉拉杂杂记下不少。

一日，他又坐在西花园渌水亭中的石矶上读书。夏日的渌水亭被遮在古槐垂柳的浓荫中，凉爽宜人。亭畔，一池绿水清澈透碧，轻风吹过，飘来一阵荷香，纳兰成德心中舒畅惬意。他幼年起就在这渌水亭中读书，经年累月，自己的知识就好似这脚下的池水，涓涓细流，潺湲成溪……那么，如果有一天，自己的读书管见真可汇集成册，就叫"渌水亭杂识"吧！纳兰成德愉快地想。

因为一场寒疾，十九岁的纳兰成德没能金榜题名，可后来的三年中，他做了许多他真正喜欢做的事情，这正所谓因祸得福吧！

但是正热衷于用儒家哲学思想营造自己经世治用、济世安邦理想的纳兰成德，此刻恐怕还无意留心于对汉文化中产生巨大影响的老庄哲学，所以他也许还无法体会老子那段名言"祸兮，福之所倚；福兮，祸之所伏"的深刻。他还无法知道他一生的命运都在这个福祸之间游离着，他此刻更无法知道，恰恰是他这种怀着极大热忱学习，以至在某种程度上构成他的思维方式、行为准则的儒家思想，给他的人生铸造了一个巨大的悖论。他天性中一种更顽强的部分——诗的性灵——正在伴着生命蓬勃生长。迟早两股力量要遭遇、碰撞，他的心灵注定要承受强烈冲突而带来的巨大分裂。

这令人神驰心迷的汉文化，带给纳兰公子的究竟是幸，还是不幸呢？

第三章 尘缘

第三章 尘缘

一声暮鼓,打破黄昏的寂静。

幽暗的大雄宝殿里,香烟袅袅,钟磬声声。镀了金的现世佛盘膝而坐,面带普度众生的宽容微笑。几十个身披袈裟的和尚由住持带领着,正在做每日例行的法事。

大殿正中的蒲团上跪着一个人,伴着有节奏的木鱼声,一遍遍叩首长拜。瘦削的身子在上下起伏时微微抖动着。

"愿佛保佑吾友平安度过这场灾难……"他反反复复默诵祈祷着。当他抬头仰望佛像的瞬间,两行晶亮的泪珠挂在那张布满愁云、略显苍老多皱的脸上。

闭目合十的僧人们仿佛感觉到了他的虔诚,唱经声骤然加大,那单调苍凉的唱音在空寂的寺院中回荡,与他内心的凄楚悲泣融合成一片……佛事早就完毕,僧人们也早已散去,大殿完全暗下来。不知过了多久,他才踉踉跄跄迈出殿门。"容若、容若……"他心里一声声呼唤,执拗、顽强、虔诚,好像这样真能把他的朋友唤到自己身旁。

可是,此刻容若他能听到吗?他正受着病魔的煎熬。顾贞观神思恍惚地离开寺院,他茫然地沿着什刹后海北岸向东走去。斜阳从背后照着他,在地上打下一个修长、有点变形的影子。形只影单,他一下子老了许多。

纳兰成德高烧不退已经是第五天了!从明珠府里传出的消息一天比一天险恶,顾贞观的心一天比一天紧张,紧得喘不上气来。想象着容若被高烧折磨着,他也五内俱焚,吃不下东西,睡不着觉,不见任何人。他想哭、想替代他受苦……可现在，他唯一能做的，就是孤独地、凄楚地、无奈地在那高耸冷漠的府墙外徘徊、徘徊……

一座汉白玉单孔石桥横在面前，不知不觉中他已经走到了银锭桥。这桥不大，却十分玲珑别致。桥面是白色大理石铺成的，人走车过，早已磨得能照出人影。白玉的桥栏上雕刻着精美的花纹，桥孔上方嵌着一个奇模怪样的石螭头。

银锭桥最佳处在于它的位置。它横卧湖面，东西环水，把偌大的什刹海一分为二。立在桥上，低头，碧波滢滢，风荷点点，莲藕飘香；平视，绿柳拂岸，草木青青，湖两畔佛殿、陵宫参差相望，或金黄、或碧绿的琉璃瓦顶在树丛中时隐时现；而远眺，湛蓝的天穹下西山群峰叠嶂起伏，尽收眼底，好一幅美丽的图画！这"银锭观山"可是京城一大名胜，往日是他和容若最爱来的地方之一。顾贞观下意识地走上桥，又不由自主地向西望去。

太阳正在落山。如血的残阳把半个天染红了，黛紫色的西山群峰也被抹上一层金辉。湖水倒映着天光，仿佛一片燃烧的海。要在平时，他们会惊异大自然的壮伟瑰丽，或被这造化的神奇感动，会情不自禁地吟上首诗，或者干脆什么也不说，就这么屏息静气地，观赏享受着这瞬间又永恒的美……

可现在，只有他自己，孤零零的。

他把目光转向北岸，容若的家就在那里，视线被浓密的树木挡住，什么也看不见，但他还是固执地望去。最后一次见到容若，是五天前，在明珠府的西花园。

顾贞观一直想不明白，五天前容若请大伙去园中观赏夜合花，也为刚从海南来的梁药亭接风洗尘。白天还好好的，怎么就会一病不起呢？难道，难道真是因为那积郁已久的"念"吗？顾贞观一下子想起来了。那日聚宴酬唱，分题吟咏夜合花，容若又是第一个写出来的，那是首七律，姜西溟大声念着。全诗顾贞观记不住了，但他清楚地记着那句"对此能销忿"。顾贞观最了解容若心中的"忿"是什么，他知道容若从去冬、今春时断时续地闹病，恐怕也是这"忿"引起的。当时，他的心绪怎么也集中不起来，脑子里只反复跳动着"销忿，销忿"，怔怔地竟半天没有写出一个字。吴次原、姜西溟、梁药亭他们都先后写出来了，而他还是未写出一个字。忽然，他感到背后一束目光在注视着他，那么熟悉、那么亲切、那么焦灼。他知道那是容若，容若在为自己着急，唯恐自己落在别人后面。这是一种默契，一种不用语言、不用对视，只凭感觉就能收到的心灵感应。多怪啊！每次顾贞观感觉到这目光时，就能平静，就能文思泉涌，而每次自己的诗写得铿然朗亮，赢得一片叫好时，他就会看到容若那一脸的灿烂，那比听到夸赞自己还舒心的微笑……

"容若、容若，就是手足之情也比不上你我的情谊。可是，你现在怎么样了？让我代替你吧！"顾贞观眼前一片模糊，泪水顺着面颊放肆地往下淌，滴在髯须上，又浸湿了一大片衣襟。

太阳已失去了它耀眼的光芒，变成一个火红的大球，一点点落下山去。突然，一种恐怖感袭上心来。这就是普照大地、给万物生命的太阳吗？难道这光耀无比的太阳，竟在这瞬间便隐没消失了？生命、生命也是这般脆弱？

他疑惑，他惊愕，难道那日的聚会竟是诀别！难道容若……不，不，顾贞观使劲甩了甩头，想把这突然跳进脑子里的可怕念头赶跑，可是那念头却愈来愈死死地缠住他、压迫他，他的心就像眼前这潭深水，一点点往下沉。他想努力回忆起容若那张年轻、英气勃勃的脸，他想念那灿烂无比的微笑，可这会儿，他却怎么也想不起来。猛地，不久前的一幕又跳了出来。那天他和容若正在书房中交谈，容若的长子富格进来请安。这孩子十一岁了，容若格外疼爱。而这孩子也聪敏好学，异常懂事，就像是容若小时候的翻版。忽然容若站起身，拉着富格的手，神情庄重地对顾贞观说："这孩子就是您的儿子。"然后又握住顾贞观的手转身对儿子说："快过来拜见你的伯父……"顾贞观有些诧异，平日富格跟他很亲，他也十分喜爱这孩子，常与容若开玩笑，要把富格过继给他，但这事儿谁也没当真。可为什么现在容若如此郑重又神情严肃地谈起这事？顾贞观忘不了容若那双眸子中射出的忧郁的光，虽然有些惊诧，他还是没有多想。

现在，全想起来了。"难道容若他在托孤吗？难道他预感到自己不久于人世？"一种恐惧之感完全攫住了顾贞观的心。"难道容若他会死吗？""死"字一冒出，顾贞观顿觉如雷轰顶，大热天竟出了身冷汗。多年来，他与容若聚了散，散了又聚，他们常常谈起人生之聚散，世事之无常，也谈到过死。但那是诗人的遐想，是遥远以后的事情，是与他们不相干的。可现在，死亡的荫翳竟这么快地遮蔽过来，这么突兀、这么具体、这么近，而面对它的竟不是自己。容若，他是那么年轻，那么蓬蓬勃勃，他的前程那般辉煌，他是一个至情至性、热爱生活的睿智生命啊！

不，绝不能，容若他绝不会死。顾贞观像是与谁抗争似的，悲愤地在自己心中大声呼号着。他泪如雨下，伏倒在桥栏上……

夕阳把最后一抹余晖留给大地，然后沉落了。西山群峰像一个个黑黝黝的巨人，影影绰绰地静默伫立。云朵失去阳光的点染，变得灰漠黯然。湖水深不可测，泛着幽光，四周一片蛙鸣，渐渐地，一切笼罩在黑暗之中。

黑夜把人带入悠长的回忆中。

第三章 尘缘

一、不信道,遂逢知己

康熙丙辰(一六七六)十月,京城什刹后海,秋风徐徐,波澜涟漪。湖中游鱼戏水,四周静谧安详。一个艳阳高照的好天气。

晌午,湖边东北角的来福酒楼,酒幌高悬,宾客盈门。客人们的说笑声、跑堂的吆喝声、炒灼的叮当声伴着菜肴的香味,真是热闹非常。二楼的雅座,一群文人雅士正兴高采烈地聚宴。觥筹交错中,徐乾学站起来,胖胖的脸上泛着红光。显然,他今天格外高兴。他操着浓重的昆山口音道:"《通志堂经解》刊成,至此,宋元以来各家说经之作,厘然俱存,实属对国朝经学一大贡献,此乃在座各位群相助成,我先敬各位一杯。"说完一仰脖把杯中酒饮尽,待大伙也都干过一杯后,他又把身子微微转向坐在身边的一位年轻公子,接着道:"纳兰公子怂恿是举又捐金倡始,实在功不可没,来,成德,你喝下这一杯。"徐乾学亲自给纳兰成德斟了满满一杯酒。成德举杯站起,今天他身着一件月白色丝绸长袍,外罩墨绿色缎子坎肩,看上去格外潇洒飘逸。夹在满座中年人当中,只有二十二岁的他,是那么年轻,那么神采奕奕。他笑盈盈地接着老师的话:"这次《通志堂经解》的刊成,可谓通志合力,如果没有徐座主的主持,没有各位诗朋文友的全力合作相助,恐怕难有今日,我来敬老师、各位诗兄一杯……"又是一阵碰杯、祝酒。宴会在热烈欢快的气氛中进行。说笑、划拳、酒令、赋诗唱和还有器皿的碰撞声响成一片……

一阵重重的脚步把木质楼梯踩得吱呀作响。无锡诗人严绳孙急急走上楼来,额头上渗出一层细密的汗珠,显然是赶路急了,还未来得及擦汗,就转身把跟在后面的人推到前面。徐乾学、姜宸英几个人同时惊喜地叫:"顾梁汾,你什么时候到的?"

顾梁汾?纳兰成德眼睛一亮。面前这位目光冷峻、一身布衣,看上去有些风尘仆仆的中年人就是与朱彝尊、陈维崧并称词家三绝的"弹指词人"吗?虽未曾谋面,可他的词自己已读得很熟了,成德实在喜欢这些极情之至的率性之作。他还从朋友们口里知道,这位顾贞观才华横溢,为人豪爽侠义。他早年弃走官场,浪迹江湖,现在仍云游四方,性喜结交……这些对年轻的成德有一种强烈的吸引力,虽未谋面但早已心生倾慕。不料,竟在今天这么一个值得纪念的日子里相遇,成德不由得喜上心头。

本是聚宴庆功,现在又老友重逢,喜上加喜,酒席上的气氛达到高潮。久别老友的顾贞观与每人握手寒暄问候。当他走到一个青年面前站住时,他一眼认定:"这就是纳兰公子!"青年英俊挺拔,风流倜傥。"好一个'侧帽词人',名不虚传。"顾贞观心里赞叹道。他注意到在那个饱满的天庭下有双黑亮清澈的眸子,眸子里正跳动着一团挚诚热烈的火焰。他的目光一碰上那团火焰,便觉得自己永远无法忘怀。

四目相视,眼神里都带着倾慕与坦诚。几乎没有什么寒暄,他们一见如故地交谈起来,不一会儿,竟忘了周围喧闹的场面。

宴罢,大家走出酒楼,三三两两沿湖畔散步。这时的什刹海静极了,忽然,一群飞鸟掠过水面,落在湖上和对岸的苇丛里,惹得一簇簇荻花轻轻摇动,宁静的湖面也荡起层层涟漪。这是一群南归的大雁,显然已飞了很远的路,忽然发现了这么一个好地方,在这里短暂地歇息后,它们会继续远行,却给秋天的什刹海平添了一处风景……云淡天青,秋光水色,在这暖融融的秋阳熙风中与友人散步赏景,实在是一种享受。

纳兰成德与顾贞观渐渐落在众人后面,他们完全顾不上流连风景,而是缓缓走着，继续酒楼上的交谈。顾贞观虽脾性豪爽却不善饮酒，可今天实在高兴，也少不得喝了两杯。也许是不胜酒力，更是喜逢知己，他的话特别多。连他自己也不明白，为什么会对一个初次见面、小自己十七岁的满洲贵公子说了那么多话。他对成德讲了自己的身世，讲到曾是明朝东林党领袖的曾祖顾宪成；讲起父亲顾枢有曾祖顾宪成之遗风，才高学博，意气风发，本想有一番作为，但却屡试不第、怀才不遇，最后只能闭门著书，寂寞一生。他还给成德讲起婉静温恭、知书识礼的母亲王夫人，讲起秀美柔媚的故乡无锡，讲起儿时温馨的书香之家的生活，讲起自幼就喜欢上诗词，如何在少年时代就与友人办起诗社……这一切对久居京城深宅大户中的成德来说是那么新鲜而有吸引力，他简直听得入迷了。

顾贞观又对成德讲起，自己青年时代也怀抱志向、辞亲远游，如何在京师中举，如何曾在康熙初年宫廷内阁做过中书舍人；后来又如何遭小人谗言陷害，于是抽身官场，浪迹天涯……他把自己的欢乐、痛苦、内心中最隐秘的事情都毫无顾忌地告诉身边这位刚刚结识的年轻人。他不知道自己还曾在何处、还会对何人说过这么多心里话，也不管这个阅历、身世、民族、地位完全不同的，只有二十二岁的青年怎么看、怎么想，他只是想把一切告诉他……

纳兰成德静静地、专注地听着，只是偶然插上一两句问话。平常与朋友在一起他常常这样，因为他性格内向，本不喜欢在人前多说，更主要的是他为人谦逊，他的几位汉族师友几乎都比他大二三十岁，他从心里敬重他们。可是今天，他的话虽然不多，但心在怦怦地跳，胸脯也剧烈起伏着，他有一种强烈的、想表达的欲望，只是因为激动，什么也说不出来。他不知道自己还在哪里听到过这样的肺腑之言，何时还接近过这样坦荡、诚挚、不羁的心灵。"为什么没早点儿结识他呢？"

一种相见恨晚的感觉浮上纳兰成德的心头，但紧接着又被另一种更奇异的感觉占据了——真怪，自己又好像早与这位梁汾兄相识了。他的心和自己贴得那么近，他说的一切自己都好像已经了解了。纳兰成德忽然觉得自己与顾贞观就仿佛一对久违的知己，在彼此等待了许多年之后，跨越时间与空间的阻隔，在命运的安排或者呼唤下重逢了。惊讶、喜悦、激动交织成的一股巨大热浪，冲撞着成德年轻的心扉，他的眼睛烨烨放光。纳兰成德紧紧握住顾贞观的手。他们相约，还要在一起谈很多很多，他们要一起唱和、一起合编词选、一起做许多事情……

夜，已经很深了，纳兰成德躺在睡榻上，辗转反侧，兴奋得无法入睡。今年，让人高兴的事情一件件接踵而来。春天，参加殿试，获二甲第七名，中了进士。尽管这份荣誉迟到三年，但仍然是值得庆贺的。接着被皇上亲自授予三等侍卫，这意味着，自己迈上了仕途之路。而一千八百六十卷的《通志堂经解》又在近日刊成了。要知道这是花了两年心血，砥砺奋发、晓夜穷研，与师友通力合作的成果！没想到，现在又结识了顾贞观！

顾贞观，顾梁汾……他一遍遍默念着这个名字，白天两人交谈的一幕幕又清晰地再现眼前。孤傲超群的外表下深藏着的是颗坦诚挚热的心；侘傺坎坷的人生际遇中依然保留着凛然的傲骨和正气；豪放不羁的心里有无尽的悲凉……这位梁汾兄身上有一股强大的人格魅力，深深吸引着、震撼着成德年轻的心灵。"命运是多么不公平！我生长在这乌衣豪门之家、富贵膏腴之地，过着锦衣绣冠、沃甘餍肥的生活。而他却奔走羁旅之野、荒蛮之途，饱受风雨漂泊、人间冷漠之苦，胸怀志向，却无端遭小人猜忌陷害，空有才华却无从施展……"成德愈想愈激动，百感交集，终汇成一股不可遏制的创作冲动，他再也躺不住了，索性披衣下床，捻亮银釭，铺纸挥毫。

"德也狂生耳！"落在纸端的竟是这几个赫然大字。这是往日低吟回唱的自己吗？仅是瞬间的迟疑停顿，他不再多想，一口气又写了几行："偶然间、缁尘京国，乌衣门第……"平日里自己听到的都是些恭维之语、赞美之声，究竟有几个人推心置腹地与自己说句心里话？别人都羡慕我的富贵、我的出身、我的地位，可在我看来，长在乌衣门第，还是生于山野之家，全不过是命运的偶然遇合。而那些侯门深院、富奢喧嚣中有着多少秽迹与无聊？它玷污人心，荼毒性灵，浸染着自己清白的身心。可究竟有谁了解我所看重、所向往的？有谁明白我的心？"不信道、竟逢知己。"从此人生不再寂寞，那颗没有着落、无法安顿的心不再孤独……纳兰成德的眼睛湿润了，泪水渐渐地盈满了眼眶，一阵暖人的热浪涌上心头，然后缓缓地浸漫了全身，那是一种从未有过的舒展、踏实、幸福的感觉。

想着，写着，从梁汾兄的遭际，他想到空有才华却无人赏识，而大呼"买丝绣作平原君，有酒惟浇赵州土"的唐才子诗人李贺。从古到今，都是忠贞反遭谤，高洁陷污淖，蛾眉谣诼，古今同忌。当年李贺要为战国时代赵国的公子平原君绣像，要洒酒祭奠他的坟墓，就是呼唤、企盼再出现像平原君那样爱才纳士的贤明之人，那么今天，又何尝不是如此呢？想未来，人世险恶，前途莫测，可我不再忧虑，也不再理会世俗的流言偏见，因为我已经不再是一人独行。人生得一知己足矣！管他什么身世不同，管他什么地位悬殊。阮籍青眼对朋友，我纳兰成德，一日知己终生相托……年轻的诗人思潮奔涌又如烈火灼心，他一会儿紧锁眉头聚神凝思，一会儿又眉心舒展奋笔疾书，一会儿像是对自己倾诉，一会儿又像是向对方急切地表白……终于，一首《金缕曲·赠梁汾》诞生了：

> 德也狂生耳！偶然间、缁尘京国，乌衣门第。有酒惟浇赵州土，谁会成生此意。不信道、竟逢知己。青眼高歌俱未老，向尊前、拭尽英雄泪。君不见，月如水。　　共君此夜须沉醉。且由他、蛾眉谣诼，古今同忌。身世悠悠何足问，冷笑置之而已。寻思起、从头翻悔。一日心期千劫在，后身缘、恐结他生里。然诺重，君须记。

没有字斟句酌，完全不顾音韵格律，纳兰成德只想把白天一肚子想说而没说出的话全都倾泻出来，他要让梁汾兄知道！冥冥之中命运之神带给了自己一生的知己，绝不能再失去。他在急切地拉平他们之间的强烈反差，他要跨越他们之间那道难以逾越的藩篱，他向自己的异族友人捧上一颗炽热的心！

词写罢，成德把笔扔下，一下子跌坐在椅子上。刚才精神处在亢奋之中，全神贯注，现在松弛下来，他感到异常疲惫，可同时又异常轻松，从来没有这么痛快淋漓过，把想说的话都写出来，他安心了。强烈的倦意袭来，他不由自主地打了个哈欠。后半夜他睡得很沉、很香，清俊的面颊上留下浅浅的笑靥。

《金缕曲》掷地有声，荡气回肠。顾贞观被久久地、深深地震撼了。二十多年的漂泊四方，他那颗原本就倔强不羁的心被风雨磨砺得异常坚硬，他以为不会再有什么事情轻易令自己动容。可现在他哭了，竟像孩子般哭了。这是激动与欣慰的泪水，历经沧桑，他那颗孤独苦涩、已开始苍老的心，让另一颗年轻、深挚的心给融化了。顾贞观一遍又一遍吟诵着他的年轻朋友的赠词，"一日心期千劫在，后身缘、恐结他生里"。一丝诧异掠过心头，"后身缘、恐结他生里"，容若他年纪轻轻，怎么会写出这种句子？

顾贞观以同韵回赠给他年轻的朋友一首《金缕曲》：

> 且住为佳耳。任相猜、驰笺紫阁，曳裾朱第。不是世人皆欲杀，争显怜才真意。容易得、一人知己。惭愧王孙图报薄，只千金、当洒平生泪。曾不直，一杯水。　歌残击筑心逾醉。忆当年、侯生垂老，始逢无忌。亲在许身犹未得，侠烈今生已已。但结记、来生休悔。俄顷重投胶在漆，似旧曾、相识屠沽里。名预籍，石函记。

毕竟不再年轻，和纳兰成德的《金缕曲》相比，顾贞观的这首词，调子不那么高亢激越，情绪也不再咄咄逼人，但却透出一份细细咀嚼过的苍凉，一份彻骨的悲愤，还有一份由衷的慰藉。本来像他这类饱尝世态炎凉、人间心酸的人，总是把情感埋藏得很深。他们仍然可以在人群中谈笑风生，但内心里却很少有什么事、什么人能再让他们动情改容，再让他们轻易相信什么。在多次的人生磨难中，他已经学会用一层硬壳把自己包裹起来，不再让那颗易感的心受到伤害。可现在，他面对的是四十年人生从不曾遇到过的一颗赤子之心，一副侠骨柔肠，一份肝胆相照的情感，一个有着高贵品德的青年。顾贞观怎么能不动真情呢？他觉得自己仿佛就是战国时魏国隐士侯嬴，贫老病衰，年逾七十，才忽然碰到欣赏他、把他奉为上宾的信陵君无忌。他必须像当年侯生为无忌献策一样，以心来报他的年轻知己。尽管容若词中的"后身缘、恐结他生里"曾让他掠过一丝不祥的诧异，但顾贞观此刻依然义无反顾地答赠："但结记、来生休悔。"他要用心承诺这份生死之交。

纳兰成德细细体会这首情意深长的词，想着他年长的朋友顾贞观，他体会出一种人生的忧患。这忧患是顾贞观个人的身世、经历、性格所固有的，又是他承继自屈原、陶潜、杜甫、苏东坡和许多优秀文人而来；这忧患是沉潜在这块广袤古老又流血流泪的大地里诗的性灵呻吟，它悠远而深重；这忧患是刚刚二十出头的纳兰成德所没有的。他是皇室根苗、八旗显贵，他风华正茂、前途无量。但是偏偏这忧患又仿佛是与他的血脉紧密相连、与生俱来的，因为他本来就秉承着最优秀的诗的性灵。这会儿，他正用那颗易感、善良、丰盈的诗心体会着，他完完全全理解了。于是，又一首《金缕曲·再赠梁汾用秋水轩旧韵》捧在了顾贞观手中：

>酒浣青衫卷。尽从前、风流京兆，闲情未遣。江左知名今廿载，枯树泪痕休洒。摇落尽、玉蛾金茧。多少殷勤红叶句，御沟深、不似天河浅。空省识，画图展。　高才自古难通显。枉教他、堵墙落笔，凌云书扁。入洛游梁重到处，骇看村庄吠犬。独憔悴，斯人不免。袞袞门前题凤客，竟居然、润色朝家典。凭触忌，舌难剪。

纳兰成德不再想自己的忧伤，他甚至忘掉了自我。此刻，他的思绪完全被他的友人占满了。结识梁汾兄以来，他突然感到过去那些曾让自己内心不平、痛苦不堪的事情实在算不上什么。他从曾经风流京兆、江左知名到如今落魄飘零、志意落空的梁汾兄身上看到了"御沟深、不似天河浅"的现实险恶、仕途多艰，也印证了"高才自古难通显"这个古往今来的社会规律。他心情沉重，深深同情他的异族友人，同情中带着体贴，体贴中含着相知，这是一种心魂交融的理解和相知。

几首《金缕曲》不胫而走，先是在朋友们中传阅，渐渐地竟在都下争相传诵，纳兰公子的诗名大振，二人感人肺腑的词句不知赢得了多少人的泪水。

一种真正的精神与灵魂的碰撞，激起了耀眼的火花。两个完全不同——年龄、身世、民族、阅历、地位，但又非常相同——才华超群、心胸磊落、重义轻财、侠骨柔肠、至情至性以及对词共同热爱的诗人，

第三章 尘缘

从此结下金兰之契，成为生死之交。

去宫中入值占去了成德大部分时间，闲暇的日子显得更弥足珍贵，只要放假在家，他必定把在京的友人招来一聚。这种聚会几乎成了他松弛紧绷神经、恢复体力的一剂良药。每每那时，纳兰成德的脸上总挂着灿然的微笑。

他的藏书愈来愈多，花间草堂已经显得狭小，经过修葺扩建，现在焕然一新，成德毫不犹豫地为它取了个新名"通志堂"。他实在无法忘怀，正是这座书房把他引进汉文化深邃博大的殿堂，把自己与心相投契的汉族友人紧紧联系在一起。三年前，就是在这座书房中，他与汉族友人开始通力合作，晨昏研磨，最终完成宋元以来儒家典籍的校勘整理。按照老师徐健庵先生所谓"同志群相助成"之意，典籍取名"通志堂经解"，那么这改建过的书房叫"通志堂"是最恰当了。纳兰成德站在装饰一新、精雅明亮、满壁珍本善本的书房中，兴奋得无法自已，他赋七律《通志堂成》：

> 茂先也住浑河北，车载图书事最佳。
> 薄有缥缃添邺架，更依衡泌建萧斋。
> 何时散帙容闲坐，假日消忧未放怀。
> 有客但能来问字，清尊宁惜酒如淮。

此时纳兰成德在文学艺术上已经有了相当深厚的造诣，他不仅擅长诗词歌赋，而且工书法。书学唐代褚遂良，苦练多年妙得拨灯法，笔力轻盈飘洒，灵活自然，极有飞动之致；他还通绘画，常作山石小景或自绘小像，或为妻子、友人临摹。他更是个精到的艺术鉴赏家，家中珍藏大量珍贵的书画真迹。像书法就有杨凝式《夏热帖》、苏轼《黄州寒食诗帖》、赵孟頫《法华经》、董其昌《杂书》等,绘画有阎立本《步辇图》、周昉《地官出游图》、李唐《长夏江寺图》、赵孟頫《鹊华秋色图》、赵孟頫《水村图》及朱芾《芦洲聚雁图》等。与友人聚宴唱和之余,他的一大嗜好就是评书画以自娱。他常常伫立在一幅宋元山水画前凝视良久,沉浸在空灵邈远山水神韵之中,真是莫大的享受。他还会在反复欣赏展玩山水画卷时,情不自禁地题诗作词。观松雪道人赵孟頫的《水村图》,他题道:

北苑古神品,斯图得其秀。
为问鸥波亭,烟水无恙否?
——《题赵松雪〈水村图〉》

欣赏其《鹊华秋色图》时,他则题了首长长的七言古诗,诗行中极具欣赏倾慕之意。这宋元之交的书画家赵孟頫本是宋太祖第十一世孙,可谓帝王之后,他天资高朗,学问渊博,留心翰墨,书法师宗汉魏晋唐后遂成一家,绘画天赋极深,画马学韩幹,山水师董源而又自创兰蕙竹石小景,清韵拔俗,诗文俱佳,是一个难得的艺术全才。他还有一个同是画家、诗人的妻子——有名的才女管道升管仲姬,夫妻二人常常同绘丹青,互相唱和,伉俪情深……这一切让年轻的纳兰成德甚为羡慕。

吾怜赵松雪,身是帝王裔。
神采照殿廷,至尊叹昳丽。
少年疏远臣,侃侃持正议。
才高兴转逸,敏妙擅一切。

第三章　尘缘

> 旁通佛老言，穷探音律细。
> 鉴古定谁作，真伪不容谛。
> 亦有同心人，闺中金兰契。
> 书画掩文章，文章掩经济。
> 得此良已足，风流渺谁继。
>
> ——《拟古四十首·其四十》

这是发自内心的赞叹与敬慕。其实细观之，这首古诗仿佛就是纳兰公子的写照。身世、经历、才情、气质都有几分相像。当然，赵孟頫是宋元书画集大成者，年轻的成德还无法与之相比，但对汉文化艺术孜孜以求、一往情深的执着，还有先天的颖悟，都使他具有了一流艺术家的内在资质，迟早有一天，他会在艺术的天地中放出奇光异彩。

而此刻，他只能虔诚地羡慕与向往。一天读赵松雪自写照诗，纳兰成德顺着自己的想象为他绘了张小像。绘罢小像，他又鬼使神差般模仿其衣装，端坐通志堂中，目光炯炯如炬，神态凝重端然。一身古代宽袖袍帽，显得飘洒翩然。友人们来访，见此番情景，有的夸其有仙风道骨之神，有的说他有光风霁月之态，还有的夸他是龙章凤姿……成德依然端肃而坐，一律不应，这时他的老师徐乾学发话："你的仪态何酷似王逸少！"纳兰成德听后大喜。王逸少，也就是王羲之，书之圣者，自己最崇拜的书法家。他自幼学书褚遂良，而褚河南的书法曾被魏征誉为"下笔遒劲，甚得王逸少体，足具丰神"。这正是自己所追求的境界啊！

纳兰成德如饥似渴般地吸收着一切于自己有益的营养，他很快将脱颖而出，用自己年轻敏感的生命创造出一个独一无二的人生。正因如此，去年发生的那件事情才让他极为不快。乙卯年末的时候，康熙皇帝的二子胤礽被立为太子，而太子的名字中就有成字，为避太子讳，纳兰成德必须改名。太子是未来的皇帝，任何人都必须避讳皇帝的名字，这是天经地义的一件事。可是"纳兰成德"这个名字已经叫了二十余年，好端端的，突然要被改掉，纳兰成德心里非常不舒服。不改是不行的，他改名纳兰性德，但天性中隐藏很深的叛逆感跳出来，他心中从未承认过这个新名，在给友人的信札中，他一直沿用"成德"二字，一直到离世。

二、肝胆相照重然诺

几场大风过后，严冬悄然而至。

丙辰年的冬季，北京城冷得吓人。一场接一场的鹅毛大雪，纷纷扬扬，遮天蔽野。西山的苍松，天坛的翠柏，紫禁城的角楼，什刹海的坚冰，四合院的屋脊，青条石铺地的胡同小巷……整座古城都笼罩在漫天的大雪之中。

一个银白、冷漠的世界。

这些日子，顾贞观感到一种透心彻骨的寒冷。他终日紧锁眉头，面色冷峻，两个颧骨显得更突出了。他身上穿着容若赠的崭新皮袍，抵御北方的严冬绝不成问题。他心事重重，完全是由一封来自远方的信札带来的。那是他青年时代的莫逆之交吴兆骞从三千里外冰天雪地的北国——宁古塔寄给他和在京的其他故友的。几天来，顾贞观反复读那封信札，每读一遍，耳畔就响起老朋友的呼声：

> 嗟乎！此札南飞，此身北滞，夜阑秉烛，恐遂无期。惟愿尺素时通，以当把臂，唱酬万里，敢坠斯言！

第三章 尘缘

凄楚的倾诉，渴望的呼唤，一声声撕扯着顾贞观的心。在虎狼成群、熊豹出没的荒山野林，在滴水成冰的异地边陲，他这近二十年是怎么过的呢？他还能坚持多久呢？每想到此，顾贞观就冷得全身打冷战，而吴兆骞……一念及这个名字，更是沉重得喘不上气来。

这吴兆骞可非寻常人士。二十多年前，他就是红透江南苏州府的才子诗人。那时候正值明清之交，北方大清顺治朝的辫子军已经浩浩荡荡开进了北京城，并且很快稳固地占据了这座古老的帝都。南方虽然抗清复明的旗帜到处飘扬，呼声很高，但很快也就在八旗军剽悍凌厉的攻势下节节败退。虽然偏居江南的故明宗室如福王朱由崧、鲁王朱以海、唐王朱聿键等人也企图恢复明朝宗庙，并先后在南京、绍兴、福州等处称帝或监国，但是朱姓权贵们长久以来的腐朽衰败，已使其大势如东流之水一去不返。在极短的时间里，这些小王朝就相继灭亡了，改朝换代已成定局，大明朝的子民们悲愤又无奈地接受了这一残酷的事实。但是，国家丧失之痛、民族压迫之辱，还有家破人亡、流离失所、报国无门、仕途无路、意志落空等复杂的情绪，不可能消失，它必须有所宣泄。于是最适宜表达忧思怨绪、悲欢歌哭等情感，又常常被称为艳科小道，也就不易引起统治者注意的词，恰逢其时。词在经过宋朝的高峰后便沉寂了，元、明两代之后，异常活跃起来。先是明末以松江陈子龙、宋征璧、宋征舆、李雯等人为领袖，挑起云间词派的大旗，随后，悄然之间，江南一带，词派林立，诗社迭起，什么柳洲词派、广陵词坛、岭南三大家，接着就有了以陈维崧为首的阳羡派词人集团，和崭露头角的朱彝尊领导的浙西派……总之，词坛上热闹非常，大有中兴之势。

这时候有"江左三凤凰"之一美称的吴兆骞（另为陈维崧、彭师度），怎么可能寂寞呢？吴兆骞是吴江县人，自幼聪明绝顶，常被人称为神童，他十岁左右曾作《胆赋》,"累千余言,见者惊异"。从小被一片赞叹声包围着,吴兆骞便养成了骄傲任性、目空一切的陋习。据说读私塾时,他常自恃聪明而看不起别人,有时还搞些恶作剧捉弄他的同学。一次正在上课,他随手把前边一个同学的帽子扔到窗外,先生责问他时,吴兆骞竟振振有词地说:"与其让帽子戴在俗人头上,不如扔到窗外去盛尿。"这番话气得教书先生说不出话来,对这个极有天赋又令人头痛的学生,他只有一声长叹:"像你这么傲慢,早晚要为此招祸!"

先生的警告,吴兆骞自然没有听进去,长大后他依然恃才傲物,"性简贵,不谐俗",凡他看不上的人绝不理视。他曾自负地对同郡诗人汪琬说:"江南无我,卿当独步。"

清初词坛中兴时,他还不满二十岁,正是才高气盛之时,他与两个哥哥兆宽、兆宫一起加入了慎交社,并很快成为此社的主盟人物。比他小好几岁的顾贞观正是慕吴兆骞的诗名,也赶来加入慎交社,并且很快展露才华,成为诗社的佼佼者,诗名逐渐与吴兆骞并驾齐驱了。吴兆骞就是这样一个人,看不上的,他能极尽讽刺挖苦或干脆不理视,而他看得起的则怎么都觉得好。他与顾贞观常常在一起,角逐艺苑,切磋诗词,谈笑风生,两人同样才华不凡又开朗豪放,习性相近,脾性相投,且互相欣赏,他们成了莫逆之交。

吴兆骞万万也想不到,就在他踌躇满志,驰骋诗社词坛、红透江南并又参加了科举考试准备跻身官场时,一场大祸临头,当年私塾先生的话,不幸而言中。

那是顺治十四年(一六五七),三年一度的科举考试又要举行了。此时,大清王朝的统治已趋于平稳,为发展国家政务,顺治皇帝依然沿用了自唐代以来延续近千年开科取士的旧制,通过科举招募人才。而大多数汉族文人,在心理上已经历了由对抗、抵制到接受现实再归顺清王朝统治的过程，他们纷纷报考参加科举，重新做起"金榜题名"这个古老又常新的梦。这一年，各地均设了考场——顺天乡闱、江南闱、山西闱、河南闱……参加考试的人相当多。

吴兆骞夹在这些白衣书生的行列中，胸有成竹，以他的才学，这区区省级考试是轻而易举的。果然，他榜上有名。接着将会参加会试、殿试，然后做官，前面应该是一条坦途的。可谁知就在江南闱榜发之后，四下物议沸腾，舆论哗然。那些榜上无名的考生指名谴责主考官方犹、副主考官钱开宗受贿舞弊。有的考生干脆编了杂剧《万金记传奇》，以两位主考官的姓作文章，方字去点为万、钱字去偏旁为金来讽喻二人贪婪之性。当时还流传着这类顺口溜："孔方主试合钱神，题目先论富与贫。金陵自古称金穴，白下于今中白丁。"极尽讽刺之意。当两位主司回归故里时，从舟路过毗陵金闾，众多学子竟沿岸随舟唾骂，边骂边将砖瓦、瓮片、瓜果皮等纷纷投到船上，事态越闹越大。十一月的时候，给事中阴应节将江南闱的丑闻向上参奏，之后又有御史上官铉的参奏。顺治皇帝得知后大怒，决定严惩舞弊者。杜绝舞弊、惩罚受贿官吏这本属情理之中。可清政府早就对江南那些汉族地主士子们的不顺之心以及朝廷政令不能顺利实行耿耿于怀，出于统治需要，正好借此打击镇压一下，所谓杀一儆百。于是惩罚就变得愈发严厉而扩大化，冤案也就出现了。

顺治皇上亲自下旨，命江南总督廷佐"将人犯拿解刑部"。方犹、钱开宗两位主考官，叶楚槐等十八名同考官立刻被下了大狱。顺治帝又下旨，决定次年二月在京城中南海瀛台亲自面试此科中试的正副榜举子，以辨明真伪。

京城的二月春寒料峭，可怜那些衣履单薄的江南学子，现在倒是站在了他们做梦都见不到的瀛台，并由圣上亲自出题，各作一篇《瀛台赋》，本该够风光了。只是此刻，他们每个人背后都有两位护军人员持刀站在两旁，把他们夹在当中，国威龙颜的巨大威力沉重压在心头，几乎所有的考生均战栗色惧，周身瑟瑟发抖。

最倒霉的还是吴兆骞。当初参加乡试时，他既没有贿赂考官也不会在考场作弊，那是他最鄙视的，再说以他的满腹才华完全没有必要这样做。可是当事发之时，他就被早与他结有宿怨，曾被他嘲讽过的江同声诗社的两位主盟人物章在兹、王长发诬告为舞弊者，也被捕下狱。结果连复试的资格都没有。他只能在狱中高呼："冤如精卫悲难尽，哀比啼鹃血未干。"可是这悲愤的呼喊谁能听见呢？

惩罚是极其严厉的。江南闱的主考官与同考官都被处以极刑，复试之后有十四人被革去举人之名。吴兆骞等八名"舞弊者"则俱责四十板，家产籍没入官，父母、兄弟、妻子一并流放宁古塔。这就是历史上著名的顺治丁酉科场案，此案还波及顺天乡闱、河南闱、山东闱、山西闱等五闱考场。

宁古塔，这个听起来颇有点诗意的名字，那时每每提到它，人们就会谈虎色变。宁古塔并没有塔，它不过是满语"六个"的译音。"六个"对于这块位于黑龙江省牡丹江与镜泊湖之间的大片土地来说，真是太贫瘠了。它意味着荒僻、孤野，在清代是专门流放犯人的地方。这里冬天桦椴凋残，毳帐凌霜，寒鸦栖树，虎豹横行；夏日则聚蚊成群，毒虫狂舞，暑热溽气难当，是一个远离人间的所在。流放者们常常在走向它的途中或就被恶兽吞噬，或被当地的野蛮人杀掉，或饥病交加而亡，即使活着走到那儿，人也早已面目全非了。所以提起宁古塔，人们想到的绝不是个地理概念，而是恐惧与死亡。而这是吴兆骞将要去的地方。可怜这红透江南的才子诗人还未踏入而立之年的门槛，刚还梦想着到宦海中一展身手，不料就银铛提锁，遥遥数千里去敲那地狱之门了。

顾贞观此时正在京师，吴兆骞临行前，两位好友握手告别，相互唏嘘，唯有泪千行。他们不知道今生今世还能否相会，这生离犹如死别。顾贞观不敢去想吴兆骞将要去的那个可怕地方。他强打精神哽咽道："汉槎你去吧，你年方三十，如果有幸活到五十，则这二十年中，我必捐踵顶救吾汉槎矣！"说完二人抱头痛哭。

一别就是十八年，世事发生着巨变。当年的清世祖顺治帝，早已作古。年轻的康熙帝正雄心勃勃、励精图治，准备闯出一番轰轰烈烈的事业。可是在数千里之外，时光却依然凝固着，那些人间的活鬼们在一天天熬着日子。宁古塔已不知死去了多少犯人，又不知增加了多少囚徒。当年曾轰动一时的科场案，引起无数人同情并为其鸣不平的诗人吴兆骞，似乎也早已被人们遗忘了。

但顾贞观当然不会忘记，他是视友情为生命，从不轻易承诺也绝不会食言的人。十八年中，他为了老友的事曾四处奔波，费尽了心思。什么办法都想过了，甚至包括向佛门许愿。他曾雇用僧人、苦力到山海关外，沿着去宁古塔一线收拾戍人的遗骨，随收随埋，并为他们超度亡灵。他想为朋友捐下功德，祈愿他早日生还，他能感动上苍吗？

可是顾贞观自己的处境又如何呢？当年身在官场，以过人的才华却只任小小典籍之官。虽然已引起了康熙帝重视，有过扈驾东巡的荣誉，但却无端遭奸佞小人的诬陷排挤，他看清自己的处境后只有脱身而去。如今一介布衣，既无权又无财，他真有些无能为力了。

还有一个人没有遗忘那被尘封了十八年的科场案，那就是受害者本人吴兆骞。他不但活着，而且在宁古塔一住近二十年，他的生命力真够顽强的。度过最初的生活难关，他那极度活络的大脑和从不甘寂寞的秉性又开始活跃了。当年江南的柔山媚水都没有熏陶出他的细腻婉约，如今这酷烈的北风、苍茫的林海，更增添他几分粗犷真率。所幸他的诗才得到驻守宁古塔的大将军巴海的赏识，聘请他做书记，兼做子女的教席。数年来对他一直以宾客相待，吴兆骞这才得以免受劳役等皮肉之苦，在莽莽长白山山麓生存下来。

但他并不甘心就这么默默无声地老死荒山。大量的诗作信札飞向京城，飞到朋友们手中。信札诗作词章中对故乡、对亲友的思念愈来愈强烈，他顽强地向朋友们证明着自己仍然活着，是不是也在提醒朋友们不要忘记他呢？

时光推移，顾贞观感到与日俱增且无法排遣的焦虑。营救老友这件事，成了他的一块心病。二十年一转眼就要过去，人寿无多，人生能有几个二十年？他一闭上眼睛就会看到吴汉槎白发苍颜、大睁着焦灼渴盼的双眼向自己呼唤……怎么办呢？

顾贞观想到了纳兰容若。

一想到这位结识不久的年轻人，顾贞观心里就暖洋洋的。他们已经是知己了。这纳兰容若生长华阀，出入宫阙，可却以银榜金章之裔，抱烟高风逸之姿。虽年纪轻轻但胸襟浩然，视勋名为糟粕，视势利如尘埃；对世俗看得甚淡，对道谊看得甚真，以风雅为性命，以朋友为肺腑，见才必怜，见贤必慕，周围那些侘傺落拓、郁郁寡合的才学之士有几个不受他的惠助呢？实在是当世奇俊之人啊！顾贞观又在心里赞叹一番。容若不久前刚刚被授予皇上侍卫之职，他父亲明珠是朝中重臣，康熙皇上信得过此人。如果容若想办法让他父亲过问，此事必成。"对，这事儿就请容若来相助吧！"一想到此，顾贞观心里稍许轻松了一点儿。

可是，顺治丁酉江南科场案是当年的一个重案，是先皇帝亲自裁定的，现今的康熙尚年轻，会为一人更改此案吗？再说，谁都知道，此案并非关乎吴兆骞几人之事，它是朝廷对汉族士人的总政策使然。

第三章 尘缘

这个忙，容若他帮得了吗？如此转念一想，顾贞观刚有些明朗的心境又顿时黯然。他叹口气，目光阴郁地走到桌前，在宣纸上写下"金缕曲"几个字……

雪霁初晴，天很蓝。西北风刮在脸上似小刀子割一般生疼。空气凛冽而清新，一辆篷轿马车停在寺前。纳兰性德跳下来，他深深吸了口新鲜的空气。连续两天两夜的大雪，梁汾兄怎么样了？他实在放心不下。寺院的红围墙衬着洁白的雪地煞是醒目，庙门前两棵合抱粗的大银杏树相对而立。树叶早已落光，只有枯枝干叉向天际伸展着。几只老鸦窝架在干枝上，在风中轻轻摇曳，一群玄色老鸦在空中盘旋着，发出哭一样的叫声。

进了庙门，纳兰性德径直朝后院走去。小院里一切都是白的，更显得静，连房顶上的瓦垄都被厚雪遮盖着，屋檐下垂着一串串冰挂，只有雪地上踩出的几行脚印表明这里有人住着。这院子是专门为南来北往的居士、文人们提供寄宿的。性德敲了敲一间西厢房的门，见无人应声便推门而入。屋里没有人，风从门缝、窗缝挤进来，气温比外面的温度高不了多少。屋里陈设极简单，靠窗处一张旧条案上放着笔砚、几本线装书，案前是一把破旧的太师椅，屋子的角落里有一张单人床榻。屋子本来不大，却仍显得空荡荡的。屋子中央放着一个炭盆，里面的火已熄灭。纳兰性德下意识地拉紧了身上的皮袍，微微蹙起眉头。突然，他的视线落在地上的几张信笺上。显然，这是主人不在时被风刮到地上的。他弯腰捡起来，正要顺手把它们放回桌上，目光却被信笺上写得满满的、又漂亮又工整的蝇头小楷吸引住了。

寄吴汉槎宁古塔，以词代书。丙辰冬寓京师千佛寺冰雪中作。

"汉槎……"纳兰性德低声念着,"就是那个吴兆骞吗?"性德知道那个人。那件发生在他三岁时的著名江南科场案,他早从时人的笔记中、别人的嘴里知道得一清二楚。他还记得有不少江南诗人的作品中咏叹过此事,给他印象最深的是江南诗人吴伟业(吴梅村)那首《悲歌赠吴季子》:

> 人生千里与万里,黯然魂销别而已。君独何为至于此?山非山兮水非水,生非生兮死非死!十三学经并学史,生在江南长纨绮。词赋翩翩众莫比,白璧青蝇见排诋。一朝束缚去,上书难自理,绝塞千山断行李。送吏泪不止,流人复何倚?彼尚愁不归,我行定已矣!八月龙沙雪花起,橐驼垂腰马没耳。白骨皑皑经战垒,黑河无船渡者几?前忧猛虎后苍兕,土穴偷生若蝼蚁。大鱼如山不见尾,张鬐为风沫为雨。日月倒行入海底,白昼相逢半人鬼。噫嘻乎悲哉!生男聪明慎勿喜,仓颉夜哭良有以!受患只从读书始,君不见,吴季子!

这首诗流传很广,很小的时候性德就读过,并读得很熟,他被诗中流畅的文笔、忧伤的感情深深打动。虽然以当时他的阅历还无法完全理解"白璧青蝇见排诋"、"受患只从读书始"的含义,但他能体会出作者一定有种推人类己的伤痛,不然怎么会写得那般忧伤、凄凉?那大概就是读书人共有的悲伤。吴季子、吴兆骞,从此他记住了这个名字。

性德的思绪回到手中的信笺上,"以词代书",好新鲜的提法,这是梁汾兄写给那个吴兆骞的,他急切地往下看去:

第三章 尘缘

> 季子平安否？便归来、平生万事，那堪回首？行路悠悠谁慰藉？母老家贫子幼。记不起、从前杯酒。魑魅择人应见惯，总输他、覆雨翻云手。冰与雪，周旋久。　　泪痕莫滴牛衣透。数天涯、依然骨肉，几家能彀？比似红颜多命薄，更不如今还有。只绝塞、苦寒难受。廿载包胥承一诺，盼乌头马角终相救。置此札，君怀袖。

一口气读完，纳兰性德早已是泪雨潸潸。这血泪交织、至情至性的词句强烈震撼着他——人间友情莫过于此。梁汾兄，在你冷峻的外表下，是怎样的一副侠骨柔肠！性德嘴里喃喃重复着："魑魅择人应见惯，总输他、覆雨翻云手。"一种因为完全理解而由然升起的不平、悲切、痛楚弥漫在他的心头。泪眼婆娑中，他又接着往下看，还是一首《金缕曲》：

> 我亦飘零久。十年来、深恩负尽，死生师友。宿昔齐名非忝窃，只看杜陵穷瘦。曾不减、夜郎僝僽。薄命长辞知己别，问人生、到此凄凉否？千万恨，为兄剖。　　兄生辛未吾丁丑。共些时、冰霜摧折，早衰蒲柳。词赋从今须少作，留取心魂相守。但愿得、河清人寿。归日急翻行戍稿，把空名、料理传身后。言不尽，观顿首。

好一个"留取心魂相守"！这哪里是词，这是倾肺腑、诉衷肠啊！性德忽然想到，当年汉朝李陵《与苏武》诗云："携手上河梁，游子暮何之？"后人感其情便将河梁作为送别之地的代称。魏晋向秀的两位好友嵇康与吕安被司马昭所害，向秀经过其山阳旧居闻邻人笛声，感怀亡友作《思人赋》，催人泪下。今梁汾兄这两首以词代书，真可与之媲美了。"吴季子啊吴季子，你有这么一位朋友，就是埋骨他乡也该无憾了。容若，你新得此一知己真是你的幸运呢！"纳兰性德就这么漫无边际地想着、叹着、哭着，怔怔地站在那里……直到一只大手拍了他的肩膀一下，他才如梦方醒。不知何时，顾贞观已经回屋，就站在他面前。纳兰性德一把攥住顾贞观的手，纵有千言万语，此刻却吐不出一句。顾贞观望着满面泪水、手在微微颤抖的容若，看到他拿在手中的信笺，什么都明白了。他们四目注视，双手紧握，就这样站着。

半晌，性德摇了摇手中的信笺，哽咽着一字一顿道："河梁生别之诗，山阳死友之传，得此而三。此事三千六百日中，弟当以身任之，不候兄再嘱也。"望着容若因为激动而涨红的年轻脸庞，望着那双盈满泪水、坦诚清澈的双眸，顾贞观心头一热，但他还是一脸肃穆："人寿有多长呢？请以五载为期！"说完他有些后悔，他知道这实在给容若出了一个难题。

良久的沉默，屋里出奇地静，静得只听到两人急促的呼吸，年轻的纳兰性德不知道这会儿该说点儿什么。他想安慰梁汾兄又明知任何语言都是无力的，而随便做出承诺又不是他的为人。虽然是初涉官场，性德却非常清楚，宫禁森严、铁律如山，解决这件事谈何容易？他不能欺骗梁汾兄，但又不忍心让他失望。这会儿，梁汾兄正用期待、企盼、信赖的目光注视自己呢！

纳兰性德终于开口了，但却转了话题："梁汾兄，我已为你安排了住处，这里实在太冷了。"谁都没再提起吴兆骞，但顾贞观明白，容若他一定会为此事竭尽全力的。他一定会！

几天后，一个晴朗的日子。顾贞观接到邀请，纳兰性德的父亲明珠要见他。性德引着顾贞观沿家府中曲折、长长的回廊向父亲住的院子走去。他谈着各种轻松的话题，想减轻一下友人心中的压力和不安。

可此刻,他的紧张程度一点儿不亚于梁汾,他心里实在没有底。

那天,他把梁汾兄接到家庙龙华寺,又是安排住处,又是关照衣食,忙得再无暇旁顾其他。但实际上整整一天,他的心一直沉浸在顾贞观两首《金缕曲》的情绪还有吴兆骞这件事情中。一种无法名状的复杂情感萦绕着他,似恍惚又清晰,既亢奋又压抑,激动中夹着不平,愤忿里夹着凄恻……身为满洲贵公子,过去他对许久以前发生的江南科场案并没十分关注过,对吴兆骞蒙冤含屈也没有切肤之痛。当年读吴梅村的诗也只是觉得写得挺好,而现在不同了,他是以一个流溢着璀璨才华的诗的性灵去感受另一个才华横溢的生命。他那颗敏感的诗心体会出一种命运的苍凉。他知道从此"高才自古难通显"、"白璧青蝇见排诋"中必会有一个游离于繁华之外的自己。他又一次产生了一种感同身受的生命的忧患,这是初识梁汾兄时就有了的感受。

纳兰性德更为梁汾兄对友人的侠肝义胆、一片挚诚而感动。他为自己得此一知己而骄傲,他在心里说:"梁汾兄,你以前朝名门节士之后,违背家门绝不仕清的高风亮节,而奔走京城,入仕清廷,以超群才华任一区区小吏,遭受小人诬陷,忍辱负重……全是为了'廿载包胥承一诺'啊!君子一诺千金,梁汾兄,性德今日方领会其真意,我会受益终身……"

他心中百感交集,心里七上八下,一会儿想起那两首《金缕曲》,一会儿眼前晃动着梁汾兄那焦灼、期待的目光,一会儿又记挂起数千里之外的吴汉槎……人寿无多、岁月无情,不能再拖了。今晚就要和阿玛谈这件事。

回到府中,已经很晚了。纳兰性德径直向父亲的房子走去。这已经是他多年的习惯了。每次出门前或从外面归来,他做的第一件事就是向父母请安。如今,他已是皇上的侍卫,几乎每日都去宫中入值,常常披星而去戴月而归。

父亲明珠正在品茗，这是他每日饭后的嗜好。一只精美的青花瓷盖碗端在手中，刚沏好的一杯上好茶茗袅袅地冒着热气，屋子中飘着淡淡的茶香。性德请安后，不似往常回自己的住处，而是在父亲对面一张梨花木圆几上坐下来。明珠立刻意识到，儿子心中有事。果然，几句家常话过去，性德就谈起了白日去千佛寺接顾贞观的事，接着就谈到吴兆骞和当年那场科场案……这事明珠非常清楚，那时他正担任顺治帝的侍卫。可这会儿，他只是品着茗，微笑着听儿子讲述。

每次和儿子谈话，明珠几乎总是这种神情。那微笑中含着一种欣赏，一种得意，一种端详着儿子一天天成长起来的喜悦。只是在记忆中，这种时候越来越少，儿子很久都不主动和自己深谈了……现在，性德已经谈到顾贞观近二十年来为营救吴兆骞奔走求告的情形，讲起今天看到的两首以词代书。大概是太激动了，纳兰性德站起身来，在父亲面前来回走着、说着，话音也比往常提高许多，因为说得急，竟有些口吃。明珠暗自惊诧，这可是儿子绝少有的举动！往日在自己面前，他总是恭敬得有些拘谨，沉静得甚至带点儿腼腆，说起话深思熟虑得几乎与他的年龄不相符。而今天，这是怎么了？

明珠心里一动，顾贞观，这些日子他已从儿子口中听熟了这个名字。前几天性德还请求父亲邀聘顾贞观来府中任西席，明珠已经感到这位当年撒手官场的顾典籍在儿子心中占有了相当重要的位置。但像今天这样，为了一个汉族落魄文人，儿子如此动情改容，明珠还是第一次看到。"阿玛，请您想想办法吧！"明珠终于听到了性德受顾贞观之托恳求他过问吴兆骞一事。他看到性德正用恳求的目光望着他。"儿子，难道你不知道这事确实难办吗？"明珠这么想，嘴上却仍然微笑着，半晌说出几个字："不急，容我考虑、考虑……"

第三章 尘缘

纳兰性德再次感到事情的棘手。因为像今天这般吞吞吐吐可从来不是父亲的作风，他在朝廷上是以处理事务干脆果断著称的，再说几乎没有他办不了的事。平日对自己的请求，父亲总是有求必应，即使无法立即办到，也会尽量允诺的。

纳兰性德是明珠心中的骄傲。不，有时他甚至觉得这个儿子是老天赐给他的幸运之星。真的，当年儿子一出生，明珠就有种直觉，这孩子一定会给自己带来好运。果然，从那时起自己在仕途上便一路畅通，二十余年来，官愈做愈大，地位愈来愈高。可从心里，最让他感到自豪的还是他的儿子纳兰性德。这孩子天赋异禀，五六岁时读书就过目不忘，凡是见过者都称他是神童。明珠自己也常看着儿子，心里讶异，说起来，叶赫那拉氏也出了不少英雄豪杰和马背上的巴图鲁，可像他这么天资聪颖、对书本如此着迷，琴棋书画、诗词歌赋样样无师自通的人还不曾有过。再扩而大之，儿子这种人才，在所有满人中也是少见的！明珠曾暗自担心，儿子自幼体弱又酷爱读书冥想，会不会弱不禁风，忘了自己的根？他曾亲自训练儿子武功，不料，儿子在武艺方面同样具有天赋，拳、刀、枪、剑样样精通，骑马如飞，射箭百发百中。更让明珠欣慰的是，这孩子自幼就格外懂事，重情义，对父母非常尊重孝敬，每日晨昏必向父母请安。那年明珠患了场病，性德不分昼夜守在病榻旁，不吃不睡，熬得眼圈乌黑、面容憔悴，直到父亲病情好转，性德才面露喜色，松了口气。待父亲能下床进食了，他高兴得就像家中发生了大喜事般奔走告知亲朋好友。前两年，家里又添了次子揆叙，比他大十九岁的性德疼爱幼弟，只要有空就逗弟弟玩，每次出门都要叮嘱仆人照料好揆叙……最让明珠得意的是今年儿子又以二甲第七名的优异成绩通过殿试，走上了仕途，最近又被选为皇上的侍卫，他的前途无量啊！

事事要走在人前的明珠，虚荣心在儿子纳兰性德身上得到最大的满足。

可是明珠内心深处，在一个绝不会对旁人展示的角落，潜藏着一丝隐忧与不安——儿子太不像自己了。性格、禀赋、气质、爱好，几乎都不像。如果仅仅是不像也还罢了，他感到儿子身上有一种自己无法了解的陌生。在那张英俊的年轻面庞上，为何总流露出与他年龄不相称的凝重与成熟？那双黑亮的眸子为何经常射出一道让人看了发慌心疼的忧郁光亮？

儿子，难道你还有什么不如意、不满足吗？

明珠实在不明白，儿子性德还能有什么不满足的地方。他自幼迷上汉人的书籍、文学艺术，明珠便为他找来最好的汉人先生，为他到处搜寻、购置、收集汉人的书籍、古玩、字画；为他构筑书房，全力支持、培养着儿子的天赋与爱好；儿子长大后要整理校勘并出版大部头儒家典籍，缺少大量资金，明珠也毫不犹豫地出资捐助；儿子从不与经常来往府中的朝廷官宦及他们的子弟结交，明珠也不勉强他；而他偏偏喜欢上那些落拓不羁、穷困潦倒的汉族文士，明珠也从未反对；对儿子慷慨解囊、鼎力相助那些汉族文士，明珠也从没有说过"不"字，以至堂堂相府几乎成了这些困郁之士们的集聚之地……作为父亲，明珠能满足儿子的都做到了。可为什么儿子仍然郁郁不乐？儿子面对父亲是愈来愈多的沉默，恭敬孝顺中有了一种只有明珠自己能感到的疏远和隔阂。长期出入宫廷、在异常复杂的人际关系中游刃有余、很善于捕捉他人内心的明珠，第一次在他心爱的儿子这里感到了不自信。对于这个出类拔萃又忧郁善感的儿子，明珠真不知该喜还是该忧。

几天后，明珠让性德带信邀顾贞观到府中一叙。

纳兰性德陪顾贞观走进一间不太大、陈设华美又不失雅趣的花厅，

第三章 尘缘

这是明珠平日会见亲腹近交的小客厅。

明珠已端坐等候在那里。寒暄之后，明珠和颜悦色地望着顾贞观，开门见山说道："久闻吴兆骞素负才名，又与先生您属莫逆之交，老夫愿一效绵薄之力。"顾贞观急忙起身恭手施礼。他早就听人议论，明珠深得皇上信任，是朝中实力派人物，而且此人精明过人，极有城府，可谓滴水不漏。不料今日初见，如此爽快。他感激地望了望坐在身旁的性德，他知道性德一定从中斡旋、费心尽力了。纳兰性德也深深舒了口气，进门前还惴惴不安的心落了地。

明珠品了口茶，像是开玩笑似的接着说："老夫听说先生素来不饮酒，今日能为君友饮一杯吗？"语音刚落，一家仆端着托盘入内，托盘上放着美酒佳酿与几只精致雕花的银觚。明珠亲自斟满一觚酒，举杯送上。顾贞观接过银觚，未说一词，一饮而尽，脸顿时涨得通红，连声咳嗽起来。性德关切地递过一杯茶让他压压酒。明珠心想："难怪我儿子提起这位顾贞观竟是那般激动，不错，的确侠义过人。"但他不动声色，依然笑着说："先生是汉人，平素不肯按我们旗人的方式请安，今日如能依旗礼为君友请安，老夫必以报命。"听此言，性德紧张得心怦怦跳："阿玛真是过分了。"他深知梁汾兄从不媚俗，他的傲骨在这群朋友中是出了名的。可还没容他多想，顾贞观已上前一步，屈膝向明珠施了满人的跪礼。见状，明珠顿时改容，他立刻上前扶起顾贞观，语气骤变："先生为人果不其然，刚才老夫不过开个玩笑，先生确是血性热肠、肝胆照人。老夫今日亲眼所见，感动至极。请先生放怀以待，老夫定不食言。"纳兰性德眼前早已是一片模糊。他心里喃喃道："梁汾兄，你放心吧！绝塞生还吴季子，算眼前、此外皆闲事。"他像是在对梁汾、也像是对自己的未来做出承诺。

那日明珠设宴款待了顾贞观，最后商定，顾贞观到明珠府任西席。

又一首《金缕曲·简梁汾，时方为吴汉槎作归计》飞到了顾贞观的案头：

> 洒尽无端泪。莫因他、琼楼寂寞，误来人世。信道痴儿多厚福，谁遣偏生明慧。就更着、浮名相累。仕宦何妨如断梗，只那将、声影供群吠。天欲问，且休矣。　　情深我自拼憔悴。转丁宁、香怜易爇，玉怜轻碎。羡煞软红尘里客，一味醉生梦死。歌与哭、任猜何意。绝塞生还吴季子，算眼前、此外皆闲事。知我者，梁汾耳。

这段日子，纳兰公子仿佛掉进一个巨大的感情旋涡中，旋转、跌宕起伏无法自已。一种强烈的、过去不曾有过的情感撞击着他年轻的心扉。如果说他的精神世界早已被博大深邃的儒家文化所吸引征服，以一个满洲贵胄公子的身份义无反顾地做出自己人生价值取向方面的选择，那么现在，他从自己身边的汉族友人身上又一次切切实实感受到儒家文化的无穷魅力。作为汉文化的优秀继承者，他的友人们以自己的品德、风骨、人格、才情教育着他，影响着他，使他增长阅历、了解社会，对世事、人生有了全新的认识，他在心灵上产生了强烈的认同与共鸣。他对汉族友人各自不同又全然一样辛酸的人生遭际早已不仅仅是同情不平，而是有了一种与他们命运相通之感。过去莫名其妙的忧郁感伤，全是因为不喜欢过那种喧嚣的生活，是明白了自己注定无法做醉生梦死的红尘中客，但却找不到同路人的茫然与孤独。现在好了，他有了朋友与知己，便拥有了精神上的巨大财富，未来的路再艰难，他也会勇敢地往前走，因为他不再是一人独行。

《金缕曲》一改往日的婉约低柔，纳兰性德的词在情感的容量与深度上都向前迈进了一大步。"真挚自然，独抒性灵"，他已形成了自己的风格。他的词在走向成熟，而他的心灵与精神世界经过友谊之火的淬砺，在《金缕曲》中升华。

　　整整一个冬季，纳兰性德过得紧张而充实。只要不去宫中入值，他几乎总是在书房，有时与友人剧论经史，有时独自读书咏词，继续整理《渌水亭杂识》，但更多的时候是与梁汾兄长时间的讨论、整理他们第一部合作编辑的《今词选》，这是他们相识之初就已商洽好的事情。

　　纳兰性德与顾贞观这两位相差十七岁的异族诗人能结成人生知己，除了互相倾慕对方的人格才情、性灵相通、脾气相投外，恐怕还有很重要的一点——对词的共同热爱与相同的词学主张。高山流水，词坛知音，这条纽带把他们紧紧联系起来。

　　顾贞观自幼就酷爱诗词，早在顺治十一年（一六五四），也就是纳兰性德呱呱坠地的那一年，他就在故乡无锡与同里词人秦保寅、严绳孙、安璿以及其兄顾景文结成云门社。当时江南词坛异常活跃，宜兴词人陈维崧领导的阳羡派词人团体人数已多达百十人，正处于鼎盛之势。他们尊崇东坡、稼轩唱豪放雄浑之歌，发悲凉凄怨之音。词作的内容也多是抒写亡国之痛，哀叹民生多艰，因为他们的词作带有强烈的政治倾向，符合人们的心理情绪，在当时影响很大。紧接其后，浙江秀水朱彝尊也登上词坛。尽管他起步较晚，但却以渊博的学识、扎实的功底很快形成气候。他坚持诗庄词媚的正统词学观点，提倡雅醇清空。他的作品多写爱情、抒景咏物、吊古伤今等，表达细腻婉约之情。随着康熙朝政统治走向稳固，社会与人心渐趋平和，以他为首的浙西派渐渐风靡词坛。

　　无论是阳羡派驰骋词坛，还是浙西派扬帜炽盛之际，顾贞观一直坚持着自我。他的词与他的为人一样极具个性，他独自挑起了追求清新自然的大旗。他的词作极情至性，真挚感人。他最终在数千里之外的古老京都找到了他的词坛知音。年轻的纳兰性德，步入词坛不久，

就已经有了自己的词学主张。他也高扬起独抒性灵的旗帜。谈到词,他以为最好的词应该是:

> 花间之词如古玉器,贵重而不适用,宋词适用而少贵重。李后主兼有其美,更饶烟水迷离之致。

年轻的词人有了自己评词的标准——有风致、富韵味,含朦胧蕴藉之美。他认为词仅有精美华丽的形式之美不够,仅能反映社会生活的深刻也不够,应该兼有二者并意在言外,抒写性灵。

现在,前有一扫依傍、纯真任纵又更饶烟水迷离之致的李后主,旁有直抒胸臆、意深情浓的梁汾兄,难道还不够吗?纳兰性德以极大的热情投入词的创作,并与梁汾兄合作编辑《今词初集》。

《今词初集》共二卷,选录清初三十年间一百八十四位词人的作品。选词的原则即铲销浮艳、抒写性灵。当词集于次年刻成时,友人鲁超为词选作序,曾引了顾贞观的一段话,从中可以窥见两位编者的词学主张及编词选的初衷:

> 诗之体至唐而始备,然不得以五七言律绝为古诗之余也。乐府之变,得宋词而始尽,然不得以长短句之小令中调长调为古乐府之余也。词且不附庸于乐府,而谓肯寄闰于诗耶?容若旷世逸才,与梁汾持论极合,采集近时名流篇什,为《兰畹》、《金荃》树帜,期与诗家坛坫并峙古今。

在古城北京的一对词坛挚友,树起了弘扬词体、抒张性灵的大旗,他们不仅合作编了词选,还达成了一种默契,用同一曲牌、同韵、同赋,往来唱和甚多，他们之间的友谊一时间成为词坛美谈。而在他们周围，围聚了一批天南地北、才情俊异、个性鲜明的词人，他们志同道合、趣味相投，是同志又是师友。青春、健康、事业、财富、爱情、友谊，一个人所想拥有的，纳兰性德全有了，丙辰年是他的吉祥之年。更何况某一天，爱妻卢氏满面红晕，带着几分羞涩又掩不住一脸幸福地悄悄告诉他——自己有了他的孩子，他们要做父母了。

纳兰性德怡然、恬静地等待着命运之神的馈赠。

三、片时春梦归逝水

几乎是一夜之间，京城就披上了一层美丽的绿衣。春天来了。

一般说来，北京的春天极短。当暖意缓缓而来，在屋子中闷了一个冬天的人们刚要舒展一下被严寒压抑许久的身心、呼吸一下春天的气息时，坝外的黄沙便像一位不速之客长驱而入。这京城三月的黄沙是出了名的，刮得昏天黑地，刮得人睁不开眼睛，刮得人迎春赏春的兴致全无……等好容易送走这可厌的黄沙，睁开眼一看，却已是炎炎夏日了。

可是今年，康熙十六年（一六七七）的春天来得很早。也许是一连下了几场春雨，那风沙也就显得不那么猖獗了。缠绵如丝的春雨，湿润着绿草红花，那草、花就格外娇媚动人。到处是一片生机盎然。

什刹海北岸的明珠府，也是一片祥和宁静的气氛。

最近，明珠在家的时间多了起来，清廷平定三藩之乱的战争已经打到第四年，战局已趋于明朗化，他的脸上终于有了难得的笑容。作为吏部尚书，又是朝廷里少数几个主战派的核心人物，这几年他可谓呕心沥血，废寝忘食。大到与皇上商讨战略问题，研究战术、部署作战计划，小到频繁参加兵部会议或各部联合会议，议定迫切的军事调遣、委任官吏，以及兵器粮草的供应运送等问题，事无巨细，他都必须操心过问并做出决定。更主要的是这些年他精神上压力极大，神经一直紧绷着。当初提出撤三藩的主张时，虽然得到康熙帝的支持，可是一直遭到与自己为争夺权力而有隙的索额图等人的反对，特别是当三藩乱起时，索额图等人以此为把柄，归罪于他，甚至要置他于死地……一边要运筹帷幄，指挥战争，一边还要在朝廷内部进行你死我活的斗争，明珠几乎要心力交瘁了。但他坚持下来，南方那边捷报频频传来，吴三桂败局已定，明珠已深得皇上的信任，他在朝廷中的地位愈来愈显要。几年来已经与他绝缘的轻松、愉快又回到他身上。现在每次下朝回来，他都要抱抱已经三周岁的次子揆叙、亲亲快三周岁的孙子富格，享受一番三代同堂的天伦之乐，或者轻松地与长子纳兰性德交谈几句战事的发展……

  明珠府恢复了以往富丽堂皇、井然有序的大家气派。明珠府的年轻主人纳兰性德的心境也是明朗的。自从得知自己又要做父亲后，他就总处在一种兴奋状态。每天去宫中入值，那单调冗长的乾清门传宣侍卫的职务似乎也显得不那么枯燥乏味了，他仿佛有了一种新的动力。而每次值宿完毕，他总是以最快的速度赶回家，他要多陪陪心爱的妻子。在妻子卢氏高高隆起的腹里正孕育着他们爱情的结晶。明珠府的西花园已是姹紫嫣红，春色满园。水潺潺，鸟鸣唱，百花争芳斗艳，万树含秀吐翠……纳兰性德与妻子倘徉其间，轻轻谈着即将降临人世的小生命，心中充满幸福与希望……

  可是幸福对于纳兰性德总是太短暂了，短得像一场春梦。宁静也不过是命运之神给他的片刻喘息，还不容他陶醉，更大的灾难便在瞬间无情地降临在他的头上。

第三章 尘缘

一个寒更雨歇的日子，纳兰性德的妻子卢氏因难产突然撒手人寰，弃他而去。这一天，纳兰性德永远也忘不掉，那是康熙丁巳年五月三十日。

犹如晴天霹雳，纳兰性德被这飞来横祸惊呆了。他好久失去了反应，不会哭、不会说、不会吃饭、不会睡觉。他怎么也不相信，一个柔婉动人的活泼生命，怎么就突然没了呢？原本他们是一起怀着喜悦，要迎接一个更可爱的小生命啊！可小生命还未来得及用一声啼哭向世人宣告他的到来，还未来得及睁眼看一下期盼他的父亲，就匆匆走了，还带走了与父亲朝夕相伴、深情挚爱的妻子。

造化是何等弄人，生命竟如此脆弱，如花美眷，似水流年，妻子她只有二十二岁啊！年轻的纳兰性德无论如何无法接受这冷酷的事实，一个刻骨铭心的爱人，一个自己时时都眷念依恋的人，一个已经与自己的生命紧紧相连无法分开的人，就这样突然离去。昨天还相携而行，相互偎依；昨天自己还能抚摸她光洁的肌肤，还能嗅到她的发香，还能聆听她的软语浅笑……可是这一天，这一切全没有了。她永远从自己的生活中消失了，再也看不到她在回廊处翘首张望等待自己归来的娉婷玉立倩影；再也听不到清风朗月的夜晚，她抚琴拨弦为自己弹出一曲曲美妙的声音；再也享受不到夜阑更深，她为自己的案头送上一碗热腾腾的银耳红枣羹，然后静静地坐在自己身旁描红刺绣陪伴的那份体贴温馨；再也握不到病榻旁那双轻轻抚摸自己的纤纤细手；她不再给自己铺纸研墨，不再听自己吟诗咏词，她不再送给自己知心的微笑，她不再抚慰自己那颗敏感的心，她不再分享自己的欢乐也不再分担自己的忧愁……她走了，匆匆地走了，丢下纳兰性德留在这冷漠孤寂的世界上。

日子一天天过去，突如其来的灾难已成为无法挽回的现实。最初的惊愕、疑惑、木讷消失了，代之而来的是一种更可怕的，时时刻刻折磨你、销蚀你、耗尽你的永远无法驱遣的伤痛。纳兰性德沉溺其中无力自拔。

他的生活被彻底打碎了。过去的爱情生活有多么甘美如饴，现在细细回味起来就有多么痛苦不堪。白日，他神思恍惚犹如梦中，去宫中入值，他机械木讷地做着那些原本就单调、程序化的乾清门侍卫；回到家中，他常独自一人在渌水亭畔、红药栏边，在回廊、林间、书房、卧室徘徊，就像一只孤雁在失去爱侣的地方盘旋、盘旋，固执地不肯离去。他想找回妻子的芳踪倩影，但他只能失望。而夜晚，他则异常清醒，他长久地和衣而坐，在黑暗中大睁着双眸，手中紧紧攥着妻子的一缕青丝，想象着她那醉人的笑靥。昏昏沉沉中他一次次惊醒，身边却没有了知心的人……

年轻的贵公子为何这般痴情？纳兰性德是一颗天生多情的种子，这种子虽然长在膏腴富贵之地，承受着香风腻雨的浸染和红尘绿酒的诱惑，但他秉承着先天优良的美质，如饥似渴般地吸吮着汉文化中最精华的养料、最丰润的甘霖，这颗优秀的情种必然会结出最美的爱情之花。纳兰性德的生命在爱情这件事情上得到最充分的展示，而爱情必然又会使他的生命升腾起一轮美丽无比的光彩。

但这爱情之花的高贵、精美与它周围的环境反差太大，不被俗世所容，注定要横遭外界风雨的侵袭。纳兰性德这颗情种，注定要为爱情受苦。少年时代他曾失去过一次美丽的初恋，他很悲伤。但那次初恋毕竟美丽纯洁得像诗一样如梦似幻，如水中月、镜中花，失去了也很痛心，但可以升华，可以化为诗的意境。可是这一次完全不同了。它是两个成熟、年轻、充满青春活力的生命之间真真实实的爱，是三年朝夕相伴、相依为命，是伉俪情深、琴瑟相谐的爱，是有血有肉、知心知己,是你中有我、我中有你的爱。这爱给了他青春的活力,给了他生命的成熟。这爱使他了解女人,也让他知道了怎样去爱人……

可是有一天这爱突然没有了。偌大的相府里妻子是他修复疲惫心灵的港湾,失去了,他的心将到哪里停泊?得而复失比不曾拥有更加悲惨。他想不通,这到底是为什么?他大声地问苍天,苍天不语;他悲愤地问大地,大地无音。他想哭,泪已尽;他想怒,又不知该把一腔怨怒发泄到哪里。最悲惨的是,他充满着怨恨,却不知该到哪里复仇。可怜的纳兰性德只有苦苦地自己担荷起这份苦难。他柔肠百结,肝肠寸断,再没有了那阳光般的灿烂微笑,再没有了倜傥风流的神采飞扬,那张更加清癯的面庞上一双漆黑的眸子中射出令人心碎忧郁的光。

纳兰性德瘦弱的身躯能担荷得了吗?忽然有一天,他不可遏制地想写点什么。当痛到极点,那痛就沉潜到心底,而诗的精灵便开始萌孕、成熟、飞升起来。可是,怎么以往用熟了、用惯了的曲调词牌都陌生了,忘掉了,竟不知如何下笔了?随着心绪走吧!便有了纳兰性德第一首悼亡词:

> 青衫湿遍,凭伊慰我,忍便相忘。半月前头扶病,剪刀声、犹共银釭。忆生来小胆怯空房。到而今独伴梨花影,冷冥冥、尽意凄凉。愿指魂兮识路,教寻梦也回廊。   咫尺玉钩斜路,一般消受,蔓草斜阳。判把长眠滴醒,和清泪、搅入椒浆。怕幽泉还为我神伤。道书生薄命宜将息,再休耽、怨粉愁香。料得重圆密誓,难禁寸裂柔肠。
>
> ——《青衫湿·悼亡》

再也找不到原来那般从容舒缓的节奏了。这急促短节拍,似哽噎抽泣着面对妻子秉烛夜谈，倾诉衷肠。恍然记得妻子在银釭下绣红裁剪陪伴自己夜读，又明知如今只有自己独伴梨花影，尽意凄凉，却又幻想倩魂回归……从这时起，纳兰性德一颗破碎的心便飘忽游离于现实、梦幻、天地之间，没了着落，无法安顿。

夏去秋来，是悲愁感伤的季节。不觉中萧萧黄叶已落满庭院，一缕残阳透过稀疏的枝叶在地上打下斑斑驳驳的光。西风送来瑟瑟凉意，轩窗紧闭，回廊空荡。西花园中渌水亭畔纳兰公子凭栏而立，独自领受着秋意的凄凉。近日《渌水亭杂识》刻印出来，这是四年点滴心得所录，也该算件大事，可此刻性德无一丝喜悦，反而勾起无限感伤。那年自己身患寒疾，耽误了殿试，心灰意冷，情绪低落。而正是这时，妻子来到身旁，正是她的爱情和精心的照料，使自己重新振作起来，在病中披经读史，并起意将读书及见闻心得记录下来。四年中妻子多少次为自己铺纸研墨、多少次灯下陪伴自己、多少次帮自己整理资料，这《渌水亭杂识》也有妻子一份心血啊！可是现在书成人去，留给自己的是一份不尽的思念与追悔。

妻子逝去几个月了，痛定思痛，纳兰性德心中的悔恨愈来愈强烈，那时候为什么没有多陪陪妻子，没有珍惜与妻子在一起的时光？"被酒莫惊春睡重，赌书消得泼茶香。当时只道是寻常。"是啊，婚后四年，他们夫妻是那么情投意合，他们在一起度过了多少浓情蜜意、温柔缱绻的风流春夜，他们常常像当年赵明诚与李清照那样玩赌书猜谜的游戏，他们抚琴对弈、观月赏花……那些情趣盎然的日子总以为会是永远，那令人沉醉美妙无比的时光总以为刚刚开始。他们是那么年轻，青春的活力正旺盛，他们还要携手走很长很长的路，自己怎么就没有一点警醒呢？"欲话心情梦已阑，镜中依约见春山。方悔从前真草草，等闲看。"现在只有在梦中相会，梦中的妻子是那么朦胧、隐隐绰绰，让自己无法看清，真后悔，为何当初没有看真切呢？……纳兰性德像所有因为最珍爱的东西得而复失而追悔莫及的人一样，被一种深深的负疚感折磨着，他苛刻地将妻子病逝的责任担在自己肩上，好沉重！其实他又有什么错呢？

纳兰性德依然追悔，不断自责，他陷入了一种无法解脱的死结。白昼夜晚，眼前梦中全是妻子的身影，他有所解悟，该给妻子绘幅肖像，也可永远与她相会相伴。可是丹青未染，泪眼盈盈，只有凄楚的心音在悲泣：

> 泪咽更无声，止向从前悔薄情。凭仗丹青重省识，盈盈，一片伤心画不成。　别语忒分明，午夜鹣鹣梦早醒。卿自早醒侬自梦，更更，泣尽风前夜雨铃。
>
> ——《南乡子·为亡妇题照》

读到这首《南乡子》的朋友都落泪了。这词太忧伤了，恰似杜鹃啼血，哀婉凄切，实在令人不忍卒读。容若，哪有你这样的情郎？你是在用心血、用生命来持守这份感情，如此下去，你年轻的生命怎么会持久呢？可是劝慰是没有用的，人们只能期待时间的力量。

纳兰性德依然在苦苦寻觅，寻觅失去的爱人，寻觅那永逝的幸福。

有一天，他真的在梦中与妻子相会了。那是在这一年九九重阳节前三天的夜晚，妻子忽然翩然入梦。这是卢氏去世后，纳兰性德第一次在梦中与她相逢，悲喜交加，百感交集，妻子淡妆素服，紧紧握住性德的手呜咽哽噎，思念的话说了许多。次日醒来，妻子的音容笑貌仍历历在目，性德清晰地记得临别前妻子吟道："衔恨愿为天上月，年年犹得向郎圆。"妻子生前并不善吟诗，不知何以得此二句？痴情的性德明慧之甚却忘了，梦原本不是真，它是做梦人日中所思、心中所愿的结果，它再美丽也是一场空幻，再幸福也终归于虚无。梦境愈美，醒来的痛愈深，感慨无奈中，年轻的词人又赋一首《沁园春》：

> 瞬息浮生，薄命如斯，低徊怎忘？记绣榻闲时，并吹红雨；雕阑曲处，同倚斜阳。梦好难留，诗残莫续，赢得更深哭一场。遗容在，只灵飙一转，未许端详。　　重寻碧落茫茫，料短发朝来定有霜。便人间天上，尘缘未断；春花秋叶，触绪还伤。欲结绸缪，翻惊摇落，减尽荀衣昨日香。真无奈！倩声声邻笛，谱出回肠。

二十三岁的纳兰性德开始究诘起命运来，他热爱生命，可瞬息浮生，他珍视爱情，可爱情得而复失。心爱的人在哪？他想上天寻找，但碧落茫茫，他想梦中相会，可是好梦难留，到头来只赢得更深哭一场。命运待自己是何等残酷，人生又是万般无奈。但痴情的纳兰性德似乎打定了主意，偏偏要与这命运来一番抗争，固执地发出："便人间天上，尘缘未断；春花秋叶，触绪还伤。"要"倩声声邻笛，谱出回肠"。

尘缘未断、尘缘未断，他就是相信尘缘未断；触绪还伤、触绪还伤，他不能不伤。抬头望月，他痴痴地祈盼：妻子"若似月轮终皎洁，不辞冰雪为卿热"。泪眼观花，他安慰自己："莫道芳时易度，朝暮。珍重好花天。为伊指点再来缘，疏雨洗遗钿。"故地重游，他幻想："曲栏深处重相见，匀泪偎人颤。"……妻子并没有离开他，她无时无处不在纳兰性德的生活中。

又是一年的春残，又要到妻子的忌日，纳兰性德触绪还伤，又写下一首《虞美人》：

第三章 尘缘

> 春情只到梨花薄，片片催零落。夕阳何事近黄昏，不道人间犹有未招魂。　　银笺别记当时句，密绾同心苣。为伊判作梦中人，索向画图影里唤真真。

性德又一次苦苦地做起痴心梦，他想起唐时一典故。唐代进士赵颜于画工处得一软幛，上面绘一美女。画工告诉他，此女名叫真真，呼其名百日必应，然后以百家彩灰酒灌之，她便活了。赵颜按画工语去做，真真果然走下幛来，两人相爱，一年后生一子。赵颜忽然怀疑真真是妖怪，真真悲伤中携子回到画中，于是那画上又添一儿。妻子卢氏不就是带着儿子一起离开自己的真真吗？如果人间真有招魂之术，那么自己一定豁出去，和梦中人一样"索向画图影里唤真真"。

但是一切的痴梦幻想终是枉然。纳兰性德的结发妻子于去世的第二年（康熙十七年）七月二十八日葬于京西玉河皂荚屯明珠家祖茔。平湖词人叶舒崇为她撰墓志铭，文中有辞：

> 抗情尘表，则视若浮云；抚操闺中，则志存流水。于其殁也，悼亡之吟不少，知己之恨尤多。

一语道出纳兰性德痛不欲生的缘由。纳兰性德给友人张纯修的信更显心灰意冷：

> 亡妇柩，决于十二日行矣。生死殊途，一别如雨，此后但以浊酒浇坟土，洒酸泪，以当一面耳。嗟夫，悲矣！

他已不再抱幻想与希冀而完全是绝望了。妻子下葬后不久，十月初四夜，窗外突然风雨大作，纳兰性德忽然想到第二天是亡妻的生日，他摩挲着妻子用过的宝奁，细细把看每一样首饰，伴着凄风苦雨，一夜不寐。

尘满疏帘素带飘，真成暗度可怜宵。几回偷拭青衫泪，忽傍犀奁见翠翘。 惟有恨，转无聊，五更依旧落花朝。衰杨叶尽丝难尽，冷雨凄风打画桥。

这首《于中好》调子尤为低落惨淡。纳兰性德此刻已是英雄气短，唯有儿女情长。他失去一生的红颜知己、一世的所爱，这是永远的丧失，他不会再有幸福。只有二十四岁的他，已流露出对人生的厌倦。

一首首悼亡词就仿佛一个个美丽的花圈，祭奠在妻子的亡灵前。那么清晰、具体，可似乎又那么模糊、迷离，他凭吊的对象是他心爱的妻子，可似乎又远远超乎妻子——他凭吊的是那永逝的爱情、理想、青春和生命。

四、渌水亭畔的际会

失去了爱妻，生活在纳兰性德的眼里变得黯然无光。除了固执、任性地让苦涩与绝望的感情不断舔着自己流血的伤口，除了把丧妻之痛、悼亡之悲宣泄于纸笺尺素，让它化为一首首凄艳绝伦的长短句，然后再回过头来咀嚼、品味，任凭它继续吞噬自己，年轻的诗人不知道怎样才能从失去爱妻的痛苦中走出来。

时间，也许只有时间的力量能治疗伤痛。而在痛苦难耐的日日夜夜里，唯一能给他些许安慰、让他终日沉郁的脸上露出一丝笑意的，就只有他的朋友们。

一个偶然的机遇，纳兰性德最好的朋友们几乎都聚到了京城，那是一次难得的机会。康熙十七年（一六七八）正月，紫禁城大内，年轻的皇上玄烨向吏部降圣旨如下：

> 自古一代之兴，必有博学鸿儒振起文运，阐发经史，润色词章，以备顾问著作之选。朕万几余暇，游心文翰，思得博学之士，用资典学。我朝定鼎以来，崇儒重道，培养人材。四海之广，岂无奇才硕彦、学问渊通、文藻瑰丽，可以追踪前哲者？凡有学行兼优、文词卓越之人，不论已仕未仕，令在京三品以上及科道官员、在外督抚布按，各举所知，朕将亲试录用。其余内外各官，果有真知灼见，在内开送吏部、在外开报督抚，代为题荐。务令虚公延访，期得真才，以副朕求贤右文之意。尔部即通行传谕。

大诏说得明明白白，皇上要面向全国广招博学鸿儒之士，以表明他求贤若渴之心。这实在是一个英明之举。年轻的康熙皇帝又一次向世人显示了他的统治自信和他的文韬武略。

中国自汉朝始，便设有贤良方正、直言极谏诸科。形式是荐举与考试相结合，由丞相、列侯、州郡推荐，然后皇帝临轩亲试录取。经过了隋朝的发展，至唐玄宗开元十九年（七三一）又创博学宏词科，即在进士及第的人中再选拔出一批所谓的淹通能文之士加以重用。自然，这种选拔的条件更高、要求也更难了。宋代虽有延续，但因为难考，所以没能普及推广。到了元明两朝，更是以进士科为主，并确定以八股取士。

如今康熙又要开博学鸿儒科，此名听起来并不陌生，它与唐开元时期博学宏词科只有一音两字之差，但其深意大不同，它确实是康熙皇帝总结了历代制度而苦心所创的新科目。苦战了五年，刚刚预见平定三藩战争胜利的年轻皇帝心里并没有轻松，他在考虑一个迫在眉睫的问题——如何巩固胜利成果，坐稳大清江山，振兴社稷。而他更清楚，巩固政权不能再用武力，必须稳定、争取民心。自身已被博大精深的汉文化牢牢吸引住的年轻君主，深知要统治这古老的华夏之邦，必须使用汉文化本身，而且必须争取并起用那些怀念旧朝、拒绝仕清又极有才华能力的名节人士。这些人的出山本身就昭示着一种民心所向。

睿智的皇上找的时机恰到好处，此时三藩之战已经有了胜利的苗头，明朝遗老遗少们恢复故国的幻想基本破灭了，那些清初曾经坚决不仕清的名节之士已看到新朝皇上的文治武功，内心开始有所触动……皇上又巧妙地将"宏词"变为"鸿儒"，两字之差，深意大增。"鸿儒"乃硕学能文之大儒，这就带上了尊重与荣誉之意，有几个人不愿被戴高帽呢？这一举措先在心理上赢得了几分人心。至于在选拔"博学鸿儒"的方法上比起唐代就又灵活多了。此举目的在于招募那些有才华、有气节、有威望的藏之深山之名士，所以考试显得并不重要，它只是一种例行的形式，主要以举荐的方式，层层举荐以此敦请名节之士出仕任职。

康熙皇帝可谓用心良苦，也确实怀有诚意，所以圣旨一下，举国皆热烈响应。很快，大学士李蔚等人便呈上所举荐的名单。提名一百七十余人，各地的名流学者、怀才不遇之士皆在被荐之列。正月发出的圣旨，到年底应试者已从各地陆陆续续云集京城，纳兰性德的朋友——朱彝尊、陈维崧、严绳孙、姜宸英、毛奇龄等人都在其中。

纳兰性德苍白消瘦的面颊上有了笑意。

紫禁城又传出皇上圣旨："冬日晷短，难于属文，弗获展厥蕴抱。"

第三章 尘缘

所以决定将考期延至"天气渐已融和"的次年三月。皇上还命户部从十一月起,每月发给每位应试人员俸银三两、米三斗,直到试后为止。天子的体恤之情,不能不让每位士子生出一份感恩之心,他们三三两两在京城的旅舍客栈住下了。

谁会想到,这么一来,便产生了中国文学历史上很短暂,但却极为动人、特别光彩,值得大书一笔的一幕呢?

无锡诗人严绳孙一路风尘,进京城后未做片刻歇息,便直接看望他心中所念的纳兰容若。五十六岁的严绳孙对这个比他小三十多岁的异族友人,在忘年之交而外似乎还有一种近乎父子之间的亲情。

说来也怪,这位明末刑部侍郎严一鹏的孙子,在大明朝灭亡时已经二十二岁了,他是典型的明朝遗少。故国在他的心中印迹太深,而他的出身、阅历、禀性都决定了他抱持着为故国守孝之心。他一直没有参加清朝的科举,他是打定主意,今生绝不仕清。这样一来他反倒一身轻松,几十年来悠游环渚,笑傲江湖,淡泊自甘,广交朋友,以诗才享誉江南。可是这位抱节守身的汉族文士,自从在京城结识了当今朝廷重臣明珠之子纳兰性德,却有一见如故之感。原先他对满洲权贵的成见、傲视在容若这个地道的正黄旗贵公子这里烟消云散,代之的是一种亲切和相通。当纳兰性德邀请他去明珠府任西席时,他竟没深想就爽快地应承了,并自然而然地在明珠府安顿下来,闲暇时与容若诗酒唱和,甚相投契。

其实这也没有什么不可思议的。人与人之间真正的相通原本就不带有任何先决条件,严绳孙恍惚觉得眼前这位神采飘逸又坦诚忠挚的青年人仿佛就是年轻时的自己,当年自己不也曾倜傥风流,展卷论王霸、煮酒论英雄吗?

年轻的纳兰性德对这个比自己父亲还年长许多的朋友,也有一种很亲甚至很依恋的感情，在他面前，自己非常放松，什么心里话——包括政治等不便与外人道的话，他都会毫无保留地告诉他。除了知己梁汾，性德与其他人还未达到这般深厚的友谊。去年严绳孙返江南老家探亲，纳兰性德依依不舍，严绳孙人刚到家，性德思念他的信和词就跟着到了：

> 藕荡桥边理钓筒，苎萝西去五湖东，笔床茶灶太从容。　况有短墙银杏雨，更兼高阁玉兰风。画眉闲了画芙蓉。
>
> ——《浣溪沙·寄严荪友》

严绳孙展读尺素与小令《浣溪沙》，读到最后摇摇头笑了，容若还在和老夫我开玩笑？"画眉闲了画芙蓉"，这不成了老风流了吗？笑罢却流出泪来，词里没有一句思念的话，可字里行间却是一片贴己的思念与向往。以往他对容若讲起江南、讲起故乡无锡，容若总是露出无限向往的神情。这位久居高门广厦、出入宫闱的贵公子常常流溢出垂钓江南、泛舟五湖，过那种自由自在平民生活的愿望。这小令中写的是羡慕、眷念与向往。

可是很快地，严绳孙又收到了一首《临江仙·寄严荪友》。这次容若语气顿改，再没有俏皮与轻松，纸上写满的全是思念与伤感：

> 别后闲情何所寄，初莺早雁相思。如今憔悴异当时，飘零心事，残月落花知。　生小不知江上路，分明却到梁溪。匆匆刚欲话分携。香消梦冷，窗白一声鸡。
>
> ——《临江仙·寄严荪友》

第三章 尘缘

严绳孙这时已经得到容若爱妻卢氏去世的消息。他想象着容若此刻该是多么憔悴、悲痛，而自己远在江南一点也无法帮助自己年轻的友人，不禁悲从中来，他默默流着泪面向北方："容若，你要知道，我也是多么牵挂你，总在梦中与你相会！无奈江路遥遥、相隔数千里！"

这次康熙皇上下圣旨招贤纳士，刑部主事陈琛向朝廷推荐他参加博学鸿儒科。他从心中不愿意，但圣命不可违，他必须前往京城参加殿试。"至少又能见到容若了！"他在心中安慰自己。他真想念容若啊！

当严绳孙见到纳兰性德时，浙江慈溪诗人姜宸英正在明珠府上任西席，并且就住在明珠府家庙龙华寺。与严绳孙的冲淡平和相比，这姜西溟简直就是个率性狂放之人。与严绳孙坚决不仕清也不同，姜西溟一心想走仕途之路，他多次参加科考，但才华虽有却屡试不第。多次挫折使他本来就激烈的个性更加偏激，待人接物也总是任性所为，人缘就更差了。在明珠府任西席时他也依然如故，嬉笑怒骂无所顾忌。其实这狂狷放纵只是姜西溟的一个侧面，他的为人还有耿介、敦敏的一面。据说他对亲人有很深的感情，作诗行文每叙述家事，多缠绵恳挚之言。有一次他作客他乡，梦中吃到非常甜的梨，想把它送给母亲吃，可是母亲不在身边，他竟怅然而醒。纳兰性德与他深交，了解并理解姜宸英。每当他兴起之时，性德倒常常像位长者般容忍、谦让这位比他大二十七岁的不走运的朋友。姜宸英表面上依然我行我素，心里却亮如明镜。他不止一次地对别人感慨道："只有容若知我。虽然我终日以狂傲慢侮他人，但容若从不以我的怪为怪，他知我是矢志不遇而嫉时愤俗啊！"这的确是他发自肺腑的感激之词。

严绳孙、姜宸英，接着陈维崧、朱彝尊、毛奇龄也先后进京来看望过容若，还有一直在京城的好友张纯修、吴天章等人。这段时间顾贞观仍是时而在京，时而继续沿山海关收成人遗骨，为友人吴汉槎赎些功德,只是现在做这件事情时,他已经信心十足,容若在全力相助……最好的朋友们都聚到了京城,纳兰性德由衷地笑了。这是妻子去世后他第一次舒展眉心。

良缘益友,人生两大美境,纳兰性德都已拥有,多情的公子视爱情与友谊贵重如性命。可爱人被冥冥中不可知的可怕力量无情地夺走,他生命的一半似乎也随之飘逝。是友人与友情支撑他挺过了最初的难关,现在好朋友忽然从四面八方相聚在一起,刚刚经历了生离死别的巨痛,被命运之神狠狠捉弄了一回的纳兰性德,此刻受宠若惊又小心翼翼地捧着这份突然降临的珍贵馈赠。

只要不去宫中入值,纳兰性德家的西花园便又响起了欢声笑语。那座留下他少年时代琅琅读书声,留下他与妻子携手并肩倚栏观荷的身影,又因故人离去而沉寂多时的渌水亭,再一次有了生机与活力。这渌水亭注定要扮演一个有趣的角色,十七世纪中叶中国文坛上最动人的一段佳话,缘此而生。

看看聚在渌水亭畔的都是些什么人吧!

五十四岁的陈维崧来自宜兴。因为他长了一脸黑胡子,朋友们常亲切地称他"陈髯",纳兰性德曾在词中形容他"须髯浑似戟"。这陈髯可是当时文坛上赫赫有名的人物,他能诗歌、善骈文,更以词扬名天下。尤其是近几年,他弃诗而专攻词,有时一天填词数十首,他的词已经多达一千数百首,数量之多当数古今第一。他出生在一个与明末政治关系密切的忠义之家,他的父亲就是有名的东林党人——明末四公子之一的陈贞慧。这样的家庭在明亡之后必要败落。陈维崧先是随父亲隐遁山林,后流落四方。故他的词总是感时代情绪与人生悲欢而发,他宗辛稼轩但又不拘于此而另拓疆域,所以他的词在沉雄俊爽之外又添了一份横霸之气与精悍之美。他的词成就之大,使他成为阳羡词派的宗主并为天下人敬佩。

浙江秀水词人朱彝尊年龄虽只比陈维崧小四岁，恰是知天命之年，但他早年留意于钻古书、读《文选》，作词是这几年才开始的，可由于学识渊博，文字功底深厚又感情细腻，所以填词起步虽晚但出手不凡，他的词以明丽流动、曲婉细腻而风靡词坛，并成为新崛起的浙西词派领袖。

聚到这里的还有梁溪词人顾贞观、严绳孙、秦松龄，浙江慈溪的姜宸英，萧山的毛奇龄，京苑词人张纯修、韩菼……

阳羡派的宗主、浙西派的领袖、梁溪词人群的核心人物共聚一堂，自宋朝后沉寂、冷落了元明两代之久而忽然复苏中兴的词坛精英俊杰几乎都荟萃于此。而在这群星闪耀的词学星空中还有一颗最年轻、最明亮、最有希望的星——纳兰性德。

这位迷恋汉文化、醉心于词并有着天才灵异的满洲青年诗人，作词清新自然、至情至性，为人"视道谊甚真"，视"朋友为肺腑"。他用真诚以文会友，与朋友肝胆相照。他竭尽全力跨越过那些横亘在他与友人间的年龄、民族、阶级、地位等有形与无形的藩篱，就像一颗磁石般把朋友们紧紧吸引到他的渌水亭。

"文人相轻，自古而然。"当年魏文帝曹丕早下过如此定论，何况现在聚到一起的文士都是当今词坛的顶尖人物。阳羡派的锐气逼人、浙西派的精工雅丽、梁溪词人与京华才子纳兰性德等人的独抒性灵……每个人都风格鲜明，主张各异，聚在一起会怎么样呢？

渌水亭畔的相聚，烈酒与浓情共融，温馨与和谐相伴，鲜明的个性与集体的意识交织，没有门户之见、没有词派之争，没有功利色彩、没有心机悬隔，走到这里便是志同道合的朋友。他们雅集联句、诗酬唱和，推诚论文、切磋词艺，取长补短、互相学习。他们之间最强的联结就是对词的共同热爱。

　　心灵与心灵间的碰撞必然会迸发出耀眼的光芒。如果说清词的巨大成就使其成为中国词学史上第二次高峰，而康熙初年聚于渌水亭畔的优秀词人群体无疑大大推动了词的中兴与发展。各词派精英人物云集一堂、各种艺术风格争芳斗艳，他们深入探讨，广泛交流，大大减少了以往由于地域限制而形成风格上的单一与偏颇，又大大丰富和提高了自身的艺术成就，更有益于词这种文学形式整体水平的提高，由此促成了当时诗词创作空前繁荣的局面。

　　这的确是一个优秀的词人群体，尽管他们没有什么纲领或宣言，但他们是真真实实的一个群体。在这个群体中，每个人心无芥蒂，没有阻隔，他们敞开心扉，一展情怀。他们填词的内容非常广泛——咏史怀古，愤世嫉俗；离愁别绪，怀伤悼亡；咏物写景，赠友抒情；志意落空，人生苦闷；绘秦楼楚馆，描风花雪月……吟咏的范围几乎到了无所不包的程度。而其中最精华的还是那些感情真挚热烈的赠朋答友、伤别怀远之作。他们当中的每个人都有大量与友人唱和赠答的作品。单纳兰性德就有二十几首，其他人也都不相上下。这些词把友人间真挚坦诚的情谊表现得淋漓尽致，产生强烈的艺术感染力。他们还常常在一起雅集联句，这类作品虽然有时带有游戏的味道，但也能看到他们关系的密切。如《浣溪沙·郊游联句》：

　　　　出郭寻春春已阑（陈维崧），东风吹面不成寒（秦松龄）。青村几曲到西山（严绳孙）。　　并马未须愁路远（姜宸英），看花且莫放杯闲（朱彝尊）。人生别易会常难（纳兰成德）。

　　这首《浣溪沙》是朋友们去西山游春时集体创作的，这时大家的心境是愉悦而轻松的。几位年长的朋友取眼中景随意拈来，唯独他们中最年轻的纳兰容若显得有些忧心忡忡。他仿佛被刚刚经历过的生离死别吓坏了，更是因为他太珍视此刻与友人们的欢聚。他那颗敏感的心总担忧这场欢聚会像眼前这留不住的春光，倏忽而过。这片刻的欢愉之后，朋友们便会风流云散，各奔东西。"人生别易会常难"，年轻的词人为这首随意的小令打了一个淡淡忧伤的结。

他频繁与友人们相聚，只是经过丧妻之痛和在宫廷供职，他变得更加内向。友人们高谈阔论，或品评时政、或谈经论史、或讽古喻今的时候，他总是静静地听着，不插一言。当问及他时，他也常是颔首微笑或巧妙地扭转话题。他已不是当年那个未出茅庐、未经世事就纵古论今、指点江山，展卷论王霸、侃侃谈功名的潇洒公子了。经过了人生的忧患、仕途的隐忧，他的心态在悄然之间发生了很大的变化。现在他只想把自己沉浸在友谊中，尽情享受友谊的温馨、彻底放松，还原为那个单纯的自己。但这也许永远不能够了。他大量地与友人唱和填词，他想在与友人的交流中，在对他们痛苦的关注、理解中忘掉自己、解脱自己。可原先清新婉丽的词句早已在浑然不觉中变得凄艳哀伤，他早已把人生那份凄楚的滋味灌注在词间。经过许多年的努力，他忽然发现，此刻的自己已经能娴熟地驾驭词这种文体，终于能行云流水般地在词中尽情宣泄、抒发自己的各种情感，他的心灵与词终于达成了一种真正的默契。从此他更沉醉于词，再也不肯走出它的疆域。

他更鲜明大胆地谈论自己的词学观点，更明确地肯定、赞美这种文学形式。他写了首惊世骇俗的古诗《填词》：

> 诗亡词乃盛，比兴此焉托。
> 往往欢娱工，不如忧患作。

> 冬郎一生极憔悴，判与三闾共醒醉。
> 美人香草可怜春，凤蜡红巾无限泪。
> 芒鞋心事杜陵知，只今惟赏杜陵诗。
> 古人且失风人旨，何怪俗眼轻填词。
> 词源远过诗律近，拟古乐府特加润。
> 不见句读参差三百篇，已自换头兼转韵。

纳兰性德一开始便为他喜爱的词大声疾呼。诗歌衰亡了，词便兴起了，所以词是独立的文体，它对诗既有继承又有革新与发展，绝不仅仅是"诗之余"。词的艺术特点也是用比兴的手法，所以好的词也像好的诗作一样，欢愉之词再工整也不如忧患之词。谈了词的性质与特点后，他最后谈到词的源远流长。他认为词的源头远比近体格律诗久远，是对古乐府的模拟并加以变化改造而来，只是形式音律上更婉丽绵密罢了。那些正统文人把《诗经》三百篇作为诗歌起源，那么请看，三百篇不就是篇篇句读长短不齐，而且兼有转头换韵，这和今天的词又有多大的差别？

也许你会觉得纳兰性德过于偏爱词，一番话说得有些偏激，但你又不能不惊叹他的见解之独到，并有一种似乎无法驳倒的力量。纳兰性德写过一篇《渌水亭燕集诗序》，在通篇凤翥鸾回、彩笔瑶笺的四六骈体最后，性德写道：

> 今日芝兰满座，客尽凌云；竹叶飞觞，才皆梦雨。当为刻烛，请各赋诗。宁拘五字七言，不论长篇短制。无取铺张学海，所期抒写性情云尔。

"抒写性情"一语道出了渌水亭畔雅集唱和的初衷与创作特征。因为抒写性情，渌水亭畔的相聚才能勃勃富有生机，持续而长久；因为抒写性情，每一位走进渌水亭的创作个体才能一展胸襟，在相互的心灵撞击中发出性灵的光彩。这一时期他们的诗词创作成就几乎都达到了自己的高峰状态。陈维崧、朱彝尊、顾贞观、纳兰性德几乎都是如此，由此呈现出一种高质量的整体风貌。尽管聚在渌水亭畔的词人群体在清代大约四千名词人中数量微乎其微，但他们是凤毛麟角，是清代词坛最优秀的代表人物；他们创作的词篇与全清词几十万首相比，数量也还太少，但它们质量最高，传世的佳作最多……渌水亭畔这段难得的际会，无疑促成和推动了清代词坛创作空前繁荣的景象。

康熙十八年（一六七九）的春夏之交，博学鸿儒科试有了结果。在举荐的一百七十名中最后取中一等三十名，二等三十名。纳兰性德的朋友中，陈维崧取一等第十名，用翰林检讨；秦松龄取一等第八名，用翰林检讨；朱彝尊取一等第十七名，用翰林检讨；严绳孙、毛奇龄取二等，亦用检讨……在定裁取中入选时，康熙皇帝又表现出极大的诚意与宽容。毛奇龄的答卷中有女娲补天之事，年轻的皇上没有挑剔和深究其是否有政治含义，念其才华而录取。严绳孙本来就不愿意出仕，考试当日推口眼睛有疾，只勉强草草赋一诗，但康熙早就听说过他的才名，特谕阁臣："史局不可无此人。"结果以二等末名录取。

倒霉的又是姜宸英，本来叶方蔼和韩菼准备推荐他参加博学鸿儒科，却未料叶、韩二人恰巧在殿试时期因事出京，没能荐成，这无疑又使留意仕途的姜宸英大失所望。年轻的纳兰性德同情并有些为他鸣不平，他希望能帮助姜宸英出仕。一天，他好心好意地为姜宸英出主意："我父亲信任我不如信任我家的安图（明珠宠仆），如果先生能与安图为礼，那什么愿望都可以实现。"不料，这话激怒了姜宸英，他拍案而起，怒斥道："我一直认为你是个佳公子，今天才算了解你。"说着就卷书和行装，要与纳兰性德绝交。纳兰性德羞得面红耳赤，他这才知道，自己的好意大大刺痛了姜宸英的自尊心，这姜宸英虽然想出仕做官，但他要用自己的才学证明自己的能力，他不屑靠任何不正当的途径达到目的，何况他从心里厌恶那个仗势嚣张狂焰、不可一世的走狗安图。他生气性德为什么让自己向这种人低声下气。纳兰性德羞愧万分，他感到自己仍然有媚俗的一面，有不磊落的地方。他更为自己伤害了友人的人格与自尊而抱惭，也更敬重虽然落魄却不失耿介正直的姜宸英。他一遍遍恳切道歉又执意挽留，写下一首剖肝沥胆的《金缕曲·慰西溟》：

> 何事添凄咽，但由他、天公簸弄，莫教磨涅。失意每多如意少，终古几人称屈。须知道、福因才折。独卧藜床看北斗，背高城、玉笛吹成血。听谯鼓，二更彻。　　丈夫未肯因人热，且乘闲、五湖料理，扁舟一叶。泪似秋霖挥不尽，洒向野田黄蝶。须不羡、承明班列。马迹车尘忙未了，任西风、吹冷长安月。又萧寺，花如雪。

纳兰性德深深同情姜宸英"失意每多如意少"的人生境遇，愤慨那种"福因才折。独卧藜床看北斗"的可悲现实。他更敬佩姜宸英"丈夫未肯因人热"的大丈夫作风，劝慰他不必羡慕"承明班列"的疲忙与无聊，且荡舟五湖，乘闲风月，那恐怕更是有意思的生活。

词写得情真意切，炽热忠恳，它化开了姜西溟心中的硬结。其实，他哪能舍得真与容若绝交？他知道容若一片真心为自己好。经过这场风波，两位友人互相更加了解与信任，他们的友谊更深了。

第四章 困惑

第四章 困惑

又一个清丽的夏日悄然来临。

纳兰性德微微睁开双眼,干裂的嘴唇动了动。夫人官氏惊喜地伏下身,低声轻唤着他。整整一昼夜纳兰性德一直昏迷着,这已是他高烧不退的第六天。情况愈来愈糟糕,大夫们已经无可奈何地摇头、叹息,暗示家人预备后事了。

现在,纳兰性德醒了!而且还欠了欠身子,想坐起来,他示意家人扶起他,倚靠着背垫,坐在床上。他目光炯炯,面颊上泛起一层潮红,神志清醒,竟好似健康人一般。

刚有一丝欣喜的人们一下子全惊恐起来。这怕就是人们常常讲的回光返照吧?纳兰性德心里也明镜一样,他已经看到死神的荫翳向自己徐徐飘来,愈来愈近了。他平静地让家人把自己的先生徐乾学找来,他要见一见他。

徐乾学疾步走进屋内。一大早他就赶到明珠府听候消息,此时他掩饰不住内心的悲怆,凄惶之情全写在那张胖脸上。师生二人悲咽唏嘘,相对无语。纳兰性德微微地伸出手,徐乾学一把将那手握在自己的大掌中,那手是冰凉的。纳兰性德还未开口,两行热泪先扑簌簌淌下来,半晌才强压住呜咽,费力地说:"性德承蒙先生之教,钻研古文字已有成就,今已矣。生平诗文本不多,随手挥写辄多散失,不甚存录……"刚说到这儿已喘起来,停了片刻,他又费力地断断续续接着说:"辱先生不鄙弃,执经左右,十有四年……"又是一片咳喘,脸憋得通红。徐乾学想劝他休息,纳兰性德摇摇头,继续道:"先生对我讲过,读书之要及经史百家源流,就好比行者之得路……",又是咳喘,"可我平时喜作诗余,禁之难止。现在刚欲从事古文,不幸遘疾短命,辜负了先生明诲之教,殁有余恨。"话未完,徐乾学已听得老泪纵横,泣不成声。他用衣袖拭了拭双眼,想说点什么,可又不知道该说什么。他明白,性德在与自己做最后的诀别……可他无论如何也不能接受这个事实。这太残酷了!难道自己最得意、最引为自豪、最前途无量的门生,竟这么就撒手人寰?他还那么年轻,他的生命就像屋外那刚刚升起的朝阳,璀璨绚丽,他的未来会如日中天。难道、难道竟将在瞬间就全没了吗?他的话中带着多少遗憾,他的眼睛里含的都是眷恋……他怎么可以就这样走了呢?

徐乾学心如刀绞,他紧紧攥住纳兰性德的手,仿佛这样就能从死神那里把他拉回来。可那手冰凉无力,生命的活力正一点一点从那年轻的躯体中消失。

徐乾学并不是个容易动感情的人,进进出出官场几十年,已经很少有事情能让他动容。往来于官宦显贵府第之间,他从不让感情左右自己的思维和判断,也从不感情用事。可这回,他真的心痛了。执教数十年,可谓桃李满门、誉享京华。自己的学生中飞黄腾达、青云得志的大有人在,可是论门第之华贵、天资之纯粹、识见之高明、学问之淹通、才力之强敏、品格之方正却没有谁能超过纳兰性德。这样的年轻人的确是凤毛麟角!

内心深处,他承认,当年自己痛快地接受纳兰性德的恳求做了他的老师,多多少少有些想巴结明珠、走终南捷径之意,但是很快他就真正喜欢上这位赫赫有名的权相之子。他常暗自惊诧,满人中竟有这般聪慧颖悟之人,他才华太出众了,而且难得的是他又如此谦逊好学。从十九岁从师于自己,一学便是数年,从不倦怠,即使后来入宫任职不得不中断学业，可只要有空闲，他必定来府上探望自己，出征在外时也总有书简问候……在徐乾学心中，他与纳兰性德之间已超出师生之谊而情同父子了。

可现在，眼前这个视为己出的年轻人就要永远地弃自己而去，眼睁睁看着那团耀眼的生命之火慢慢熄去，他自己却无能为力。白发人送黑发人，徐乾学感到揪心般的悲痛。他的手颤抖着抚摸纳兰性德苍白的面颊，抚摸着他瘦得只剩下一把骨头的弱躯。他不忍再看那双充满了血丝却依旧明亮的双眸，他只想大放悲声。纵有满腹经纶，他也弄不懂："天既予之为何又夺之？老天既然赋予了这天才别人所不及的一切，为什么又这般残酷地夺走呢？"

他还想对性德说点什么，可嘴唇剧烈哆嗦，喉头也似被什么东西堵住，没能发出一点声音。他不知道自己是如何被别人搀出屋子的。

徐乾学胖硕的身子颤抖着。"他有济世安邦之才，他有辅佐君王之慧，天假以年，所建树必远且大。"他嘴里含混不清地叨念着，"他的豪迈挺特之才、勤勤学问，不过几年，定可成就大学问。可他竟做了那么多年侍卫，自从蒙恩侍从，无所施展！"徐乾学神思恍惚，想着、嘟囔着，一路蹒跚而去……

一、金殿玉阶，个中冷暖和谁道

康熙帝的一等侍卫——这是纳兰性德此时的头衔，一个很令人艳羡的职位。可是，纳兰性德不喜欢命运为自己安排的这个职位。但有时候，命运是很难抗拒的。他做皇帝的侍卫已近十年了。

当一个勃勃上升的少数民族，雄赳赳地从遥远的白山黑水挺进中原，成为旧的紫禁城、新的王朝的主人时，它的治国方针、统治措施都是比较富有活力的。一个不久前还处于蛮荒状态下、被称为"骚鞑子"，一个祖祖辈辈不断向别人进礼、上贡、称臣的少数民族，如今他们的领袖人物坐在金銮宝殿、丹墀凤阁之中，统治着华夏九州的沃土，那心态该是自豪、自信，又是不安不定的。刚刚覆灭了的大明王朝，像面镜子悬在他们面前，令他们警惕。仅仅二百多年，一个好端端的国家，就断送在朱姓的不肖子孙身上，教训惨重。居安思危，紫禁城的新主人们明白，要将刚刚打下的江山坐稳，接班人是最重要的。所以从清初开始，就形成了一种制度——统治集团的核心，那些宫廷大臣、高官显宦，还有那些入了旗的汉族官吏的后代，即被称为八旗军的子弟们，长到一定年龄就被集中起来做一些最艰苦、最磨炼意志和体魄的事情。他们有的被派去养狗、喂鹰，有的被派去制造弓箭和其他兵器，有的则被派去做些宫廷内的服务工作，而其中一些表现出色的高官显宦的子弟则被安排到皇帝的侍卫队中。

侍卫制度是清朝才建立的。

从清太祖努尔哈赤时就有侍卫，当时满语称为"虾"或"辖"，跟着太祖出生入死打天下，这些"虾"各个英勇无比，立下汗马功劳。清太宗皇太极时，他的身后已经站着四十位"虾"了。这时侍卫的地位更高、更受重视了。而到顺治帝定都北京，侍卫就显得更为重要，于是也便由此形成了一套与之相关的完备制度。

紫禁城里住着皇帝、后嫔、皇子、公主……又是王朝的政治、军事中枢，国家最高权力所在，所以紫禁城内外防守严密、戒备森严。上三旗护军营和前锋营，前锋、骁骑营在紫禁城四周守卫巡护。而皇宫内则由侍卫们守护，侍卫又分两部分，宫门、外廷值班由三旗侍卫负责，内廷就要由御前侍卫、乾清门侍卫负责了，而后两者一般都是由皇上亲自选授。

第四章 困惑

侍卫的工作相当艰苦，每日天边刚露曦光，他们就要赶到皇宫入值，还要轮流值夜班，大约六天就要轮上一次。皇帝每次出京巡视、狩猎，侍卫都要跟随，精神总处于高度紧张状态。但是侍卫——尤其是御前侍卫与乾清门侍卫都是皇帝亲信的人，他们不离皇帝左右，与皇帝有极密切的接触，所以他们就有了特殊的地位。他们待遇优厚，前途无量，当中最优秀的常常被选拔出来，委以重任。侍卫，是清朝贵族子弟通往辉煌前程的必经之路。

十八岁中举、二十二岁通过殿试的纳兰性德已是京城小有名气的才子诗人了，而且他又以二甲第七名的优异成绩中了进士，但他没有被分到词馆或任其他职位。身为上三旗中的正黄旗贵胄，朝廷重臣明珠之子，他顺理成章地成了皇帝侍卫队中的一员——他被康熙帝亲自授予乾清门三等侍卫。这就意味着他从此迈上仕途，效力社稷、济世安邦、建功立业……这不是自己一直向往的吗？该高兴才对！可不知为什么，穿上崭新侍卫制服的纳兰性德一点儿也兴奋不起来，他的心中游动着一丝说不清的复杂感觉。

以往的生活完全被改变了，他每天都要起个大早。早起并不困难，纳兰性德自幼就养成了早起的习惯。每日曦光微明、顶着晨星，踏在庭中的草坪上，他已翩然舞剑、打拳，练各种功夫了。而当温暖的朝阳洒在地上，鸟儿也开始鸣唱的时候，他又早已坐在书房中琅琅读书了。那是多么惬意、让人留恋的时光！可现在，在同一时辰，他必须随着打更人单调的梆子声，走进那座禁严的紫禁城，开始每日例行的宫中值班。穿着簇新的、还很僵硬的侍卫制服，做着各种重复、机械的宫廷仪式，或者长时间以一种姿势在固定的位置上执宿、站岗……纳兰性德问自己："难道这就是你无限向往的通向英雄的路吗？"

他做过多少次英雄梦？从当年第一回跨上父亲送给自己的枣红马，

在空旷的郊野上飞一般地奔驰时，英雄的梦想便开始在那颗激烈跳动着的小心房中活跃奔腾了。他幻想着自己也像先辈们那样横刀跃马、驰骋疆场、建立勋业。他也要统兵打仗，他也能征服天下。从那时起，他每日不间断地习武操练，从不叫苦喊累，并且很快精通了各种武艺，骑马射箭竟能百发百中。这全是英雄的梦想激励着他！稍稍长大一点，他迷上了历史，读《左传》、《春秋》、《东周列国志》、《史记》……古战场上的刀光剑影、浴血厮杀声仿佛在眼前晃动，在耳边回响。历史上发生过的那些惊心动魄、波澜壮阔的往事仍久久震撼着少年人的心，一种气势恢宏、磅礴的力量冲出胸膛——"志欲吞鲸鲵"，这就是正黄旗少年纳兰性德的志向。

他还真赶上了多事之秋。

那要从五年前，康熙十年（一六七一）说起，那时他十七岁，还是国子监的一名太学生。朝廷正酝酿着一件大事，也是十七岁的康熙皇帝正面临着一种抉择。两年前这位少年天子以惊人的胆略气魄智擒了鳌拜，整肃了朝纲，以不容置疑的能力真正登上了他治理国家的政治舞台。他要励精图治，要治国安邦，可是眼下却又有一件迫在眉睫的问题困扰着他，逼他做出抉择——如何处理三藩问题。

说来话长，当年那个"冲冠一怒为红颜"的大明将军吴三桂，在山海关与清军勾结，击溃了李自成的大顺农民军，使得满洲八旗军顺利进了北京城，建立了新王朝。之后，他又奉清廷之命南征，击败了南明政权及农民军余部，由此被任命为平西王，驻守云南，加上驻广东的平南王尚可喜、驻福建的靖南王耿精忠，合称"三藩"。

中国自古便有分封建藩的传统，封建帝王常常对宗室王公或勋臣大将封领地以示优礼。由于藩王们通常都驻守在远离皇都的边陲，朝廷只能远远地遥控，这便带来新的问题。

第四章 困惑

不能否认，吴三桂等三藩为清朝的建立、为满人如此迅速地控制全国的局面起过重要作用。可是当他们占据一方地盘并拥兵自重时，情形就不大一样了。他们把持操纵着自己驻地的资源，抢占农民土地为己有。横征暴敛，鱼肉当地百姓，自己过着奢靡豪华的生活，已经成为黎民百姓深恶痛绝的对象。更严重的是，他们手中拥有兵权。仅吴藩就有五十三佐领，绿旗兵一万二千，丁口数万，而且还有不断扩充的势态……这些都对清中央王朝构成隐患。隐患不除，后果是不难想象的。

已经熟读经史典籍、精通历史的康熙皇帝，这时候已清楚地感到，三藩不能与宋初的开国功臣相提并论，而属于唐末藩镇之流。唐朝藩镇割据，引发安史之乱，导致大唐王朝的衰败，直至灭亡。那么眼前的三藩呢？年轻的皇上为此焦心积虑、不能自安，渐渐地，一个愈来愈清晰的决心在脑海中形成——必须尽快撤三藩。

时机来了，康熙十二年（一六七三）三月，平南王尚可喜上疏朝廷，要求带两佐领官兵作为护随以及藩下闲丁孤寡老弱妇孺二万四千余口归老辽东。七十岁的尚可喜早在顺治十年（一六五三）就曾因"四境渐安、痰疾时发，疏请解兵、回京调养"上疏过，后来又曾疏请北迁，"或以山东兖州，或以辽东旧地筑居安插"。当时朝廷均以"粤东尚未宁谧"、"难以独议迁移"，没有允许他的所求。而这次他又一次疏请，却正中康熙帝下怀。一个月后，康熙帝降旨，肯定尚可喜"欲归辽东，情词恳切，具见恭谨，能知大体"。对他同时请求"令其子尚之信袭封王爵，带官兵家口继续镇守广东"，议政王大臣会议按皇上的意图，以"广东已经底定"为由，做出尚藩全部撤离广东的决议。

尚藩撤离，震动了吴、耿二藩，他们也分别于七月三日、五日将撤藩申请送到京城。这撤藩申请对吴三桂、耿精忠来说不过是一种假意的姿态，想以此消除朝廷对他们的怀疑，并想试探一下朝廷对他们二藩的态度。可是对年轻的康熙帝来说，这撤藩申请，正是解决问题的有利契机。

但关于是否三藩全撤，特别是撤掉吴藩，在朝廷中引起强烈的争议。皇上的意图是明确的，刑部尚书莫洛、户部尚书米思翰、兵部尚书明珠等人同意撤掉吴藩，将吴三桂本人和家属迁到山海关外酌量安插。可是大学士索额图等人却以为，吴三桂镇守云南以来，地方平定，总无乱萌，今若将他迁移，不得不遣兵镇守，兵丁往返必定使沿途民众受累。总之不利安定地方，故应仍令吴三桂镇守云南。这番话也凿凿有理。可康熙皇帝心意已定——"今日撤亦反，不撤亦反，不若及今先发，犹可制也"，他斟酌再三后降旨："吴三桂请撤安插，所奏情词恳切，着王率领所属官兵、家口，俱行搬移前来。"

八月，当朝廷特使礼部侍郎折尔肯、翰林院学士傅达礼把诏书送到吴三桂手中时，尽管心里也有一定的准备，但吴三桂仍像挨了当头一棒。向朝廷递撤藩申请不过是虚晃一招，绝非己愿，现在弄巧成拙，永驻云南的幻想化为泡影。吴三桂又回忆起当年山海关一片石之役，是自己在关键时刻助一臂之力，才让八旗军得以顺利入京。自己担了一世骂名，又为清廷南征北战，也算劳苦功高了。不料，老了又要回山海关，而且还是解甲归田，置于清廷眼皮底下，任何举动都要受到监视，更重要的是荣华、财富、权力、大片山河，还有占山为王等所有美梦都将远离自己而去……懊恼、愤怒、绝望包围着他……

吴三桂要孤注一掷。

几天后，他杀了巡抚朱国治等人，在云南举兵叛清。他自称为天下都招讨兵马大元帅，号周王，蓄发易衣冠，旗帜皆白。他还向全国发出《反清檄文》，并迅速集结四十万人马以闪电般的速度打进湖南，

第四章 困惑

占领常德、衡州、长沙、岳州等地。不久，广西孙延龄、福建耿精忠、广东尚之信、陕西王辅臣纷纷起兵，数月之间六省响应，"东南西北，在在鼎沸"……三藩之乱来势凶猛，瞬时给清王朝带来巨大威胁。

消息传来，举朝震惊。索额图等人立刻将三藩乱起的责任归咎给当初主张撤藩的明珠、米思翰等人，要求康熙帝将他们绳之国法。这一来，早就因为权力而明争暗斗、宿怨积聚的朝廷由于来自外部的武力威胁，更带上了一些火药味。虽然康熙皇帝立刻否定了索额图等人的要求，但作为兵部尚书的明珠此刻仍承受着巨大的压力，他一方面要协助皇帝运筹帷幄、制定战略方针，同时又要直接参与和指挥战争的每一个细部环节。另一方面他还要与朝廷中的政敌进行周旋，他几乎把全部精力都投入到朝政中，在家里的时间愈来愈少，即使在家也总是紧锁眉头思考问题，或与前来的亲近同僚、心腹、知交密议政事……明珠府上下笼罩着紧张的气氛。

纳兰性德也密切地关注着这场战争，那时他患了严重的寒疾，正在卧榻养病，可是对平叛三藩之战却充满激情，他坚定地站在皇帝与父亲等主战派一边。十九岁的满族贵族子弟对这场战争的认识单纯而明确——国家出了叛贼，就应当消灭掉。他热切地注视着战局的发展，仔细搜集各种来自前线的消息。当听到广西富川知县刘钦邻在抗击吴三桂叛军时牺牲的消息，年轻人体内的血流加快了，他挥笔写下《挽刘富川》：

> 人生非金石，胡为年岁忧。
> 有如我早死，谁复为沉浮。
> 我生二十年，四海息戈矛。
> 逆节忽萌生，斩木起炎州。

穷荒苦焚掠，野哭声啾啾。
墟落断炊烟，津梁绝行舟。
片纸入西粤，连营倏相投。
长吏或奔窜，城郭等废丘。
背恩宁有忌，降贼竟无羞。
余闻空太息，嗟彼巾帼俦。
黯淡金台望，苍茫桂林愁。
卓哉刘先生，浩气凌斗牛。
投躯赴清州，喷薄万古流。
谁过汨罗水，作赋从君游。
白云如君心，苍梧远悠悠。

很长的一首五言古诗，一口气写下来，他情绪饱满，思考深入。纳兰性德发出自己对生命的感悟——生命短促、世事无常，人生之旅由此蒙上一层浓郁的悲剧色彩。而战争的野蛮残酷，对生灵杀戮、将万物涂炭，又一次把这悲剧加浓加深了。叛贼的背恩弃义、疯狂焚掠，长吏们抱命奔窜，降贼无羞更衬出刘先生的浩然正气。"投躯赴清州"的侠烈，"喷薄万古流"的壮丽，给年轻的贵公子留下深刻印象，让他羡慕、令他敬仰，使他心中涌动着一股跃跃欲试的英雄激情。

当然，纳兰性德并没能斩敌于战场。转眼两年过去了，平叛三藩之战已经打了三年，战局发生很大变化，清军已经从最初的被动局面转向主动，叛军之间也因为各种问题开始分化。十月，耿精忠投降清廷，尚之信与吴三桂也冲突日甚，准备向清廷投降，东南的战局日趋明朗化。

战争进行四年的时候，纳兰性德已经是紫禁城中的一名乾清门三等侍卫了。他每天所能做的，就是必须准时赶到皇宫入值。胯下那匹

第四章 困惑

枣红马的用武之地，就是奔跑往返于紫禁城与他什刹海畔的家之间。路上他还可以让自己留心一下什刹海周围的野趣、景山的浓荫、琼华岛上的白塔。他还可以随心所欲地遐思遥想。可是一踏进那座巍峨森严的皇宫大门，他就在一瞬间变换了角色。他不再是风流倜傥的才子诗人，不再是众星捧月般的权宦之子，不再是与妻子漫步于庭间花下的多情丈夫，总之不再是一个有血有肉的人。他只是皇帝侍卫队中一名三等侍卫。侍卫是不能有自己的思想、意志甚至自由的，他只对天子一人的安全负责。从跨入皇宫的那天起，纳兰性德就清楚地知道这一点。他必须忠于皇上，尽职尽责。这一点他完全能做到，可是要变成一架无知无觉、不再思想的机器，他能做到吗？

乾清门侍卫的职责是比较重要的。那时候，除了皇帝登基、亲政、上尊号和上太皇太后、皇太后尊号、徽号等典礼，以及每年的元旦、万寿圣节、冬至日三大节的大朝典礼，还有每月的初五、十五、二十五日的常朝礼是在太和殿举行外，平日皇帝都在乾清宫办公，处理政务。乾清门内被称为内廷，没有特旨不得入内。只有御前大臣、御前侍卫、乾清门侍卫每日值班于内廷，随侍于皇帝左右。他们除了负责皇帝安全之外，还担任传宣谕旨、引见官员等事。纳兰性德的工作除了一般值班外，还担任乾清门传宣圣谕之职。他从御前大臣手中接过皇上的旨谕，带到乾清门外，然后就站在巍峨的檐楹下，面对众位恭首直立的宫廷官吏，脸上毫无表情、语调中不带任何感情色彩地宣读圣旨。他做得很认真，吐字清晰，声音嘹亮。每每这时，他努力使自己的注意力全部集中在那张圣旨上，尽量让自己的心归于平静。宣谕圣旨是绝不能出半点差错的，他也从未出现过任何差错。可是日复一日重复着在别人看来特别风光、而他却感到枯燥乏味的工作，一种厌倦之感悄悄冒了出来，他想甩开这个念头，可不知为什么这种感觉愈来愈强烈了。

那身总有点不舒服的侍卫制服下面裹着的，是一颗活泼不安、自由不羁的心。在金殿玉阶中，身子可以几个时辰都一动不动地保持一种姿势，可眼睛却不能闭上，看到蓝天、白云、紫禁城上空掠过的鸽群……他的大脑就会转动，就会想起过去那些读书、赋诗、抚琴、赏花、与友人们一起的日子，一种强烈的失落、不可名状的怅惘就袭上心头……

康熙皇帝仍然频繁地到郊畿巡游打猎，这是他一生的嗜好。但现在打猎巡游不是因为轻松和闲暇，平叛三藩之乱以来，他一天也没有轻松闲暇过。战争之初，仗打得异常残酷激烈。撤藩的决策是对的，但最开始应付的准备却不足。吴三桂仰仗军力强大，并且他那篇《反清檄文》确实起到了蛊惑人心的作用，还有尚可喜、耿精忠的呼应，所以大有咄咄逼人之势。而清军长途跋涉到遥远的陌生地方作战，军备粮草供应都有困难，加上水土不服，双方一交战，清军连连受挫，前线形势紧急，京城上下人心浮动。一个叫杨起隆的人便趁火打劫，假称朱三太子，串联旗下家奴，酝酿起义暴动……北方蒙古察哈尔亲王布尔尼也发动叛乱……一波未平，一波又起，麻烦接踵而来。虽然动乱很快被平息下去，可是年轻的皇帝已经感到身心疲惫。虽然南方的战局也逐渐明朗，但他仍一刻也不敢放松，每日处理军务，整肃政局，日理万机，辛劳异常。

唯有康熙酷爱的骑马打猎能稍稍调节一下他那绷得太紧的神经。呼吸郊野的清新空气，飞速地骑马奔驰，与野兽激烈角逐然后杀死它们，只有这样，才能让他把太多的焦虑还有各种棘手的问题暂时抛在脑后。城外的南海子、北郊昌平、南郊霸州等处都频频留下他行围打猎的踪迹。

当然，康熙频繁打猎还有更深一层的考虑，他知道皇帝的每一个

第四章 困惑

行动、举措、言论都会对宫廷上下产生影响。身为一国之主,国乱当头必须稳重沉着。即使内心紧张如弓在弦,外表也仍要镇静自若。所以战前每日的"经筵"、"日讲"、出游景山骑射,在战争爆发时暂停数日后,又照常举行了。年轻皇上的举动,立刻引起不同的反应。有人投帖于景山路旁:

今三孽及察哈尔叛乱,诸路征讨。当此危殆之时,何必每日出游景山?

这显然是批评皇上不顾国家安危,贪恋山水。康熙微笑着看过帖子,依然每日打猎出巡,一副悠然自得之态。果然,皇上的举动稳定了民心,京城上下秩序井然。

皇上打猎行围的队伍中愈来愈多地出现纳兰性德矫健的身影。御前侍卫、乾清门侍卫内则宿值,外则御驾陪征,这本属于他的职责。但那时,每次陪御驾出征的名单都是皇上亲自过目的,所以能陪皇上巡游打猎便也成为一种荣耀。纳兰性德并不特别看重这种荣耀,但他还是觉得去郊外打猎比在宫中入值好得多。皇宫外的天地是广阔的,那里空气自由而清新,那里的青山绿野洋溢着蓬勃的生机,更何况,骑则若云,射能碎柳,自幼练就的马上功夫,这时候完全派上了用场。

其实,陪皇上打猎非常辛苦。作为侍卫,必须鞍前马后保护着皇上的安全。皇上要去哪儿打猎,他们必须先勘察地形。他们常常是翻山越岭、穿谷过涧,在布满荆棘的丛林中探出一条安全的路;如果涉水蹚溪,也必须先亲自试探水的深浅……总之御驾的安全,一点儿也马虎不得。打猎行围时,侍卫也要一马当先,紧随皇上驱驰奔跑。矢弓放箭,既不能比皇上射得准,也不能比皇上差得太远,这都需要小心翼翼地掌握好尺度。康熙皇帝除酷爱武功外，也喜欢赋诗行文，每当遇到心情好时，便诗兴大发，作出一首或几首诗来。而作为侍卫，不管你心境如何，都必须做出应制诗……这一切，纳兰性德都做得很出色。他像在宫中入值时一样兢兢业业、小心翼翼，不怕吃苦受累，鞍前马后将皇上照护得极为周到。

只有在围猎时那短暂的一段时间，他如风如电般在旷野中狂奔、驱赶追逐着麋鹿、黄羊，连同胯下的马都裹挟在腾起的黄沙之中，汗水与尘土的混合物一起顺着额头往下淌时，在宫中入值时的那种不可名状的压抑感才一扫而光。他觉得痛快淋漓，即便劳顿辛苦万状，心却是轻松的。策马飞奔的时候，他似乎被一种幻觉包围着。仿佛这就是铁马金戈的战场，自己犹如冲锋陷阵的将领、统帅、巴图鲁。

可是当踩着夕阳细碎的余晖，返回京城的路上，望着缓缓而行的辎车中载满猎获的黄羊、麋鹿、野兔、山雉和其他战利品时，他的心才从空际回到了现实。自己不是将军、不是巴图鲁，自己不过是皇帝侍卫队中的一员，不过是天子身边一个小小的点缀罢了。他周身上下顿时疲惫不堪，一种失落感油然而生，那双黑亮的眸子中射出一道忧郁的光，又一首长短句跳了出来：

倚柳题笺，当花侧帽，赏心应比驱驰好。错教双鬓受东风，看吹绿影成丝早。　　金殿寒鸦，玉阶春草，就中冷暖和谁道？小楼明月镇长闲，人生何事缁尘老。

——《踏莎行·寄见阳》

感伤、迷惘、困惑……各种复杂的思绪像一条条蛇一样紧紧纠缠着他，纳兰性德苦苦探究起生命的价值。过去的理想与眼前的现实距

第四章 困惑

离是那么遥远，过去的日子与眼前的生涯反差如此强烈，他不能不做比较。结论是显而易见的——"赏心应比驱驰好"。当年"倚柳题笺"的惬意浪漫，"当花侧帽"的风流自赏，固然远离英雄的梦想，但它毕竟是自由的，是心之所怡、性灵使然的生活。而金殿玉阶、崇阁巍阙固然显赫高贵，但身在其中依旧壮志难酬。个中的冷暖、复杂的滋味只有独自咀嚼。别人都认为我是幸运儿，可有谁知道我并不快乐。出入金殿玉阶，我眼中的年年青草又岁岁枯黄，生命在寒鸦的聒噪中一点点消逝。"错教双鬓受东风，看吹绿影成丝早"，难道就真的这么老去了吗？

又是腊月十二，纳兰性德二十二岁生日这一天，他写道：

> 马齿加长矣。枉碌碌乾坤，问汝何事？浮名总如水。判尊前杯酒，一生长醉。残阳影里，问归鸿、归来也未？且随缘、去住无心，冷眼华亭鹤唳。　　无寐。宿酲犹在。小玉来言，日高花睡。明月阑干，曾说与、应须记。是蛾眉便自、供人嫉妒，风雨飘残花蕊。叹光阴老我无能，长歌而已。

二十二岁，正是风华正茂，意气有为又充满希望、蓬勃向上的年华。何况二十二岁的纳兰性德正享受着小家庭的幸福温馨、友谊的浓挚热烈，学业有成又金榜题名，还当上了令人向往的皇帝贴身侍卫……一个二十二岁的人能得到的他都有了，得不到的他也得到了，可是从这首《瑞鹤仙·丙辰生日自寿。起用〈弹指词〉句，并呈见阳》给朋友的词来看，二十二岁的寿星并不快乐，反而有些心灰意冷。很显然这不快活来自走上仕途后的失意，"浮名总如水。判尊前杯酒，一生长醉"，总带些自我安慰的成分。这并不是他踏上仕途之前的初衷，那时他是怀着"志欲吞鲸鲵"的雄心壮志,而"是蛾眉便自、供人嫉妒"则恐怕是他自己的亲身感受了。长时期学习钻研儒家经典而在思想上建构起来的治国安邦、济世的理想,在险恶复杂的宫廷政治面前似乎变成一座虚幻的海市蜃楼,年轻的纳兰性德感到失落与郁闷,而"叹光阴老我无能,长歌而已"是如此老气横秋,仿佛经过了几世的沧桑。年轻的诗人似乎已经预感到,自己注定不会在仕途上有所作为,只能虚度光阴长歌而已。

对于生命过于敏感的他,二十二岁已经想到了老,这是一种心理上的哀飒之感。他的词作中又突然平添了一份痛苦的心音。

二、骤变的诗心

窗外还黑着,纳兰性德就已经悄悄来到庭院。天空中几颗晨星寂寞地眨着眼睛,北方早春的风,依然料峭。纳兰性德不由得打了个冷战,一下子从残梦中完全醒来。他舒展着双臂又深深吸了口气,空气清爽极了,他的心也很清爽。刚刚陪皇上去郊畿巡游归来,今天在家休息。他习惯地活动几下腰身,便抽出宝剑翩然起舞。只见那宝剑在黑暗中闪着寒光,上下翻飞,舞剑人的身姿空灵飘逸,舒展自然。剑舞罢,纳兰性德又换了一套太极。他的拳术也娴熟高超,那一招一式犹如行云流水,柔韧中带着刚劲,看上去美极了。此刻,他自己也陶醉其中,脑子里全无杂念,仿佛完全融入那薄纱般的晨雾之中,与自然融为一体了——一种久违的、真正放松的感觉。

练完功,天已大亮。纳兰性德出了一身透汗,周身上下异常舒服、轻松。他长长地吐了口气。"该和朋友们聚一聚了。"他愉快地想。

忽然,几声好听的鸟叫声吸引了他——是妻子养的那只黄莺又在

第四章 困惑

叫了。他每天天不亮就去宫中入值，已经好久没听它唱歌了。纳兰性德踏上台阶，站在廊子里饶有兴致地仰头望去。一只精美的雕漆鸟笼悬挂在廊檐下，笼子中一只漂亮名贵的黄莺正挺胸仰脖，张着嘴大声唱着，那声音明丽婉转，悦耳极了。纳兰性德简直听得入了迷。他今天的心情格外好，又难得有这样的闲暇，索性就站在那儿，兴致怡然地欣赏起这美妙的乐音。

黄莺的歌声显然还惊动了什么。对面那株柏树的绿荫里，不知是什么鸟也叫了起来，那叫声与黄莺的叫声交织在一起，就像一首二重唱。接着，三重、四重唱都加了进来，高高低低响成一片。忽然，笼子中的黄莺不叫了。纳兰性德急忙看去，只见它开始不安地在笼子里跳动着，用头去撞笼子的栏杆，大概是想冲出去，当它发现自己的努力是徒劳时，又叫了，只是那叫声变得凄厉、急切。正看得出神的纳兰性德心中陡然一动。慢慢地，他那张刚活动完还红扑扑挂着笑的脸，沉了下来。

这黄莺为什么要飞出去呢？这金丝笼精美坚固，住在里面难道还不舒服吗？不用忍受风吹雨淋、不用为觅食四处奔波、不必担心老鹰侵袭，它难道还不满意吗？是的，它不满足是因为它没有自由。它徒有婉丽动人的歌喉，徒有一双羽翼丰满的翅膀，徒有想冲上蓝天、自由飞翔的渴望，而现在它所能做的只是用歌喉取悦于人。纳兰性德怔怔地站在那里，良久，忽然他疾步转进书房，展开纸砚，急急写出几个字——"咏笼莺"。

何处金衣客，栖栖翠幕中。
有心惊晓梦，无计啭春风。
漫逐梁间燕，谁巢井上桐。
空将云路翼，缄恨在雕笼。

黄莺啊黄莺，你本是自然之子，你的家该在青翠的帷幕中，在湛蓝的天空上，在大自然宽阔的怀抱里，你应与燕子为伍，应和梧桐树上筑巢的鸟做伴，可你却偏偏做了这金丝笼里的金衣客。"有心惊晓梦"，多么大的雄心，"无计啭春风"，多么可悲的处境……年轻的诗人情绪激动，他为黄莺鸣不平，重重地甩出几个字"漫"、"谁"、"空"、"恨"，是无奈，是疑惑，是失落，是绝望。

这是一种同病相怜或感同身受的相知。年轻的纳兰性德自己不就是一只关在金丝笼中的黄莺吗？身着锦衣绣冠，尽享荣华富贵却独独没有自由，他甚至还不如黄莺，黄莺还能鸣唱，还能试图冲出笼子。自己身处龙旗豹尾，如临深渊，如履薄冰，不敢鸣唱，更不能一冲蓝天闯出一番作为。"空将云路翼，缄恨在雕笼"，纳兰性德喃喃地反复吟诵这两句，一种对命运无法把握的无奈、不平、忿愤倏然而生，他神情黯然，早起时的好心情被彻底破坏了。

日子连着日子，纳兰性德依然每日去宫中入值，依然继续频繁地伴驾随征。他是一名优秀的侍卫，在宫中值班或乾清门传宣谕旨，他总是一丝不苟，尽职尽责，一切做得恰到好处。伴驾随征在外，他更是吃苦在前，任劳任怨，危险之处总会最先看到他的身影，在御驾左右，文能即景赋诗，才思敏捷；射能穿杨碎柳，武艺超群。而且他能很好地掌握一个度，既不刻意显山露水，又不畏头畏尾，他深得皇上的赏识。但随着时间的推移，在纳兰性德的内心深处，在一个不能对外人道的角落，他对侍卫生涯的厌倦与日俱增。不是因为疲累，如果能实现心中的志向与理想，再苦再累他也心甘情愿，可是这侍卫工作与自己的理想差得何其远矣！更主要的是它与自己的天性几乎水火不兼容。纳兰性德天性是酷爱自由，过有性灵的生活，可是侍卫是没有自由的——没有说话、行动甚至思想的自由，侍卫也不能有自己的意志，皇上的

第四章 困惑

意志就是行动的全部准则,而且还必须小心翼翼、如履薄冰般地去执行皇上的意志。扼杀掉自己的天性,还是自己吗?纳兰性德深深地陷入困惑。

侍卫生涯另一个无法弥补的损失,就是他失去了大量读书的时间。读书是他一生最大的嗜好,是与他生命紧紧联系在一起的。他无法想象自己怎么过无书的生活,而现在他就面临这种危机。去宫中入值常常是头顶星辰入宫,踏着月光归来,这还好说,他可以减少睡眠,挑灯夜读,可是出征在外,羁旅行野,鞍马驱驰,读书的时间在哪里?

纳兰性德茫然若失又焦虑不安,夜宿皇家的行宫大帐,别人都已酣然大睡,他却在黑暗中大睁着双眼无法入眠,那夜显得漫长难熬。绝不能过没有书的日子!既然命中注定必须做一名侍卫,那么也要做一个与书相伴的侍卫。他终于想出了一个巧妙的办法,他在自己坐骑的马鞍桥下,又安装了一个精致结实的袋子,那是他的书袋。每次陪皇上出征,他便把要读的书放在里面。这真是一个与众不同的坐骑,马鞍桥的左右下方各置一袋,一边是锦袋雕囊,一边是书香锦袋,鞍上坐着一位英武挺拔、眉宇间却透着儒雅之气的年轻侍卫,能文亦能武。在康熙帝的侍卫队中,纳兰性德是那么与众不同,他的确是唯一的存在。因为有了书,原先单调、枯燥、毫无创造性的羁旅生涯一下子变得充实多了。纳兰性德的失落、怅惘似乎得到一些补偿。

陪皇上出巡的日子,不管白天多么疲劳困乏,夜晚在行宫的大帐里,纳兰性德总要伴着昏暗的烛光读书至深夜,周围的人鼾声大作也全然不理会,如果鼾声太吵,扰得他心绪不宁时,他便放高嗓音大声诵读,那琅琅读书声与鼾声高低错落,倒也是一种奇妙有趣的组合。帐外站岗的夜哨听到帐里的动静,嘴里嘟囔着:"这纳兰侍卫真是个怪人,难道他就不困吗?"然而,纳兰性德早已全神贯注到那书中文章里。

他明亮的双眸里闪着光,借着昏暗的光线在那一行行密密麻麻的小楷中穿梭。白天的劳顿烟消云散,读到高兴处纳兰性德竟还似往常一样忘情地拍案叫绝,或者笑出声来。

在军旅中读书学习成了纳兰性德的习惯,一直持续他侍卫生涯的始终。这是他与现实拉开距离最有效的解脱方法,也是平衡自己心中不平衡的唯一妙方。可是也有读书解决不了的问题——那就是什么也无法排解他对亲友的思念。白天的劳顿、夜晚的读书都无法化解这种思念。

当读书读到太晚,不能不睡的时候,这种思念便无法遏制地袭上心头,搅得他彻夜难眠。

白天他必须打起精神努力尽他的职责,做他必须做好的每一件事,使皇上满意,使其他官吏赞叹,可是到了夜晚,只有面对自己,真正属于自己的时间,想象的翅膀又飞起来。他想念最多的还是爱妻卢氏,结婚已经快三年了,可他们依然如新婚宴尔般甜蜜幸福。如果是以前在家中,这时候妻子会端上一碗热乎乎的燕窝银耳羹,放在他的案头,然后静静地坐在身边,做着女红陪伴他读书。现在呢?自己不在家的时候妻子会做些什么?他那极富想象力的大脑又活跃起来,以妻子之口的词句便在他的作品中出现了:

晚妆欲罢,更把纤眉临镜画。准待分明,和雨和烟两不胜。　莫教星替,守取团圆终必遂。此夜红楼,天上人间一样愁。

——《减字木兰花·新月》

鸳瓦已新霜,欲寄寒衣转自伤。见说征夫容易瘦,端相,梦里回时仔细量。　支枕怯空房,且拭清砧就月光。已是深秋兼

第四章 困惑

独夜，凄凉，月到西南更断肠。

——《南乡子·捣衣》

远方的妻子一定也正苦苦地把我思念，她甚至幻想我会突然踏月而归。她坐在铜镜前细细把纤眉勾画，然后久久地凭栏而立在凄冷的月光下等待我的归来。可到头来，只有再一次失望，独守空房而伤心断肠。她哪里知道，此刻我也正在异乡的荒山僻野面对一轮孤月思念着她。

字字句句全是理解与体贴。纳兰性德的思妇词写出了满纸的柔情。过去他曾读过多少痴男怨女的相思别念之作。千百年来，人间无数悲欢离合，全在那一首首凄凄怨怨、无尽无休的怨怼与悲诉中凝固、积蓄着，如今这痴男怨女的队伍中，又加进了一位多情的满族贵公子。在羁旅行役中，他写了大量这类词作，当然，最多的是直接抒发自己的感受。

过尽遥山如画，短衣匹马。萧萧木落不胜秋，莫回首斜阳下。　别是柔肠萦挂，待归才罢。却愁拥髻向灯前，说不尽离人话。

——《一络索》

冷露无声夜欲阑，栖鸦不定朔风寒。生憎画鼓楼头急，不放征人梦里还。　秋淡淡，月弯弯，无人起向月中看。明朝匹马相思处，如隔千山与万山。

——《于中好》

都说自古英雄出少年，男儿的事业在马上，男人的目光该永远投向远方，可纳兰性德偏偏生就英雄志又放不下儿女情。现在，英雄的路在哪里？没有铁马金戈，无法奋战沙场，不能建功何谈立业！驻马伫立，眼里是萧萧落木、冥迷远山，耳畔是寒鸦聒噪、朔风凄鸣。一派荒凉，一片孤寂。心中牵挂着远方心爱的人，只有她能理解我的苦恼，能化解我的不安。可身在羁途，相思只有一种，却冲不破关山万重，什么时候才能拥髻相伴？到那时候说得最多的，恐怕还是离别之苦吧！

行进在漫漫的羁旅之途，纳兰性德对大自然四季物候的变化更加敏感，只是那自然景物在他眼中已经改变了颜色——春光不再是明媚灿烂而是"逗雨疏花浓淡改，关心芳草浅深难。不成风月转摧残"，春意阑珊带给他的印象竟是这般惨淡；而夏日也少了浓郁和热烈，"一缕断虹垂树杪，又是乱山残照"，一片黯然；秋天自然写得最多，但那秋色全不见丰盈斑斓而几乎只剩下一种色调："风紧雁行高，无边落木萧萧"，是"冷露无声"、"栖鸦不定"，是"严宵拥絮"、"冷逼毡帷"，是"便无风雪也摧残"……大自然的美丽、韵味、风采被羁旅愁怀、离思别绪冲得失去亮色，那些过去曾给他带来多少欢乐、感动、欣慰的春花秋月、莺飞蝉鸣、近水远山、暮雨晨风……现在似乎只能更平添一份惆怅与凄怨，世间万事竟是如此不完满。纳兰性德骨子中与生俱来的忧郁，恐怕最初是从这些羁旅愁思中透露出来的，他的词篇在清新自然中带上了一种凄艳之美。

可是，人生的不完满仅仅是个开头，经过春夏秋冬一个轮回，旅途中的思念便转成了悼亡。心爱的妻子卢氏永远离开了纳兰性德，他从离别的苦涩一下子掉入绝望的深渊。这时候陪皇上出巡不再是万般无奈了。他想走，离家愈远愈好，也许这样就不再睹物思人，能让心得到片刻的解脱，但他完全错了。

过去离别再频繁也是暂时的，所以那苦苦的思念便又同时是带着几分甜蜜、几分向往、几分希望的期待。自己可以把思念化为无数词句诗行，回家后读给妻子，两人共享团聚的惊喜。那时候，分别便是带着苦涩的甜蜜期待。但现在不同了，走到哪里都只有痛苦，无边的痛苦。无法挽回的丧失变成了绝望，它是无法摆脱的。

> 朔风吹散三更雪，倩魂犹恋桃花月。梦好莫催醒，由他好处行。　无端听画角，枕畔红冰薄。塞马一声嘶，残星拂大旗。
> 　　　　　　　　　　　　　　——《菩萨蛮》

过去出征，他恐惧天黑，被相思之情困扰得常常彻夜无眠；而现在他害怕黎明的号角、赛马的嘶鸣，因为那会打碎自己与妻子相会的好梦。

> 客夜怎生过？梦相伴绮窗吟和。薄嗔佯笑道，若不是恁凄凉，肯来么？　来去苦匆匆，准拟待晓钟敲破。乍偎人一闪灯花堕，却对着琉璃火。
> 　　　　　　　　　　　　　　——《寻芳草·萧寺纪梦》

梦中的妻子是那么清晰真切，似往日与自己绮窗吟和、娇嗔温柔，像昔日体谅解人，可一切不过是自己的幻想。晓钟敲破，灯花堕落，梦醒魂惊，才知道对着的是琉璃火。梦醒了，幻想破灭了，留下的是恒久的悲哀。

漂泊之苦中又添上悼亡之痛，纳兰性德词作数量俱增，长吟短唱中失去了往昔的清新婉丽、侧帽风流，而一变为哀感顽艳、凄美动人。

纳兰性德只管一首首作词，这时只有长短句能够寄托情思，来承载内心积聚得太多的痛苦。朋友们一首首读着这些词篇，一边流泪一边叹息，这哪里是词？这分明是杜鹃啼血，哀婉处实在令人不忍卒读。顾贞观望着瘦得只剩下一把骨头的年轻友人心疼极了，这哪里是当年那位侧帽风流的贵公子？"人生一世，情之一字！"他知道此刻任何劝慰都是没用的，他必须为年轻的朋友做些什么。

"这些词是容若心灵的情愫，绝不可散失，他现在恐怕无心整理，那么就由我来为他整理、编辑，与他早先那些词合在一起重新编订成集。"顾贞观把自己的想法告诉纳兰性德。纳兰性德眼圈立刻红了，难道还有比梁汾兄更知我、解我的吗？这件事托付给他是最合适不过了。

> 凭君料理花间课，莫负当初我。眼看鸡犬上天梯，黄九自招秦七共泥犁。　　瘦狂那似痴肥好，判任痴肥笑。笑他多病与长贫，不及诸公衮衮向风尘。
>
> ——《虞美人·为梁汾赋》

仕宦之途的郁闷、羁旅行役之苦、丧离之痛，品尝到人生忧患的纳兰性德此刻面对知己一吐情怀。他叮嘱好友，一定要按自己的精神风貌来编这本词选。很显然，他现在的精神风貌已不再是低吟柔唱，也不再是侧帽风流。现在的自己是多病多难的瘦狂之人，是与那些一步登天的鸡犬之徒、痴肥小人、风尘中的衮衮诸公对立的。自己宁愿多病与长贫，也绝不与他们同流合污。这首《虞美人·为梁汾赋》写得极率性悲愤，大有倾泻之势与狂狷之气。经过人生忧患的纳兰公子已经明确做出了自己人生价值取向上的选择，叛逆的种子正在萌孕，它将在适当的气候契机中发芽成长。这时，年轻词人的词表现题材扩

第四章 困惑

大了，情感的容量更深更广。真挚自然、独抒性灵，纳兰性德词的风格愈加鲜明和成熟了。

顾贞观与吴天章很快就为他们的年轻友人编辑出新的词集。一页页翻着自己心血凝就的词篇，纳兰性德在琢磨给它起个什么名字。显然不能再叫《侧帽集》了，自己也永远不会再有侧帽风流的那一份洒脱。二十几岁的生命历程并不算长，但自己仿佛已经历了许多沧桑；真挚的爱情与美满的婚姻得到了却又突然失去；拥有真正的友谊与肝胆相照的朋友，但这友谊又总是因为友人的不幸而带上苦涩与伤感；满怀壮志走上仕途，可仕途的路漫长，英雄的志却难酬；自己生来酷爱自由，可偏偏作为皇上的侍卫，每日如临深渊、如履薄冰，身心不得放松；喜欢与朋友把酒临风、吟咏唱和，可青春的年华却消磨在无谓的负羁奔波之中……一种深深的困惑萦绕在年轻诗人的心里，命运真是一个无法破解的谜，不想要或不看重的，它全给了你，而所想要珍重的，却得不到或得而复失，这究竟为什么？人生酸甜苦辣个中滋味真好比"如鱼饮水，冷暖自知"啊！"如鱼饮水，冷暖自知"，纳兰性德忽然想起在《五灯会元》中看到的这两句禅语，这实在道出了自己此刻的心境，那么就给这集子取名《饮水词》吧！《饮水》一集，诗心骤变。爱情失落、悼亡伤痛、羁旅之苦、友谊之歌、人生困惑，构成了它的主旋律。其中首首词篇哀感顽艳、至情至性、唯真唯美而已。

平定三藩之乱的战争已经打了五年。战局扭转，清军彻底摆脱了前两年的被动与危机，已经一步步反逼叛军。康熙十七年（一六七八），酷暑八月，正是湖南最热的时候，简亲王率兵进师衡州，贝勒察尼的旗军也到了岳州，战线一天天向前推进，吴三桂等叛军接连败退。

康熙帝脸上的笑愈来愈明朗，而不久前已被任命为武英殿大学士的明珠也处在无比兴奋中。可是二十四岁的纳兰性德已经全然没有五年前热血沸腾、欲赴战场杀敌的激情了。作为权相明珠之子,这两年又每日出入宫廷,他目睹了朝廷内部围绕着这场战争而进行的不见血光但也你死我活的争斗,而这争斗的核心并不是这场战争,而是权贵之间的相互倾轧,是为争权夺利而进行的党争。这党争并未因战争的日益明朗而减弱,反而有愈演愈烈的趋势。这里面包含着多少龌龊与险恶?而在这党争中,一方的魁首人物竟是他曾多么尊重的父亲明珠。

以前在纳兰性德的心目中,父亲明珠的形象是高大的。他觉得阿玛是一个既开明又有人情味的父亲,在自己的成长中阿玛灌注了许多心力和精力。而作为朝廷官吏,他觉得阿玛也是智慧超群、出类拔萃的人物。他有胆有识又精明能干,完全是靠自己的实力一步步走向成功的。

可近几年,随着纳兰性德开始深谙世事,思想日趋成熟,精读历史又有了仕途的经历,他对父亲明珠的看法有了改变。阿玛也许精力太充沛了,在搞权术方面也精明过人。尤其这两年,阿玛愈来愈得到皇帝的信任,官愈做愈大,利用手中权力网罗党羽,又用各种手段打击异己,在朝中与大学士索额图等人展开激烈党争……也许这就是政治?非要这样吗?纳兰性德常常心绪烦乱又似乎有一丝隐约的不安。他在父亲面前愈来愈少言寡语,无形之中,父子俩之间有了一层看不见但却愈来愈厚的隔阂。

纳兰性德的目光依然注视着战事的发展,但观察的视角却早已扭转。五年来,战争给黎民百姓带来多么深重的苦难!战场上尸横遍野、白骨堆积,多少人家破人亡,无数生灵惨遭涂炭,征夫们的躯体长眠不醒,思妇们的眼泪流淌成河……年轻诗人被战争的淋淋血腥气味熏得喘不上气来。仕途失意、志意落空使他对战场上的功名看得很淡很淡。他是经过生离死别的人,他现在最关心的是那些活生生的生命,是每

第四章　困惑

一个被动地、不情愿抛家离子、被战争驱遣到几千里之外、随时都会埋骨他乡的无辜的生命。

当清军进兵湖南的捷报传来，纳兰性德一连写下十三首七绝《记征人语》，感慨不已，只是那口气、那情思意绪与二十岁的那首《挽刘富川》已全然两样了：

> 列幕平沙夜寂寥，楚云燕月两迢迢。
> 征人自是无归梦，却枕兜鍪卧听潮。

> 横江烽火未曾收，何处危樯系客舟。
> 一片潮声飞石燕，斜风细雨岳阳楼。

> 楼船昨过洞庭湖，芦荻萧萧宿雁呼。
> 一夜寒砧霜外急，书来知有寄衣无。

> 旌旗历历射波明，洲渚宵来画角声。
> 啼遍鹧鸪春草绿，一时南北望乡情。

> 青磷点点欲黄昏，折铁难消战血痕。
> 犀甲玉枹看绣涩，九歌原自近招魂。

> 战垒临江少落花，空城白日尽饥鸦。
> 最怜陌上青青草，一种春风直到家。

> 阵云黯黯接江云，江上都无雁鹜群。

正是不堪回首夜，谁吹玉笛吊湘君。

边月无端照别离，故园何处寄相思。
西风不解征人苦，一夕萧萧满大旗。

移军日夜近南天，蓟北云山益渺然。
不是啼乌衔纸过，那知寒食又今年。

鬓影萧萧夜枕戈，隔江清泪断猿多。
霜寒画角吹无力，归梦秦川奈尔何。

一曲金笳客泪垂，铁衣闲却卧斜晖。
衡阳十月南来雁，不待征人尽北归。

才歇征鞌夜泊舟，荻花枫叶共飕飕。
醉中不解双鞬卧，梦过红桥访旧游。

去年亲串此从军，挥手城南日未曛。
我亦无端双袖湿，西风原上看离群。

将十三首《记征人语》全部录在这里，是想说明，为了一件事情、一种情绪写下这么多诗行，那么这件事给诗人一定带来强烈的刺激。

年轻的诗人身在京城，从没有到过湖南，楚云湘水全凭他天才的想象。那景致变化带上了强烈的主观色彩："列幕平沙夜寂寥"的苍郁；"一片潮声飞石燕，斜风细雨岳阳楼"的凄清；"芦荻萧萧宿雁呼"

的萧索;"阵云黯黯接江云,江上都无雁鹜群"的惨淡……这样的景色描绘哪里还会有战场上的浴血厮杀?哪里还会有牺牲的悲壮惨烈?与二十岁那首《挽刘富川》一样,年轻诗人关注的仍然是生命,但他已从歌颂牺牲、赞美献身转到设身处地地去体会远方征人们内心的苦楚。"啼遍鹧鸪春草绿,一时南北望乡情"的生之渴望,家之向往;"正是不堪回首夜,谁吹玉笛吊湘君"思归而不能的悲泣;"边月无端照别离"、"西风不解征人苦"迁怒于明月西风的哀怨;"霜寒画角吹无力,归梦秦川奈尔何"的厌倦无味;"醉中不解双鞬卧,梦过红桥访旧游",这简直就是麻木自己,自欺欺人的无奈了……

写着写着,一行清泪顺着年轻诗人的面颊往下淌,打湿了纸笺。想当初,这些远征的将士离开京城时,自己还为他们送行,而今他们还有几个活着?还有几人能归来?一种深深悲哀从心底漫起,它似一团愁云惨雾,愈来愈浓,包围他、压抑他,使他难以呼吸。推人类己,他忽然想到,自己究竟比那些征人们好多少呢?不错,自己不会面临战死疆场的场面,可这羁旅行役、驱驰奔波,无味、无奈、无意义,它是对生命的放逐。蹉跎青春、虚踯生命无异于慢性的死亡。

这十三首《记征人语》真不知是纳兰性德替征人们传达内心的悲苦,还是他借征人语来抒发自己的情怀?总之它们展现出的是一种时代的情绪——诗人总是最先感领时代的情绪。

失落,无尽的失落;困惑,解不开的困惑。他只有读书以自解,他在给友人的信中写道:

> 日夕读《左氏》、《离骚》,余但焚香静坐。新法如麻,总付不闻,排遣之法,推此为上。

这时再读《离骚》，纳兰性德就有了更深的理解。才高人愈妒、忠贞反遭谤，两千多年前大诗人屈原的可悲境遇使纳兰公子悲绪万般，怅然不已。屈原的"世人皆浊我独清"的忧患意识，"虽九死其犹未悔"的悲剧精神，都在年轻的纳兰性德心中产生强烈的震撼。

一日读西汉贾谊的《吊屈原赋》，纳兰性德立刻在精神上产生强烈共鸣。这贾谊是西汉时期年轻有为、富有远见卓识的政治家，但因遭小人谗言，被汉文帝从朝廷贬到长沙做太傅。贾谊心情抑郁悲愤，路过湘江面对奔腾不息的江水心潮起伏，他以为屈原投身的汨罗江流入湘江，于是伫立湘江之滨写下《吊屈原赋》，然后将其投入江中以吊屈原。读《吊屈原赋》，纳兰性德从屈原想到贾谊。又从他们想到自己，不由悲从中来，他写道：

> 西汉有贾生，卓荦真奇士。
> 赍志终未达，盛年身竟死。
> 为文吊屈平，可怜湘江水。
> 愤俗谢勋贵，轻生答知己。
> 临风忽搔首，吾亦从逝矣。
>
> ——《拟古四十首·其二十二》

痛苦的心灵碰撞交融在一起，不幸与不幸相通，年轻的纳兰性德对屈原与贾谊充满着无限的敬意，而他们的不幸使纳兰性德原本就有的困惑更加重了，自己原先所向往的理想境界与现实的官场反差太大了。现实充满了丑恶黑暗，而这丑恶在两千年前的屈原时代就已经存在了，这黑暗与丑恶扼杀了多少像屈原、贾谊那样的伟大灵魂，那么自己过去理想中的仕途存在吗？如果不存在，自己的意志抱负只不过

是空想罢了——"世无伯乐谁相识,骅骝日暮空长嘶",只能如此而已。纳兰性德心境十分低落,听着窗外秋风凄鸣,他低吟:

西风一夜剪芭蕉。倦眼经秋耐寂寥?强把心情付浊醪。读《离骚》,愁似湘江日夜潮。

——《忆王孙》

实在无法让人相信这词出自承平时代的相国长子、皇帝侍卫之手。但这又确是纳兰性德此刻的内心感受——流年似水,壮志消歇,他形衰容改在深秋的凄风苦雨中,体会着生命的衰飒之感,满腔愁怀无以排解,那百转忧思就像那湘江之水,滔滔滚滚,东流不休。

三、等闲离别黯伤魂

纳兰性德的闲章中又多了一枚"自伤多情",这是他为自己刻的一方随行印。可不是吗?生命刚刚走过二十六个年头,可他已经觉得很疲惫、很倦累。他知道这一切都源于自己太多情了,对情投入太多、太专注,那么失去它所受的伤害就越惨重。

这时候纳兰性德又结婚了。新婚的夫人官氏,也是官宦之家的千金。她很爱纳兰性德,对丈夫体贴入微,殷勤备至,对丈夫的儿子富格也很好,视如己出。纳兰性德常常感激地望着她,希望把自己的感情全部转到这第二次婚姻中来。可是没办法,已经三年了,前妻卢氏的倩影仍然在眼前晃动,纳兰性德知道自己的激情已经随着卢氏的逝去消失了。

风絮飘残已化萍,泥莲刚倩藕丝萦。珍重别拈香一瓣,记前生。　人到情多情转薄，而今真个悔多情。又到断肠回首处，泪偷零。

——《摊破浣溪沙》

多情的公子在自己编织的情感网中挣扎着。他也想开始新的生活，又苦苦地放不下旧情，他沉溺于对往日美好的追忆中，又明知人不能总在虚幻中生活，情感与理智的搏斗困厄着他。

又一个寒更雨歇，葬花天气，卢氏三周年忌日到了。每年的这一天，纳兰公子总要独自面对亡妻的遗物黯然神伤。睹物思人，一种物是人非的悲哀就会压得他喘不上气来。三年了，该面对现实，该把这太折磨人的苦情来一番了结，可分明又是一个坐卧不宁、魂不守舍的白日。而属于自己的夜晚来临时，他悄悄捧起卢氏的小照细细端详，泪水盈眶，不由自主提起笔来：

此恨何时已。滴空阶、寒更雨歇，葬花天气。三载悠悠魂梦杳，是梦久应醒矣。料也觉、人间无味。不及夜台尘土隔，冷清清、一片埋愁地。钗钿约，竟抛弃。　重泉若有双鱼寄。好知他、年来苦乐，与谁相倚。我自终宵成转侧，忍听湘弦重理。待结个、他生知己。还怕两人都薄命，再缘悭、剩月零风里。清泪尽，纸灰起。

又是一首《金缕曲》，仿佛已经成习惯了。每当激情似波涛汹涌，灵魂中的冲突尖锐到要迸出火花，内心的痛苦达到极点，万般思绪必须一吐为快时，他便常常选用《金缕曲》。因为只有这抑扬顿挫、铿锵有力的调子能抒写心中的不平，只有这长调能包容他太多的情感容量。因此，他的《金缕曲》每每写得饱满酣畅、痛快淋漓。

第四章 困惑

妻子去世后，悼亡之作写了几十首，首首哀婉凄切，每次都想抚慰一下自己伤痛的心，可结果非但不能解脱，反而使自己愈发压抑起来。今天他一口气写出来，感情像脱缰的野马狂烈地奔涌出来，三年了，三年是一段沉重的岁月。他想解脱，他也不堪重负，他想正视生与死这个谁也无法抵抗的自然规律。但是从第一句"此恨何时已"这凄厉陡然的发问，无奈中夹杂着凄惶，便把这恨更突出更加重了。这将是绵绵无期、永无休矣的伤恨，因为年轻的诗人失去的是一生的知己、永世的幸福，眼前的景、心中的梦，上天、入地，纳兰性德的心魂无羁无绊地去追求、去寻觅，他的想象完全没了时空的阻隔，又跨越了生死的界线。他的情感在交织着希望、失望，在希望和失望中搏斗，他是在向命运做最后的挣扎。他把三年来刻骨铭心的思念、对无情命运的愤怒全展示出来。他能解脱吗？"情泪尽，纸灰起"，是永远的绝望。

这首《金缕曲》凄美绝伦，纳兰性德的好友顾贞观和了一首同韵《金缕曲·悼亡》："纵使倾城还再得，宿昔风流尽矣。"梁汾理解年轻友人失去红颜知己的永远的伤痛，同时又在安慰他，虽然丧失是痛苦的，但拥有过毕竟是幸福的。每当纳兰性德为情所苦，梁汾总是这样安慰他。他们也早已达成一种心灵的默契，无论谁新作一词，另一个便以同调同韵和之。这是他们情感交流、心灵碰撞的最佳途径。

正是友谊支撑纳兰性德度过失去爱妻的难关，也正是友谊抚慰他那颗伤痕累累的心。纳兰性德发自心底热爱着他的朋友们，依恋他们，离不开他们。他害怕渌水亭畔的相聚会突然消失。可是痴情的纳兰性德大概忘了，聚与散原本就是世间最常发生的事情。天下哪有不散的宴席呢？

先是朱彝尊、陈维崧、严绳孙这有名的江南三布衣被博学鸿儒科取仕，皇上赐予他们翰林院检讨之职，负责《明史》的修撰编订工作。

公务在身，自然闲暇的时间少了。而就在这一年深秋，姜宸英因母丧南归。纳兰性德很难过，姜西溟是这些人中最早与纳兰性德结识的，几年来几乎一直住在他家，还做过纳兰性德的老师，两人感情很深。西溟这一走，不知何年何月才能相会，他伤心地写下一首《潇湘雨·送西溟归慈溪》：

> 长安一夜雨，便添了几分秋色。奈此际萧条，无端又听、渭城风笛。咫尺层城留不住，久相忘、到此偏相忆。依依白露丹枫，渐行渐远，天涯南北。　　凄寂。黔娄当日事，总名士如何消得。只皂帽寒驴，西风残照，倦游踪迹。廿载江南犹落拓，叹一人知己终难觅。君须爱酒能诗，鉴湖无恙，一蓑一笠。

很长的上半阕写的全是离别的忧伤与惆怅，接着便是对友人的同情、理解、宽慰与叮咛……

一向故作狂荡粗放之态的姜宸英此刻却老泪纵横，他握住容若的手久久不放，他实在舍不得离开这位小他二十七岁的满族友人。因为他深知在这个冷漠的世界上，只有这位年轻的异族友人最知他姜宸英。他同情自己举头触讳、动足遭跌的可悲际遇；理解自己矢志孤愤而带来的任性、怪癖；担待自己不拘礼俗的狂狷真率；欣赏自己的坦荡标格；帮助自己免陷于潦倒佗傺之境……容若，这茫茫人世之中有几人如你？今生相遇是我三生有幸，今日离别，难舍难分！

还没从姜宸英离去的伤感中走出来，纳兰性德的另一位好友张纯修又要启程了。隶属汉军正白旗的张纯修，刚刚被任命为湖南江华县令，即刻就要启程赴任。纳兰性德一听这消息，又陷入凄苦之中。平日他与纯修关系密切，形同兄弟，生活在京城里不见面还要写书信问候，

第四章 困惑

现在纯修却突然要到几千里之外的荒僻之地去任职。湖南正是烽火连天，江华县也不过刚从叛军手中收复半年，经过战争的蹂躏，那地方恐怕是荒冢丛生，饿殍遍野，百废待兴，纯修此刻赴任，要整肃地方，要戡平战乱，要安抚百姓，要发展生产……实在是难，何况纯修是地地道道的北方人，他能适应那儿的一切吗？千种离思与百般担忧化为一首《菊花新·送张见阳令江华》：

> 愁绝行人天易暮，行向鹧鸪声里住，渺渺洞庭波，木叶下楚天何处？　折残杨柳应无数，趁离亭笛声催度。有几个征鸿相伴也，送君南去。

朋友们离去的离去，忙碌的忙碌，渌水亭畔的相聚已经久违了。西花园里依然柳柔波清、鸟语伴着花香，可是少了那往日震碎屋瓦般的笑声，美丽的景致仿佛也减去几分颜色。再流连此地，纳兰性德少了笑意，多了牵挂与空落，忧郁情绪又漫上心头。幸亏，他最好的朋友顾贞观还在他身边。

现在，他最喜欢做的事情，就是在不入值的时候与梁汾一起到郊畿他家的别墅小憩几日。这是他整个身心最放松、最自由、最快乐的时候。

骑马出西直门一直向北，大约二十里处就是纳兰性德家的别墅。说是别墅，实际上不过是用围墙圈起来的一大片稻田、桑榆之地。不久前父亲明珠刚购置下，准备在这里大兴土木，好好营造一番。可纳兰性德所喜欢的正是眼下这未经人力雕琢、野趣横生的田园风光。他与梁汾兴致勃勃地登上三层小楼——这座为守园人建造的、目前园子中唯一的一座人工建筑。园子里有许多桑树、榆树，还有各种不知名的树，它们和大片的草地、稻田组成一个铺天盖地的绿世界；草地盛开着大片的野花，散发出混合着泥土清香的芬芳气息；小楼近处有一方水塘，大片的苇丛在微风中摇曳。几只野鹤、野鸭和叫不上名的禽鸟在水上悠闲地游着……水塘的水是由园外的大南河引来的。在园子外十米开外的地方，那清澈的河水潺湲而流，弯弯曲曲伸向远方。西山群峰叠嶂起伏，近在咫尺，夕阳又把它们笼罩在黛紫色的神秘中。山脚下的田野里，牛群、羊群在安详地吃草，几幢农舍中冒出了炊烟，远处不知从哪个寺院中传来暮鼓声声，在空阔的田野中久久回荡。好一幅田园风光图。

纳兰性德彻底陶醉在这美丽大自然的怀抱里，他体会到当年五柳先生"久在樊笼里，复得返自然"的解放之感。这里真是太好了！没有金殿玉阙的冷漠森蔚，没有高门广厦的喧红闹紫，没有都市的喧嚣、人事的烦恼。自己不再是小心翼翼、身心不得放松的皇帝侍卫，不再是父母的孝子、相国府的年轻主人，不再被各种责任压得透不过气，他就是他自己，一个按照自己意愿去想、去说、去做，一个脱去各种外衣真正返归自然的人……

纳兰性德内心剧烈跳动，思绪如波涛般汹涌，可人却静静地屏心息气地站在那，生怕一出声就把这美丽的氛围破坏了。直到太阳落山，夜色悄然降临，四周终于被黑暗吞没，什么也看不见了时，纳兰性德才轻轻地吟唱：

> 朝市竞初日，幽栖闲夕阳。
> 登楼一纵目，远近青茫茫。
> 众鸟归已尽，烟中下牛羊。
> 不知何年寺，钟梵相低昂。

第四章 困惑

> 无月见村火，有时闻天香。
> 一花露中坠，始觉单衣裳。
> 置酒当前檐，酒若清露凉，
> 百忧兹暂豁，与子各尽觞。
> 丝竹在东山，怀哉讵能忘。
>
> ——《桑榆墅同梁汾夜望》

桑榆墅——这是纳兰性德给这个园子起的名字，因为园中有许多桑树、榆树，更主要的是它带有田园野趣、自然无华之意，后来当这所园子修成精美讲究、有二十一景的京城私家名园时，改名叫"自怡园"，但那已是纳兰性德逝去后的事情了。与梁汾兄在桑榆墅夜望，然后或煮茶操琴，或醉吟飞盏，再然后，秉烛彻夜长谈，成了纳兰性德生活中最大的享受。如果得到连续几日的空闲，他们甚至登楼去梯，不让旁人打扰地聊上几天几夜。他们无所不谈，谈古今、谈时政、谈艺术、谈学问、谈生活、谈爱情，他们的话题常谈常新，既有共同的性灵与共同的语言，又有鲜明独特的个性，他们互相丰盈着、滋润着对方。

纳兰性德只有面对知己梁汾，才能最完全、最自然、最不设防地袒露自己。他能把自己心中最隐秘的那个角落敞开给梁汾看，说到痛快处他会开怀大笑或举杯畅饮，平日的端重、矜持全然不见；说到痛苦处他会像孩子般地大哭，把平日的压抑、痛苦、心酸全都宣泄出来。面对挚友梁汾，纳兰性德摆脱掉来自社会的重负，还原为一个真正的性灵之人。

一次，他们又从小楼上下望，看到池塘边几只野鹤在踽踽地徘徊。那是养在园中的野鹤，它们已被剪掉翅膀，不能再飞向蓝天。纳兰性德写了一首《野鹤吟》赠给梁汾：

> 鹤生本自野，终岁不见人。
> 朝饮碧溪水，暮宿沧江滨。
> 忽然被缯缴，矫首盼青云。
> 仆亦本狂士，富贵鸿毛轻。
> 欲隐道无由，幡然逐华缨。
> 动止类循墙，戢身避高名。
> 怜君是知己，习俗苦不更。
> 安得从君去，心同流水清。
>
> ——《野鹤吟赠友》

这是纳兰性德心灵深处发出的表白与愿望，他真想彻底摆脱那污浊的现实，使自己的心灵不受污染，像流水般清亮干净。顾贞观深深地理解他的年轻友人，容若正在经历他当年欲撤身官场前内心的激烈斗争。不容易啊！容若他是满族贵胄、皇上身边的亲近之人，现在想过闲云野鹤般视富贵如鸿毛的生活，如果没有"心中所欲试之才百不一展，所欲建之业百不一副，所欲遂之愿百不一酬，所欲言之情百不一吐"的痛苦体验，恐怕是不容易有这种心理状态的。"人人都羡慕容若，可在我看来，他的痛苦绝非常人可比！"顾贞观想着，不觉心中异常沉重。如此下去，容若他怎么能长久支撑啊！

这会儿，纳兰性德与顾贞观登楼去梯，他们常常坐在小楼的轩窗前，眺望那无垠的星空，墨蓝色的天穹下群星闪耀，黑暗中青蛙、蛐蛐和各种小虫便像比赛似的一展歌喉，而它们的喧沸更反衬出乡野之夜的宁静。聆听着大自然的万籁之音，顾贞观的思绪便飞向他的故乡无锡。他给容若讲起烟波浩渺的太湖、讲起惠山脚下的二泉、讲起江南的才女佳丽、讲起故乡的风土人情……听得纳兰性德神迷心往，如果真能

第四章 困惑

到那里生活，才是真正的复返自然啊！

可是有一天，顾贞观真的必须返回故乡无锡了。南方传来噩耗，顾贞观的母亲病故，他必须立刻赶回去奔丧。

纳兰性德伤心、震惊、不知所措的程度一点儿不亚于梁汾，甚至比梁汾还强烈。他不仅为顾贞观难过，而且必须面对挚友离自己而去的事实。梁汾是父、是兄、是师长、是知己，是自己精神生活中不可缺少的人，是自己的痛苦最愿意向他诉说、自己的欢乐最愿意与他共享的那个人。可现在竟要分离！按习俗，梁汾兄要在南方守丧三年，也就是说，至少有三年不能再见梁汾兄。纳兰性德被这突然的变故惊呆了：

> 西窗凉雨过，一灯乍明灭。
> 沉忧从中来，绵绵不可绝。
> 如何此际心，更当与君别。
> 南北三千里，同心不得说。
> 秋风吹蓼花，清泪忽成血。
>
> ——《送梁汾》

纳兰性德默默地帮着梁汾兄整理行装，准备盘缠及各种路上、回家后所需要的物品。他的心在流泪，话更少了，只有把痛苦化为一行行词句：

> 握手西风泪不干，年来多在别离间。遥知独听灯前雨，转忆同看雪后山。　凭寄语，劝加餐，桂花时节约重还。分明小像沉香缕，一片伤心欲画难。
>
> ——《于中好·送梁汾南还为题小影》

康熙二十年（一六八一）秋，对于纳兰性德来说又是一个断肠时节，他最好的朋友离开他南归。梁汾走的那个夜晚正是立秋，缠绵如丝的秋雨淅淅沥沥下个不停，丝丝点点浸沤着纳兰性德苦不堪言的心，那颗心凉透了。

送走梁汾，梁药亭又来告辞。梁药亭家在惠州，离京万里迢迢，欲再见怕是更难了。纳兰性德苦苦相留而不能，只有再次承受着离别的打击。

转瞬间，好朋友一个个如风流云散、劳燕分飞，留给纳兰性德的是无尽无休的思念与孤独。他再次感到世事无常，人生的无法把握。他异常的孤独无助，过去那些因为与友人欢聚而被淡化了或被暂时遗忘的各种愁思怨绪，现在一股脑地涌上来提醒他、压迫他，而在所有的旧愁之上又平添了这段伤离念远的新愁。他只剩下黯然神伤。

严冬将至，却有一件喜事让纳兰性德重新展露笑颜。流放在长白山宁古塔的吴兆骞自关外归来了！二十多年了——吴汉槎，一个地地道道的江南文士能从北国绝域活着归来，实在是个奇迹。顾贞观二十多年的奔走、营救，纳兰性德五年来的四处斡旋、恳求、呼吁，明珠、徐乾学等人的参与过问，最后还有康熙皇帝的默许，终于促成了吴兆骞今日的回归。这在京城的文人圈中真是件令人又震惊又兴奋的大事。

什刹海的湖面已结上厚厚的坚冰。冷冽的西北风抽打冰面发出刺耳的哨声，岸旁的垂柳只剩下稀疏的枝条在风中上下狂舞。而来福酒楼里有一桌人围着热腾腾的火锅、酒菜正兴高采烈地边吃边聊着，那欢声笑语的热闹景象与外面的凄冷、肃杀形成强烈的反差。

座中最引人注目的是位粗壮的汉子，显然整桌人是以他为中心的。只是他从外形到谈吐都与同桌的文雅之士有很大不同，不用说，他就是当年震惊了全国的江南闱科场案蒙难者、赫赫有名的吴兆骞。如今

第四章 困惑

他像英雄般地归来了。此刻他激动异常，烈酒浓情使那张被塞北的狂风吹得粗糙、黝黑的脸庞染得竟像块通红的布。这一天他连做梦也没有想到。他的话格外多，一点儿也没改几十年前那种强烈的表现欲，那种独占话题的个性。只是如果仔细观察，能发现在他原先的狂傲中，已经带上了只有东北汉子才有的豪爽之气。他一杯接一杯地喝酒、敬酒，不断大声感谢着友人们的营救之情。

纳兰性德也异常激动，眼前晃动着他的老友梁汾每每说起吴汉槎便泪眼涟涟的样子。"要是梁汾兄也在这儿该多好？"他目不转睛地望着吴兆骞，听他讲起宁古塔的奇闻趣事。"这吴汉槎真是个奇才子，别人说起宁古塔都谈虎色变，唯独他如数家珍般地讲着去那里的奇遇，仿佛他一住二十多年的地方是名胜佳境，言谈话语中竟还带着留恋不舍之情。怪不得梁汾兄如此牵挂吴汉槎，此人性格中确有旁人所不及的魅力呵！"纳兰性德心里想着，目光中含着敬慕。这时候吴汉槎已从随囊中掏出他从关外带回的拓印碑帖、诗稿、人参，等等，一样样给大伙介绍着。

宴罢，性德告诉吴汉槎，已经在府中给他准备了住处。吴兆骞还未到京，性德早已安排好他的食宿并要留他在府中任西席。这时，吴兆骞才顾上仔细端量眼前这位年轻英俊倜傥的纳兰公子。从梁汾的书信中，他早已知晓纳兰性德的名字。他知道他能回归，这位纳兰公子起了至关重要的作用。不过今天，他才是真切体会到了这位贵公子见才必怜、见贤必恭的侠骨柔肠。他激动地握着性德的手："容若公子，你我素昧平生，你为何如此厚待我？令我今生不知如何才能报答！"性德只是笑而不答，明亮的眸子中闪着诚挚的光芒。

几天后，纳兰性德引荐吴兆骞拜会了明珠太傅。吴兆骞一踏进那座精雅的小客厅，顿时呆住了。迎面的墙面上悬着一幅条幅，只见几个遒劲的大字："顾贞观为友屈膝处。"这是性德的手笔。当年，他为梁汾兄的侠骨义胆所震撼，也是为了时时提醒自己牢记营救吴兆骞而特意书写的。此刻见物思人，吴兆骞顿时泪如雨下，他狂啸一声喊着顾贞观的名字，接着号啕大哭起来。

纳兰性德也潸然泪下，那是欣慰、激动的泪水，他想，远在江南的梁汾兄得知汉槎归来的喜讯怕又要喜泪涟涟了。他喃喃自语："梁汾兄放心吧！我会替你照顾好吴汉槎的……"患难见真情，世间之真情谊莫过于此吧！

四、万帐灯火中的失意客

康熙二十一年（一六八二），农历二月十五日，康熙大帝又一次御驾启程了。这是一次非同寻常的远征。

北京通往盛京（沈阳）的千里古驿道，一扫往日的寂冷荒凉，旌旗猎猎，车马萧萧。黄龙大纛引导着浩浩荡荡、见首不见尾的队伍。紫驷玉辇上端坐着当朝天子，二十九岁的爱新觉罗·玄烨。明黄色的龙袍、龙冠在初春的阳光下闪着耀眼的光，两道漆黑的剑眉下一双炯目正凝视着远方……

他的心情好极了。眼前掠过的沃野大地，当年就是他的祖辈们浴血拼杀的战场。这个带着野性的民族，卷白山之风暴，挟黑水之狂涛，马踏中原，驰骋江南，耗尽几代人的血肉之躯，终于到他这儿坐稳了大清帝国的江山。玄烨不禁一阵激动，脸上泛着光，心跳有几分加快了。现在正是自己亲政的第十五个年头，这是怎样的十五年啊！从一个被父皇一纸诏书推上龙椅的乳臭未干的孩子，到如今被亿万人拥戴的一代明主，只有他自己最清楚这是怎样惊心动魄、风云变幻的十五年。

第四章 困惑

他终于走过来了！这次回老家，就是要到松花江畔眺望长白山、祭奠祖陵、告慰先人。想到此，他微笑了，那是胜利者才有的微笑。

皇上的玉辇后，紧跟着一个惹人注目的方阵，一色的高头骏马上端坐着皇上的贴身侍卫，各个威武英俊，整肃有神。身着同样的制服，乍看竟让人觉得他们仿佛长得一模一样。但如果仔细看，他们当中有一个格外与众不同——英武中透着儒雅、端重中含着飘逸，总之，那是一种似乎说不出却能感觉到的、从他内在气质中散发出的高贵气息。此刻，他也在凝视远方，那双黑亮的眸子中闪着睿智的光芒，只是那眼神过于冷峻了，它传递出另一番消息。

二三月之交的京城已披上一层绿衣。粉红的杏花、金黄的迎春、洁白的玉兰正开得烂漫。可就在百十里的塞外，却是荒岭黄沙、光秃秃的一片，没有一点儿春天的讯息。尽管先遣队已经专门洒扫了这条驿道，可是车马过处依旧卷起滚滚烟尘。驿道两旁的沟岭山坡上，经年的枯草在风中摇曳。偶然一只野兔从石缝中探出头，惊恐地望着这支仿佛突然从天而降的、逶迤如蛇般的队伍……荒败、苍凉、干燥、了无生气，这些更加重了纳兰性德烦乱的心绪。浓浓的阴郁一时弥漫心头。

眼看就要到榆关了。

过了榆关，就是松辽平原，跨过白狼河，再往前就是老家了。可"老家"是什么？它对纳兰性德只意味着陌生，一片模糊不清的想象，还有一种从不曾有人对他提起过，但他却似乎与生俱来便知晓的屈辱与苦涩。他早就学会把那份无法更改的印记从自己的记忆中抹去，努力使老家变成和自己毫不相干的一片永远陌生的地方。的确，在纳兰性德的情感中，故乡只有一个——那个生他、养他、抚育了他的北京。可是潜意识中的记忆总是顽固的。一步步靠近榆关，那个被压抑在潜意识中屈辱的记忆便一点点苏醒。

此刻,他骑在马上被动地随着队伍走着。这次不是行围打猎,自己不必在前面跑马探路,只需紧随皇上的玉辇,可以只管被动地跟着走。前边是望不尽的榆关古道,后面是被燕山山脉遮住的故园北京城。离家愈来愈远了,缓缓地,随着马蹄的节奏,词句流了出来:

山一程,水一程,身向榆关那畔行,夜深千帐灯。　风一更,雪一更,聒碎乡心梦不成,故园无此声。

——《长相思》

身向榆关的无奈与心在故园的执拗,又是强烈的冲突。为什么一写词,就是冲突呢?北京,他的故园,他的心魂所系,他每离开一次就增加一分眷恋的北京。他一声声呼唤,可想家的心、思家的梦,被塞外的风、塞外的雪,风雪交杂的狂乱声撞击得粉碎。又是强烈的冲突。

皇上的御驾走得很慢、很从容。玄烨就是要细细品尝这次东行——作为一个胜利者,一个返归故里的民族英雄,那种心理上的愉悦。他要让长久以来一直紧张的神经放松一下,当然并不是彻底放松,他要向世人表明,他是多么重视这次东巡。

队伍走了八天才到榆关,驻跸在二十里堡。是夜,御军营各大帐中一律灯火通明。皇上降旨,连续行军数日,今晚可以休整一番。大帐外支起了铁锅,锅里沸腾着香喷喷的肉。人们围着篝火,大碗喝酒、大块吃肉,呼号着、叫嚣着,有人还跳起布库戏。寂静的山也被这万帐灯火、人群鼎沸之声唤醒了。

纳兰性德不喜欢这种气氛,但他习惯了,必须习惯,这就是军旅生活。离开京城八天了,一路照应护卫御驾,传达谕令,他感到很疲惫,

第四章　困惑

就松弛一下吧！他喝了一大碗酒，他酒量本不大，心情抑郁就更不胜酒力，只觉得头晕目眩，想回帐中休息，可哪里睡得着？他晃着身子，悄悄离开人群。

山野的春风很冷，离开火堆与人群，寒意立刻袭来，酒一下子醒了。睁眼望去，成百上千座军帐里的灯光，帐外一堆堆燃烧的篝火，把远远近近的一大片旷野映得通明。闪烁的灯光、跳跃的火苗与墨蓝色天穹上的点点繁星相辉映，竟好似一个阔大浑成的整体。那天穹低得与地平线连在一起，星星一眨一眨地仿佛要从天上坠下来一般。天与地，灯光与星光浑然融为一体，好壮观啊！

可是，这壮观并不属于自己，自己也不属于这壮观。他像一个局外人似的望着眼前的风景，这不是自己喜欢的生活，自己永远是游离于这繁华热闹之外一个孤寂、忧郁、无所依托的灵魂。

万帐穹庐人醉。星影摇摇欲坠。归梦隔狼河，又被河声搅碎。还睡，还睡。解道醒来无味。

——《如梦令》

恢宏阔大场景的描绘中担荷着深广巨大的压抑心灵，强烈的反差铸就出一个美丽而又忧伤的境界。风走云过，第二天，塞北一个初春难得的晴空朗日，康熙帝兴致勃发地登上号称天下第一关的山海关，站在城楼的雉堞之间，极目远眺。远远望去，长城就像一条灰黑色的巨蟒把头伸向波涛翻卷的渤海之中，这就是万里长城最东端的老龙头了。龙头好似要潜入水底，把那浩渺无际的烟波一口气吸干，而它巨大的身躯却蜿蜒曲折向远处伸展，最后隐没在苍莽葱郁的燕山群峰之中。一股热浪冲击着年轻天子的心，半天他才把目光从群山中收回，对站在他稍后的明珠太傅说："两京锁钥,万里一关,壮观啊!"明珠随声附和着。玄烨又凝神看着大海,他也许已沉浸到当年祖辈率八旗骁勇大战山海关的往事之中了。

侍卫纳兰性德也正出神地望着长城,然后又久久地凝视大海。那是诗人的目光,深邃又忧郁。山海几经翻覆,人世几多沧桑。这长城绵绵延延数千年,阅尽人间风风雨雨,这大海滔滔滚滚亘古永存,目睹历史的更绪变迁,它们究竟要向人们诉说什么?面对长城与大海、空间的广大与时间的悠长,纳兰性德有些茫然困惑又似乎有所了悟:"犹记当年军垒记,不知何处梵钟声。莫将兴废话分明。"年轻的诗人好似要避开敏感的话题。但那"兴废"二字,实是已有结论。时间永逝,岁月无情,人世间的改朝换代是注定无法避免的。

当康熙一行逐级登上高耸的台阶,来到筑于海边的姜女祠时,已是夕阳残照。海水映着天光,变换着颜色。先是血红,接着黛紫,然后变成灰黑。寒风伴着海涛的湿气袭来,祠堂里,孟姜女的塑像与墙角之间已结上厚厚的蛛网,她寂寞地坐在那里执着地等待她的丈夫。站在那块著名的望夫石边,纳兰性德脑海中又萦绕着刚才的思索,他固执地非要探个究竟:"澄海楼高空极目,望夫石在且留题,六王如梦祖龙非。"当年秦始皇帝修了长城,长城犹在,姜女祠犹在,可当年灭六国的始皇帝又在哪儿呢?所有过往的一切和正在发生的一切不都终究化为或正在或将要化为历史的尘梦与烟灰吗?那么自己所做的一切有何意义呢?

这么想着,纳兰性德突然颤抖了一下,三月的渤海湾仍寒气逼人。天暗下来,纳兰性德目光幽幽中闪着忧郁的光。

皇上东巡的大队人马浩浩荡荡,一路行围打猎走了半个多月,直到三月四日才到了盛京,然后便是一连串的告祭。福陵、昭陵、永陵分别举行了大典，直到三月十一日各种该行的仪式全部举行完毕，玄烨才长舒口气，给留在京城他最敬重的祖母孝庄太皇太后写了封信：

> 兹因大典已毕，敬想祖宗开疆非易，臣至此甚难，故欲躬率诸王、贝勒、大臣、蒙古等，周行边境，亲加抚绥，兼以畋猎讲武。

其实这"周行边境，亲加抚绥"才是康熙皇帝此行的最要紧的事。作为一朝天子，玄烨确实具有非凡的治国安邦的雄才大略，刚刚平定八年之久的三藩之乱，他不敢稍有懈怠，立即调转头来开始考虑如何对付北方罗刹对大清疆土的觊觎、窥视。这次巡视北部边疆，就是一种姿态、一种不动声色的威吓。

三月十二日从兴京（辽宁新宾）出发，由专门赶来迎接他的封疆大吏巴海将军陪同继续北上。一路骑马打猎，三月二十五日队伍到达吉林的乌喇。松花江岸，旌旗招展，康熙皇帝率皇子及扈从诸王、所有文武官员面向东南行三跪九叩首大礼——望祭长白山，传说中的满族发祥地。

纳兰性德的心境是复杂的。面对满族祖先，他的叩拜是虔诚的，尽管他的祖上应该是蒙古人。可是作为被征服者，叶赫那拉氏的后代，这种磕拜则意味着自己永远地退出了竞技场，永远失去了与对手骑马夺天下、叱咤风云、称雄华夏九州的机会。哪怕只早生几十年，哪怕能得到一个平等的机会也好……"志欲吞鲸鲵"、"银河亲挽，普天一洗"不过是痴心少年的英雄梦罢了。从出生的那天起，他就已经注定绝没有实现这个梦想的可能了。纳兰性德心里自嘲着，嘴角露出一丝笑，那笑是苦涩的，竟比哭还难看。如今，自己不过是皇上身边一件可有可无的摆设，一架任人操纵的机器，一身的武艺不过是用来射几只兔子、追个把只黄羊，胸中的锦绣文采只化作几行没有血肉，并非真性情的应制诗而已。这样的日子什么时候才会结束呢？纳兰性德不由得心灰意冷。

如果把康熙帝此次巡行比作一部庞大的交响曲的话，那么纳兰侍卫一路上留下的诗章词句就是这交响曲中几个不和谐的音符，而这不和谐音符几乎贯穿此次东巡的始终。

只有到了松花江，登舟行于江面，纳兰性德才豁然开朗。这是他平生第一次来到这般宽阔美丽的江上。松花江，这是孕育了先辈们的母亲河啊！此刻，暖融融的太阳照着江面，松花江浪花叠锦泛着柔媚的光。两岸苍岩翠壁徐徐闪过，江面千帆竞发、彩旗飘舞，好一派北国春光！一路上的辛苦、劳顿、压抑、怅惘一扫而光，纳兰性德感到心旷神怡。

他信笔写下东行以来唯一一首色调明快的作品。那当然不是词。

> 宛宛经城下，泱泱接海东。
> 烟光浮鸭绿，日气射鳞红。
> 胜擅佳名外，传讹旧志中。
> 花时春涨暖，吾欲问渔翁。
>
> ——《松花江》

白天的松花江是这么可爱，他真的想干脆就留在这里做个渔翁，钓于春波之上，那该多么自由自在、其乐无穷。可是当夜幕降临，松花江笼罩在朦胧淡月之中，失落感又回到纳兰性德身上，不觉情绪顿转：

> 弥天塞草望逶迤，万里黄云四盖垂。

第四章 困惑

> 最是松花江上月，五更曾照断肠时。
>
> ——《松花江》

两首同名《松花江》之作，情绪截然不同。白天的快乐瞬息即逝，其实经过人生如许变迁，纳兰性德已经没有真正和长久的快乐了，夜晚松花江畔的感觉才是他真正的情绪。离开京城两个多月了，塞北的荒凉、苍郁给纳兰性德的印象太深了，松花江的柔媚挤不走这个印象，而一路上低落、抑郁的情绪，这被动、不情愿的行旅，此刻全因松花江上的一轮明月提醒而加重了。松花江的夜风清月白，美丽却凄寂，此刻那轮明月正冷冷地照射着断肠人，又一个不眠的彻夜。

年轻的诗人，长久以来被一个问题苦苦纠缠住——人为什么非要做自己不喜欢做的事呢？生命究竟属于不属于自己？如果不属于自己，那么这人生又有何意义呢？

康熙皇帝又在东北待了十二天，他做了许多事情——赦免罪犯、蠲免钱粮、严禁诬拿无辜之人、优待那些流放在尚阳堡和宁古塔的汉族之士，还有改革官员补授办法、革除兵丁无益差徭……

康熙大帝此次东巡历时七十九天，谁能说这对康熙盛世的到来不具有特殊意义呢？可是，经过数百年，康熙帝的长白山之行已被后人们淡忘，而纳兰性德的长短句经过时间老人的筛选，却长久地留下了。

回到京城，已经是浓荫遮蔽，夏日融融了。康熙二十一年（一六八二），二十八岁的纳兰性德几乎全是在漫漫羁旅、驱驱行役中度过的。上半年，陪皇上东巡祭祖，归来后体力还未完全恢复，八月份又奉旨随副都统郎谈觇梭龙诸羌（梭龙即索伦，东北雅克萨一带），纳兰性德一年之中两次往返于东北与京城之间。

第一次随驾扈从，固然辛劳，但毕竟是皇上出巡，一路行宫浩荡，供给丰裕充足，随时安营扎寨休整体力，何况春夏之交的东北，气候宜人，对长途跋涉的旅人来说是比较合适的季节。可是第二次则完全不同了，纳兰性德是以随员的身份参加一次军事行动，其艰苦程度便可想象了。

觇梭龙诸羌即侦察观测梭龙一带罗刹（俄国人）的活动情况。这一行动是康熙皇帝亲自策划部属的，说起来这些罗刹也太猖獗了。早在明朝末年他们就开始接连向中国黑龙江流域进犯和袭扰。清世祖福临在位时期，黑龙江流域各族百姓与清军一起抗击罗刹，在顺治十七年（一六六〇）把他们驱逐出黑龙江中下游地区。但罗刹人实在垂涎于这片广袤肥沃、物产丰富的土地，便在康熙继位之后继续窜扰。他们一边侵扰，一边建立据点，实行逐渐深入推进的策略。除了尼布楚、雅克萨、楚库柏兴三个重要的据点外，还不断建立新的据点，并以据点为掩护，不断抢掠中国索伦、赫哲等各族百姓的财物与人口……如此十几年他们便占领了中国从贝加尔湖到黑龙江流域的大片土地。

康熙亲政以后便下决心除掉此患，他把此事列为朝中大事，特别是结束南方的三藩之乱后，康熙皇帝的这一决心更为坚定，这次东巡祭祖，名为观俗，实为问兵，做出了永远戍守黑龙江的决定。一回到京城，他便命副都统郎谈、彭春率少部分人以捕鹿为名到雅克萨一带侦察敌情，并了解沿途水路交通，为彻底消灭罗刹做准备。

农历八月，京城已游荡着一丝凉意，塞外则冷气袭人，而走到东北恐怕就是冰天雪地了。任务非常紧急，必须在年底前赶回京城，一行人日夜兼程，由于是一次极秘密的军事行动，一路上专门要找人烟稀少、不易引人注意的路线，所以风餐露宿便是常有的事。

这是纳兰性德任侍卫以来，第一次不是为皇上随驾扈从的远行。精神上放松了一些，但旅程中的艰苦万状，也是过去从不曾有的。纳

第四章　困惑

兰性德的体魄经受着严峻的考验。果然，这个总在关键时刻纠缠他的寒疾又鬼头鬼脑地溜出来，每年它总是在冬春之交活动，而现在则提前在这深秋绝塞、凄冷荒僻之地造访纳兰性德了，本来就艰辛的旅程变得更不堪忍受：

> 独客单衾谁念我，晓来凉雨飕飕。缄书欲寄又还休，个侬憔悴，禁得更添愁。　曾记年年三月病，而今病向深秋。卢龙风景白人头，药炉烟里，支枕听河流。
>
> ——《临江仙·永平道中》

凉雨秋风夹着讨厌的寒疾，一种异常孤独难耐的感觉包围着纳兰性德。九秋黄叶五更天，寒风从外面袭来，冷雨拍打着帐篷，行军床边架起药炉，在汩汩的炉烟中听着帐外的流水声，一种被命运驱遣的无奈浸透全身。这是一次艰苦卓绝的行旅，在梭龙，纳兰性德曾写了一首五律《唆龙与经岩叔夜话》：

> 绝域当长宵，欲言冰在齿。
> 生不赴边庭，苦寒宁识此。
> 草白霜气空，沙黄月色死。
> 哀鸿失其群，冻翮飞不起。
> 谁持花间集，一灯毡帐里。

一幅反差强烈的动人图画。帐外是漆黑的雪原绝域，没有生命的踪迹，可怕的死一般的寂静；而毡帐里，一个面目清癯、脸挂倦容的青年正倚在昏惨的油灯下专注地诵读着《花间集》，外面的现实世界仿佛已经与他毫不相干，那些曾困惑他的外在的功名、事业、荣誉似乎也不那么重要了。他那丰盈、华美的内在，于诗词的艺术世界中跳宕、腾跃、升华。这个年轻的生命渐渐地从困惑迷惘中踏出一条清晰的路，他在社会之人的责任与性灵之人的天性冲突中，逐渐做出自己价值取向方面的选择。可是他能跳出命运吗？

果然，当他倚马伫立在当年祖先们"埃雪翻鸦、河冰跃马"为命运决一死战的古战场，当他面对家族"阴磷夜泣"的累累荒冢时，他便无法心平气和了。家族惨败的屈辱、同类相残的野蛮、历史演进的无情深深刺痛着他，面对断碣残碑，他依然困惑，也许他发现自己根本无法选择自己的人生，永远不能过上适合自己天性、令自己真正愉快幸福的生活，便发出了"年华共、混同江水，流去几时回"的疑问，所以这种对生命的困惑注定陪伴他一生。

第五章 叛逆

第五章 叛逆

夜幕降临，没有一丝风，闷热异常。

什刹后海北岸那座七进深的大宅没有掌灯，而且出奇地静。静得吓人，静得令人窒息。一股异样的、不祥的气息缓缓压逼下来，又迅速蔓延到这座富丽堂皇的宰相府邸的每一个角落。

死亡的气息。

朱红大门紧闭着，门前那两座石狮怒目圆睁，像两个幽灵般立在那儿。

更鼓敲了几下，已经是午夜了。

大宅深处，纳兰性德静静地躺在床上。他已陷入深度昏迷，不再睁开眼睛。这是发病的第六个夜晚，连续几天不退的高烧，今天傍晚突然降下来。人们明白，年轻主人的生命之火正慢慢熄去，只有那游丝般的鼻息表明，生命还没有完全离他而去。

突然，一阵急促的马蹄声由远及近，在门外戛然而止。

"圣旨到！"一声拖长的男音划破燥热的空气，也打破了死一般的寂静。那声音听起来凄惶，明珠率家人迎到大门外接旨。只几天工夫，他苍老了许多，眼窝深陷，眼里布满血丝，他已几天几夜不曾合眼。眼角添了几道明显的皱褶，原先丰润的面颊也塌下去一块。

他叩首长跪，听着皇家信使宣谕正在东陵避暑的康熙帝的圣旨。那是皇上亲自赐予纳兰侍卫的一帖御药方。明珠的老泪涌了出来，一颗又一颗沉甸甸地落到地上。他嘴里喃喃："皇上，皇上，可怜吾儿再不能承受您的眷顾了……"他泣不成声。周围一片呜咽。

这不是一般的眷顾，康熙皇帝属意纳兰性德已经是很久的事了。

一、惴惴有临覆之忧

康熙二十二年（一六八三），三月十八日。艳阳高照，古老的皇都又是一片新绿。

紫禁城正在举行盛大的庆典，今天是康熙皇帝的万寿节。太和殿高大的殿脊两端，那对华丽的螭吻，神气活现地昂首翘望，在艳阳的照射下，闪着金灿灿的光。

大殿内早已装饰一新，一派金碧辉煌。中楹红漆大柱上，金龙绕柱盘旋腾跃，大有飞出之势。殿顶的五彩尘隔与脚下的黄绒地衣相互呼应，分外耀眼华丽。大殿正中七阶丹陛把御座高高托起，那把光灿灿的镂空金漆雕龙大椅安放在丹陛中央，甚是威严，宝座前已布好了皇上的御馔桌子，大殿中也早已摆好了一百零五张御宴桌席，最盛大的庆寿喜宴即刻举行。诸王公、贝勒、大臣、外域使节等已按序入席。

大乐声起，身着明黄色龙袍的康熙皇帝由后扈大臣二人，前列大臣十人，豹尾班侍卫二十人引殿入席。拜过太皇太后之后，寿宴开始了。今天是康熙皇帝二十九岁华诞，天子玄烨容光焕发。按中国的老算法虚一岁，正好是三十岁，三十而立，当然要隆重庆贺。玄烨频频向王公大臣们赐酒。

作为侍卫领班的纳兰性德，今天也一身崭新的蟒袍幞褥，持重端庄又英俊挺拔，站在丹陛下格外引人注目，他手执金卮，盛酒以待，皇上每有旨赐饮，他便将御酒送至王公大臣手中，整个寿宴当中，皇上频频赐酒，纳兰性德匆匆穿梭于王公大臣席间……宴会在热烈进行。

第二天，皇上赏赐清单下来了。昨日的寿宴，龙颜大悦，皇上要

第五章 叛逆

重赏有功人员。赏给纳兰性德的是一卷画轴。谢过龙恩，纳兰性德展卷一看，不觉暗自一惊。卷上龙飞凤舞般地书着：

> 银烛朝天紫陌长，禁城春色晓苍苍。
> 千条弱柳垂青锁，百啭流莺绕建章。
> 剑佩声随玉墀步，衣冠身惹御炉香。
> 共沐恩波凤池上，朝朝染翰侍君王。

这是皇上亲笔御书的唐朝诗人贾至的《早朝》诗。笔力雄健，结撰精整，饱满酣畅，神采焕然。这不是一般的礼遇。皇上赏赐侍卫是常有的事情，每次御驾陪征抵达目的地时或一些重大活动之后，侍卫们常常得到皇上的赏赐，纳兰性德得到皇上赏赐的金牌、彩缎、御馔、袍帽、鞍马、弧矢、字帖、佩刀、香扇等不计其数，可是像今天这样得到皇上的亲笔御书却是头一次。而皇上所书的那首《早朝》诗似乎也别有深意，这分明传递出某种信息。朝廷与官场总是最敏感的。人们私下纷纷议论，不久皇上必会重用纳兰侍卫。

果然，过了万寿节一个月后，皇上又下旨令纳兰性德作乾清门御制诗，并且让他将自己用满文作的《松赋》翻译成汉文。皇上是在考察纳兰性德的才学吗？也许有这个成分，但绝非主要。随侍自己左右多年，纳兰侍卫的才德他早就有数，很显然，皇上此举是做给别人看，他的用意也是十分明显的。

康熙帝确实早已属意纳兰侍卫了。从纳兰性德二十三岁任三等侍卫至今已有六年，玄烨的目光愈来愈多地停留在这个与自己年龄相仿的侍卫身上。这并不是因为他是自己所信任的朝中显宦明珠的儿子，在他的侍卫队中，不乏王公、贝勒、大臣们的子弟。可这位纳兰侍卫确实有种与众不同的气质。作为侍卫他举止得体、谈吐有度，无论宫中宿值还是伴驾随征，总是吃苦耐劳，从无怠懈。从三等侍卫逐渐升到一等，几年如一日，这绝非一般八旗子弟可比。而最让玄烨赏识的是纳兰侍卫过人的才华，尽管他从不显山露水，但从他那张英气勃勃的脸上、清秀的眉宇间透出的一种遮掩不住的聪睿之光，便能让同样智慧的玄烨一眼看出他有一种不同凡俗的英特之思、超悟之才。他的书房中摆着纳兰侍卫的《饮水词》，那首在都下广为传诵的《金缕曲》，他甚至还读得挺熟。他不禁暗赞纳兰侍卫的才华，更对词中传达出的情感似乎有一种同感。他能感到他的侍卫活得很不快活，词中流露出一种很沧桑、很孤独的感情。不知为什么他竟十分理解他的侍卫。

　　作为大清国的天子，难道他就不孤独吗？

　　康熙皇帝玄烨，大多数时间是没有孤独感的。坐在紫禁城那把硕大的龙椅上已经二十年的他，绝大部分时间无暇孤独。身为一国之主，年轻的他责任太大，需要他支付出超人的精力考虑处理太多的事情。他只能兢兢业业、日理万机。他心中最大的夙愿就是让祖宗挣下的这份家业，通过自己的励精图治保住并不断发展，这是他在只有六岁、还是三阿哥面对父亲的提问时就已经发出的雄心大志。而当他真的继承父业后，便义无反顾地向着这个理想、这个目标走去……

　　从十四岁亲政起，他做了许多大事——智擒鳌拜、整肃朝纲、努力缓和满汉冲突、修河治水、平定边疆……但他还是从三藩之乱中看到了一个事实，年轻的自己还远非华夏九州的真龙天子，不然苦心经营几十年的大清国为何差点就让曾被人们唾弃的贰臣吴三桂击垮呢？那一面抗清复明的旗帜，就足以让半个中国的老百姓聚集在叛旗下。八年！平叛三藩之战死去多少八旗将士！年轻的皇上曾感到深深的困惑：对于一个民族的征服，征服土地易，征服人心难啊！而作为征服者的他，自己倒先被博大精深的汉文化征服了。除了自己以极大的热情投入对汉文化的学习外，他还迅速明智地调整了朝廷对汉族——尤其是汉族文士——的政策。接着，他平定了三藩，安抚了东北边疆、收复台湾……他的日子过得很充实，他没时间孤独。短短数年，他做出了他的先辈没有做出的各种业绩。现在四海归一，举国上下满汉人民真正地拥戴他，视他为这块华夏大地的真龙天子，他稳稳地坐在了这把皇椅上，全中国匍匐在他脚下，万岁声似山呼海啸。可这时候，他的内心深处感到一种孤独，一种在别人眼里不再是一个活生生的人而是一个神的孤独，一种没有人能说心里话的孤独，一种高处不胜寒的孤独。

所以，他能理解他的纳兰侍卫。何止是理解？他甚至开始羡慕起纳兰性德来。脱下那身侍卫制服，他还有自由，他还有爱情、友谊，有可以互相倾诉的知己。他可以为他们欢乐、为他们痛苦、为他们流泪，并把这一切写成诗词……可是作为皇帝必须正襟危坐，更多的时候必须把自己的真实情感掩饰起来。

康熙开始频频向纳兰性德做出超出君臣关系的友好表示，寻找各种机会表示自己的好意，赠送各种礼物给他；每次出巡几乎都把纳兰侍卫的名字列在自己御驾亲征的随员名单中，以示自己对他的眷顾；每至名胜佳境，他常常把纳兰侍卫叫到身旁让他作些应制诗，以此接近他；在纳兰侍卫任三等侍卫不久，就把他提拔到二等，接着又升为一等侍卫，这已经是非常优厚的待遇了。他还寻找适当时机让纳兰侍卫在军政方面有所表现，前一年曾让他作为郎谈的随员侦察梭龙羌，所有这一切都是向世人表明，他对纳兰侍卫另眼相看。康熙帝玄烨已经准备在适当的时候将纳兰侍卫放到更能显出他光彩的位置上。

可是皇上发出的所有友好的信息，都被轻轻地反弹回来了。纳兰侍卫对皇上的举动仿佛浑然无觉！他仍然一如既往忠实地履行着他的侍卫职责。对皇上忠诚但绝不阿谀诌媚；对皇上的眷顾感激而绝不受宠若惊；为皇上护驾勤勉周到但绝不越雷池一步。总之，对侍卫职责范围内的事情他都一丝不苟地去做，但也仅仅是尽职尽责，绝不投入全部热情。他严格遵守着君与臣之间的距离，极有分寸地把握着一个度，不卑不亢。

难道他真的没有察觉皇上对自己的眷顾之心吗？怎么会呢？纳兰性德如此敏慧，怎么能没体察到皇上对自己的良苦用心？跟随康熙帝六年，对这位年轻天子他已经深有了解。因为了解，就更加深对他的理解与崇敬。纳兰性德熟读二十四史，知道本朝天子是可以与浩瀚历史长河中任何一位伟大君主——秦皇、汉武、唐宗、宋祖、元帝等比肩的一位皇上。尽管他还如此年轻，但从他所实现和正在与将要实现的业绩已经足以证明，他是具有雄才大略、治国安邦之才的一代英主。纳兰性德甚至常设身处地地想，皇上所面对的是怎样一个复杂的局面。一个曾经被人鱼肉、备受欺凌，一个刚刚开化不久还很落后的少数民族要统治这偌大的辽疆阔域，要统领芸芸众生，要治理一个被战争、灾害破坏得千疮百孔的国家谈何容易？可是皇上以他年轻却博大的胸怀、宽仁之心推行与先帝们不同的对汉民族的宽仁政策，从而使华夏九州甘心聚集于大清国的旗帜下。而皇上本人又敞开心胸吸收汉文化、读经诵史兼习书画诗文，他还深入研习西人先进的历学、算学、天文地理学……好一个不可多得的一代英主！

但是崇敬、理解都是内心的活动，纳兰性德绝不会表现出来。少年时代开始读史、读儒家经典，他就牢记住君君、臣臣、父父、子子这些老祖宗的遗训，跨入紫禁城的那天起，他就告诫自己必须按此去做。宦海似深渊、伴君如伴虎，这是被以往的经验反复证明了的。异常敏锐的纳兰性德深谙此点。几年来，他几乎每日出入宫闱，登金殿立玉阶，亲君伴君，心理上时时刻刻绷着一根弦，从未放松过，并且总有一种如临深渊、如履薄冰的感觉。每次从紫禁城出来，他总是不禁长舒一口气，有一种如释重负般的轻松感。

并不是纳兰性德过于谨慎，而是他太聪明、太早熟，也就有了与其年龄、身世、阅历不相称的忧患。诗人的忧患常常是敏锐与超前的。

进进出出乾清宫，纳兰性德经常良久地盯着门上高悬着的那块正大光明匾出神。就在这块大匾下不知发生过多少龌龊、黑暗、见不得人的事情。身在宫廷这几年，他目睹了官场上争权夺利、尔虞我诈，虽不见刀光剑影但也异常激烈的争斗。他厌倦、鄙夷，想远远躲开这一切。可有时候这些就发生在自己周围，他无法视而不见。纳兰性德的父亲明珠就是朝廷权力角逐中的核心人物。

这些年父亲明珠在朝廷中的权势与地位以飞快的速度递增着。从康熙三年（一六六四）任内务府总管始，历任弘文院学士、刑部尚书、都察院左都御史、兵部尚书、吏部尚书，康熙十六年（一六七七）被任命为武英殿大学士，康熙二十一年（一六八二）先被累加太子太傅，接着再次晋升太子太师，可谓皇帝一人之下、万人之上权倾朝野的人物。

明珠能如此迅速到达他个人权力的巅峰，固然是由于他精明过人的才干，但其中也有康熙皇帝想要平衡朝廷的政治意图。当年将明珠任命为武英殿大学士，是康熙皇上用来牵制朝廷中另一重臣索额图的策略。这索额图是三朝老臣索尼的儿子，因出身显赫，并且在智擒鳌拜中立下汗马功劳，所以也是青云直上，官至保和殿大学士。任久权重，他在朝中日渐专横跋扈。明珠的崭露头角，使他感到一种潜在威胁，便心生怨隙，随着明珠官职不断升迁，两人权势相当，又有宿怨，很快就各自结党，互相倾轧。

索额图与明珠相比显然缺少政治谋略，他凭仗自己是皇太子胤礽的叔外祖父，又出身豪门显宦，所以性情倨傲，凡是不依附自己的人便斥之，在朝中树敌过多。而明珠则棋高一着，为网罗党羽他总是态度谦和，轻财好施，百般笼络，以招徕新进，而对忌己者则用阴谋陷害。两党相争，索额图很快败下阵来，康熙十九年（一六八〇）因病解大学士职，不过他仍然以内大臣留任朝中。在第一个回合的较量中，明珠获胜了，但朝廷内的党争并未结束，它只会愈演愈烈……

冷眼旁观的纳兰性德看到了政治的险恶，他绝不赞成父亲的行为，但他无法规劝。像父亲这种似乎天生为政治而生的人，有着他们无法更改的政治信条。但他也无法避免地与父亲愈来愈疏远。

> 乘险叹王阳，叱驭来王尊。
> 委身置歧路，忠孝难并论。
> 有客赍黄金，误投关西门。
> 凛然四知言，清白贻子孙。
>
> ——《拟古四十首·其三》

借怀古人以抒情，道出了他不满父亲招权纳贿、聚敛财富的行为，和他无力阻止的苦闷。他变得愈来愈沉默。原先那个慷慨激昂、意气风发，展卷论王霸、疾言针砭时弊的年轻纳兰性德，在朋友们的眼里仿佛变了一个人。有的友人甚至猜测：是不是久在官场，纳兰性德的锐气已磨没了？或者变得城府更深了？其实，他过去言辞激烈是因为充满希望，而现在的沉默是因为失望，失望了便无话可说，他甚至常常为自己幼年时立下的那些宏伟志向、远大抱负暗自发笑。他明白，自己生不逢时，这不是"志欲吞鲸鲵"的时代。当年那种驰骋疆场、

第五章 叛逆

建功立业的巴图鲁时代早已成为历史的尘埃，现在是大一统的升平天下，没有人再需要自己"银河亲挽，普天一洗"。现实中的他，徒有才华也只能"骅骝日暮空长嘶"而已。

灰冷、落魄、失望萦满心怀，他只有沉默。沉默中又升出隐隐的不安，"荣华及三春，常恐秋节至"，升平公子的笔端流露的竟是这般忧心忡忡的情绪。博览群书、熟谙历史又异常敏感的他深知："天道本杳冥，人谋苦不早。荒庐日旰坐，百虑依春草。回顾何茫然，凝思失昏晓。"今日的烈火烹油、富贵荣华，也许不过是过眼烟云，曾有多少炙手可热、权倾一时的人物在瞬间破败、失势，甚至家破人亡。

再去朝中入值，他内心便怀着惴惴临覆之忧，在皇上身边他更小心翼翼，格外谨慎，无论皇上怎样表示对自己的关心眷顾，他总是严格保持君臣之间的距离，绝不越雷池半步。可他愈行为有度、言谈得体就愈得到皇帝的赏识，而他的内心就愈无法放松、愈痛苦，愈不堪忍受侍卫生涯，这几乎成了一个循环往复、看不到终点的轮回。

只有当夜阑更深，黑暗的静谧取代了白日的喧哗，脱下侍卫制服的纳兰性德才恢复为一个有血、有肉、有灵的人。凄冷的月光洒在身上搅得他难以入眠，他索性披衣而起，悄然伫立窗前。聆听着不知何处传来的清幽的笛声，心灵一隅发出喃喃的颤音："我是人间惆怅客，知君何事泪纵横。断肠声里忆平生。"

光彩照人的背后是一个孤独寂寞、怅然若失的纳兰性德。他有着满腹的困惑和难以抚平的隐痛——人人都羡慕我，羡慕我的位置，可是一等侍卫又算得了什么？待遇优厚位置尊贵，可说到底，不过是皇上身边一个精美雅致但却无足轻重的摆设而已。金殿凤阙里，三宫六院中，这类的摆设还少吗？

不错，任侍卫只是暂时的，谁都知道侍卫是通往高官显宦的必经之路。清朝的重要朝臣几乎都是从这条路走上去的，父亲不就曾是先皇帝顺治的侍卫吗？现在那么多迹象表明皇上有意将自己安排到更重要的位置上，人们不都在议论我会前途无量吗？

可这又怎么样呢？纳兰性德厌倦地想。

他已经对仕途感到失望。他无法忍受官场中的黑暗、丑恶、尔虞我诈。功名、荣誉、光宗耀祖……这些曾经诱惑过他，令他向往、为之奋斗过的东西现在都变得不重要了，他已不再需要它们。

可自己到底想要什么呢？他扪心自问。

二、醒也无聊，醉也无聊

> 谁翻乐府凄凉曲？风也萧萧，雨也萧萧，瘦尽灯花又一宵。　不知何事萦怀抱，醒也无聊，醉也无聊，梦也何曾到谢桥。
>
> ——《采桑子》

找不到缘由的烦恼，却总也挣不脱、甩不掉；不知为何事厌倦，却醒也无聊、醉也无聊。为何无眠？因何感伤？却风萧雨冷，备感凄凉。

> 将愁不去，秋色行难住。六曲屏山深院宇，日日风风雨雨。　雨晴篱菊初香，人言此日重阳。回首凉云暮叶，黄昏无限思量。
>
> ——《清平乐》

> 独背斜阳上小楼，谁家玉笛韵偏幽。一行白雁遥天暮，几点黄花满地秋。　惊节序，叹沉浮，秾华如梦水东流。人间所事

堪惆怅,莫向横塘问旧游。

——《于中好》

　　这种似有所失落又似有所追寻,精神落空、无所依傍的感伤情绪、怅惘情怀,有些能找到缘由,可有些却似乎没有什么具体原因,不知它从何而来,又挥之不去。它不是大起大落的情感宣泄,却又无时无刻不在折磨着人。它既不可确指又没有限度,像一团阴霾,缓缓聚拢又扩散开去,渐渐弥漫成一种氛围,使人压抑得透不过气来。

> 予生未三十,忧愁居其半。
> 心事如落花,春风吹已断。
> 行当适远道,作计殊汗漫。
> 寒食青草多,薄暮烟冥冥。
> 山桃一夜雨,茵箔随飘零。
> 愿餐玉红草,一醉不复醒。

——《拟古四十首·其十三》

　　许久以来,纳兰性德都陷入这种无以排遣又无法安顿的恶劣心绪中。他神情抑郁、踽踽独行,那双漆黑清澈的眸子中闪着幽幽的光。马上就要迈入而立之年的他,却感到空前的茫然与深深的挫败感。这种挫败感源于他内心理想的崩塌,是心灵方面的危机,与此刻他外在的显达辉煌是不相干的。

　　是啊!这么多年来自己真诚地投入极大热忱的儒家精神,自己在心灵中兢兢业业营造起来济世报国的理想境界,原来不过是一场虚幻。这不是一个大展宏图、建功立业的时代,也没有人再需要你"银河亲挽,普天一洗"，你所能做的不过就是圣天子身边一个精美而无用的摆设，再不然就在你所厌恶的官场碌碌无为、抛掷年华……

纳兰性德犹如一个大梦方醒的人，不再耽溺于那虚构的美境，但他睁开睡眼四周环顾，依旧一片茫然。理想消失了、目标没有了，前方的路在哪里？他找不到答案，便被一种无法疗救的厌倦、乏味、无聊之感紧紧裹住。"醒也无聊，醉也无聊"，就是无聊；没有意义，自己所做的都没有意义……这个声音顽固地、不断地敲击着他的耳膜。

"心事如落花，春风吹已断。"纳兰性德感到深深的悲哀，可人生最可悲、最难堪的莫过于明知无意义、对此感到极其无聊却又不得不做，而且这种尴尬的状态有一部分还是由自己造成的。已经随着岁月之河流入他血液中的儒家人伦道德、圣贤教化，那硕大的"责任"二字，此刻沉重地压在他的心头。当初并没有人强迫他，那是自己求学时就以极大的热情自觉选择的人生价值取向。"我亦忧时人，志欲吞鲸鲵"，自己曾是那么虔诚、那么天真、那么小心翼翼又充满想象力地营造着自己心中的理想。现在，理想崩塌了，可儒家的人伦纲常、责任、义理仍紧紧箍着他，成为折磨他的巨大精神桎梏。

他必须为大清国尽责，他必须为天子尽忠，他必须为父母尽孝……他的命运本来就牢牢地拴在大清王朝这架战车上，尽管他性灵深处有一股力量在奋力挣扎，欲求挣脱。

进又不甘，退又不能，人生夹在这两难的缝隙中，尴尬又无奈。厌倦、乏味、无聊，再多的不如意也终归徒劳，乾清门华贵的檐桷下依然肃立着纳兰侍卫，皇上出巡打猎的队伍中仍旧频繁出现他骑马驱驰的身影……

康熙二十二年（一六八三），康熙帝两次巡视五台山，纳兰性德均伴驾随征。

第五章　叛逆

　　距京千里之外的山西、莽莽苍苍的太行山麓中，五座高耸的山峰环抱而立，每座峰顶平坦宽阔犹似土垒的平台，故人称之五台山。山中寺庙林立，清流潺湲，树木葱郁，风光秀丽，是中国四大佛山之一。自东汉永平年间始建寺庙以来，经历代屡屡修建，规模愈来愈大，香火鼎盛……

　　二月，康熙一行往五台山一带巡视，名为巡游狩猎，而且确实在回銮路上于长城岭西射死猛虎一只，并为此处题词：射虎川，但实际上，皇上此行更主要的一个目的是勘察地势，探巡道路，为祖母孝庄太皇太后来五台山做准备。太皇太后已经不止一次地提出要亲至五台山上香、祈佛。

　　孝庄太皇太后是康熙在这个世界上最敬重、最亲的人。当年父皇顺治在弥留之际，是顺照母后的意愿立玄烨为皇太子的。当时玄烨只有八岁，有人据宋代太后临朝称制的先例，请孝庄太后垂帘听政，她断然拒绝，一心辅佐皇孙。在玄烨的成长过程中，孝庄太皇太后倾注了很多的心血。在日后狂风骤雨般的动荡时代，在异常复杂多变的政海波澜中，又是皇祖母，这个坚强、睿智，具有政治才能的女人，用她温暖、宽厚的臂膀支撑，辅佐着她心爱的孙儿，鼓励他、提示他、激策他，使他一步步走向成熟。对这个在自己生命及康熙朝的命运中都占有重要位置的皇祖母，玄烨怎能不报以热爱与孝敬呢？朝政中每一件大事，他都要认真听取祖母的意见，而祖母的每个心愿他都要全力去实现。

　　二月，康熙亲自巡察五台一带的地势，并敦请修治道路。九月，太皇太后的銮舆行至五台时，他仍不放心地先赴长城岭用御辇亲试。五台山，岭路数盘，山势巉崿，险隘殊堪，别说车轿难走，就连人有时也要侧步而行。纳兰性德侍驾皇上左右，其艰险辛劳可想而知。他

有感于皇上的一片孝心,曾记下一首《驾幸五台恭记》:

> 杳杳丹梯上,迢迢翠辇回。
> 慈云笼户牖,佛日现楼台。
> 珠树参天合,金莲布地开。
> 共传天子孝,亲侍两宫来。

这首五律没有带什么自己的情绪。他夜宿五台龙泉寺,又一次与经岩叔夜话,去岁梭龙之行就曾与经岩叔同行,二人也算共过患难,今晚五台夜话,应经岩叔之邀题一扇面:

> 雨歇香台散晚霞,玉轮轻辗一泓沙。
> 来春合向龙泉寺,方便风前检较花。
> ——《龙泉寺书经岩叔扇》

小诗《龙泉寺书经岩叔扇》写得闲雅并无深意,以一把随手携带的扇子,纪念此行而已。只有到了夜阑更深,屋外山风伴着秋雨袭来,秋风惨淡、秋雨愁人,纳兰性德那颗敏感的诗心才又异常活跃起来。只有脱掉那身侍卫制服,独自面对自己的心灵时,他才觉得准确、真实的感觉又回到了自己身上:

> 野火拂云微绿,西风夜哭。苍茫雁翅列秋空,忆写向屏山曲。　山海几经翻覆,女墙斜矗。看来费尽祖龙心,毕竟为谁家筑。
> ——《一络索·长城》

第五章 叛逆

被抑郁情感浸润过的自然笼罩着一种肃杀、苍郁甚至有些阴惨的气氛，而在这种气氛烘托下，年轻诗人的思考深刻而冷峻，他那双明澈的双眸穿透漆黑如墨的暗夜，停留在白日所见到的那段长城上。那长城经风历雨、翻朝越代，如今已女墙斜矗、风化残蚀，也许不出几年，它将变成残垣断壁、一片废墟，甚至干脆消失。想当年那位秦始皇大动干戈、费尽心力修筑长城，本意该是让自己的江山千秋万代。可是到头来他自己连同他的王朝也很快消亡了，他的长城为谁家所筑？他所做的有何意义？如今这作为历史见证的长城也不知会在哪一天便荡然无存，如此说来，在悠长的时间、浩渺的空间面前，人类历史的片刻庄严与辉煌显得渺小和虚幻。那么自己今天所做的一切又有何意义？其实答案早已得出——没有意义，全都没有意义。这个当年用全身心血投入汉文化，用儒家理想把自己武装起来，怀着经天纬地的宏伟大愿，要大有作为一番的满族贵族青年，此刻心灰意冷。

出入宫阙、跻身官场的阅历告诉他，并没有什么崇高与神圣，也并不存在让自己为之献身的事业。锐感的诗心又让他感悟到，这是一个没有激情、没有创造、不见波澜犹似一潭死水的时代。当然，对于纳兰性德这只能是一种朦胧的直觉。他并非哲人，不能用鸿篇伟论来把握与评判他的时代。他只能感到彷徨迟疑，厌倦乏味，醒也无聊，醉也无聊，万般无聊，再也提不起精神为他的王朝去做些什么。在外表平和有度的行为背后，在华丽的侍卫制服包裹下，是一颗对以往的理想叛逆否定的心。迷失了方向的诗人到哪里安顿自己这颗心？

五台山夜宿龙泉寺，纳兰性德还留下一首诗：

招提偶然到，再宿离喧杂。
列岫霁始开，双扉晚初阖。

> 禅心投钵龙，梵响下檐鸽。
> 既闲陵阙望，亦谢主宾答。
> 遥夜一灯深，石炉烧艾蒳。
>
> ——《宿龙泉山寺》

在淡淡的记叙性诗句中他已然透露出对远离喧嚣躁动的都市、宫廷、人群的欣悦，和对宁静、淡泊、质朴的出世生活的向往。

其实，这时的纳兰性德已经有了一个禅味十足的自号——楞伽山人。楞伽是佛家经典的名称，楞伽山是佛家名山，在僧伽罗国东南隅。据说当年释迦牟尼曾在此山说《楞伽经》。自号楞伽山人，无疑是在宣称自己是佛家弟子，至少心已向往佛门。

外人看去，这简直不可思议，纳兰公子身为满族贵胄，此刻处锦绣繁华之地，集富贵与才华于一身，有天子的赏识、世人的赞叹、父母的珍爱和未来辉煌的前程……即便心不得自由也会安于此吧？可他偏偏厌倦了，想摆脱这一切：这究竟为什么？还是朋友们了解他。友人梁佩兰后来写道："佛说楞伽好，来年自署名。几曾忘夙慧，早已悟他生。"

放弃了对儒家思想的执着追求，也就失去了十几年来安身立命的精神支柱，这是一种惨重的丧失。生活的目的变得茫然而无着落，他只觉得无聊、乏味、厌倦。但他不甘心精神长久地悬空，他要寻找新的精神依托，他向往有一个能安顿自己的心灵家园。他的目光转向对中华文化也产生巨大影响的佛老学说。纳兰性德的词作中出现了这般描写：

> 空山梵呗静，水月影俱沉。悠然一水人外，都不许尘侵。岁

第五章 叛逆

晚忆曾游处,犹记半竿斜照,一抹界疏林。绝顶茅庵里,老衲正孤吟。　　云中锡,溪头钓,涧边琴。此生着几两屐,谁识卧游心。准拟乘风归去,错向槐安回首,何日得投簪。布袜青鞋约,但向画图寻。

——《水调歌头·题西山秋爽图》

聚目凝神,良久地面对这幅《秋爽图》,纳兰性德细细体会着其中的禅意梵音,心情恬静如一泓秋水。这是过去极少有的心境,以往的他,在内向沉静的外表下,是一颗激烈跳动、敏感不安的心,那颗心总是在尖锐的冲突中流血、呻吟,而现在他似乎感悟到了一种永恒的虚空与寂静,一种摆脱浮躁、喧嚣而走向与天地自然融为一体的空灵又神秘的美境。这份感悟流于笔端,便是一种从里到外的静,是一种目之所怡、心之所往的愉悦。

于是每至夜幕降临、万籁俱寂之时,纳兰公子便焚香静坐,他似乎真有些参禅悟道了:

抛却无端恨转长,慈云稽首返生香。妙莲花说试推详。　　但是有情皆满愿,更从何处着思量。篆烟残烛并回肠。

——《浣溪沙》

手写香台金字经,惟愿结来生。莲花漏转,杨枝露滴,相鉴微诚。欲知奉倩神伤极,凭诉与秋檠。西风不管,一池萍水,几点荷灯。

——《眼儿媚·中元夜有感》

字里行间透露出有心向佛的真诚。不仅向佛,年轻的纳兰性德也在留心老庄的道家学说,他曾在给严绳孙的信中谈过:"弟今于闲中,留心老子,颇得一二……"他的诗作中也频频出现对道家顺乎自然、返璞归真境界的向往:

> 天地忽如寄,人生多苦辛。
> 何如但饮酒,邈然怀古人。
> 南山有闲田,不治委荆榛。
> 今年适种豆,枝叶何莘莘。
> 豆实既可采,豆秸亦可薪。
> ——《拟古四十首·其十》

淡淡的白描,平实如话。诗的语言是质朴的,诗传达出的情趣也是质朴的。那里面似乎已经带上一些当年陶渊明"晨兴理荒秽,带月荷锄归"的人生滋味。这时的纳兰性德对千年前的诗人陶渊明的田园生活有了如下概括:

> 结庐柴桑村,避喧非避人。
> 当春务东作,植杖躬耔耘。
> 秋场登早秋,酒熟漉葛巾。
> 采罢东篱菊,还坐弹鸣琴。
> 磬折辱我志,形役悲我心。
> 归华托陈荄,倦鸟栖故林。
> 壶觞取自酌,吟啸披予襟。
> ——《效江醴陵杂拟古体诗二十首·陶渊明田家》

也许身处喧红闹紫、高门广厦的贵公子无法体会到当年陶渊明抽身官场、回归田园，不再为"口腹自役"、不再为"五斗米折腰"，是付出了"躬亲未曾替，寒馁常糟糠"的"固穷"、"守拙"的艰辛代价的？他笔下陶渊明的篱屋茅舍、耘籽耕稼的生活竟是那般如诗如画、恬然至纯、令人向往。其实，久在樊笼中的年轻诗人是在精神上追索着千年前的大诗人，"磬折辱我志，形役悲我心"，他在精神上与陶渊明产生共鸣。这首五言古诗中描绘陶渊明返璞归真、悠然自得、带有道家哲学况味的田园生活，难道不是年轻诗人在潜意识中为自己营造的又一座理想中的精神家园吗？他的诗作中出现了不少类似的心境与思绪："落花委波文，天地如飘蓬。忽佩双金鱼，予心何梦梦。不如葺茅屋，种竹栽梧桐。贵贱本自我，荣辱随飞鸿。""人生若草露，营营苦奔走。为问身后名，何如一杯酒。行当向酒泉，竹林呼某某。时有西风来，吹香满罂缶。不问今何时，仰天但搔首。""吾本落拓人，无为自拘束。倜傥寄天地，樊笼非所欲。"

在失意落魄、无法把握的人生空漠之感中，他努力寻找着一种超然物外、与以往生活不同的更趋于自然的生之意义。无论是对佛家虚空、寂静的出世生活的向往，还是对道家质朴自然、隐逸化外的境界的期待，都表现出年轻的纳兰性德在原来的理想破灭后寻求解脱所做的挣扎、努力。他企图重新找到心灵的归宿。他能如愿以偿吗？

所有的努力终归失败了。最大的障碍还是来源于他自己。儒家济世安邦、兼济天下的理想破灭了，可是二十多年的圣贤教化却已渗入他的血液，制约、束缚着他的行为方式，佛老思想还远远不能与它相抗衡。纳兰性德陷入巨大的矛盾之中。

他面色苍白、目光忧郁，灵魂承受着双重的压力——行为被现实紧紧束缚，任凭命运的摆布，违心地坐在相国长子、天子侍卫的位置上。

他不可能做出对他的阶级叛逆的举动,也不可能——至少现在不能——脱离他赖以生存的那个花团锦簇的生活而走向陶渊明的茅庐篱舍,他也还离大彻大悟超脱空灵之境界尚远。但同时年轻诗人的心灵则被自由的空气摧动着,执着地飞向蓝天,他的天性不适合命运为他安排的位置,固执地循着自己的轨迹而前行。他的行为循规蹈矩、停滞不前,那颗锐感的诗心却飞得很高很远,他向往着高质量的精神生活,要过有价值的人生。

现实与理想,一个完美的社会的人还是一个自由的性灵的人,天子的侍卫与天才的诗人这一串无法调和的矛盾,使纳兰性德的身心被巨大的痛苦吞噬着,处于分裂状态。他焦苦不安、困惑不解,他只有醒也无聊,醉也无聊……

三、万里西风瀚海沙

连续两次长途跋涉的东北之行,又连续两次上五台山,还有数不清的去郊畿、苑囿打猎行围……驱驰,无休止地驱驰;奔波,没有尽头地奔波。纳兰性德对侍卫生涯彻底厌倦了:

> 长飘泊,多愁多病心情恶。心情恶,模糊一片,强分哀乐。 拟将欢笑排离索,镜中无奈颜非昨。颜非昨,才华尚浅,因何福薄?
> ——《忆秦娥》

他不再掩饰自己心中的厌恶,直率地宣泄自己的无奈与心中的不平,又大声究诘起自己可悲的命运。从五台山归来,他开始筹划一件事情——他要在家府中为他的挚友梁汾兄建造一座房子。再有一年梁汾兄为母守丧三年之期即满，到时候他要立刻招他北上。与梁汾兄分别已经两年了，思念之情与日俱增，他要为梁汾兄修建一所特殊的房子，是与府中那些富丽堂皇的高堂大殿完全不同的一座茅屋篱舍，它虽然不大但质朴清雅，有陶渊明之趣，有杜子美之境……那时候与梁汾兄还有别的朋友们相聚一堂，该是何等惬意！纳兰性德为自己的构想兴奋着，每日空暇便琢磨起草屋的构图和设计方案。

正在这时，他接到康熙帝圣谕，他将奉旨率团出使西域。他此行的使命是宣抚西北边郡地区部分少数民族。

宣抚西北少数民族是康熙皇帝治国朝纲总体战略的一部分。本来就曾属于边郡少数民族的皇帝深深懂得，统辖一个由多民族组成的泱泱大国，边郡的稳定巩固是何等的重要。尤其是西域，辽阔的大漠、逶迤的山脉，那些充满野性活力的胡骑、羌人，时时牵动他的心。"乱则声讨，治则抚绥"及"宣威蒙古，并令归心"，这是康熙早就明确制定的方针。只是持续八年的平定三藩之乱，几乎耗去了他全部的精力，没有余暇顾及于此。但安绥西域是他放心不下的一件心事，所以康熙二十一年（一六八二）下半年，三藩荡平，南方安泰，康熙立刻着手考虑宣抚蒙古、西域。当年即派出一个庞大的使团分赴厄鲁特及喀尔喀、左翼土谢图汗等部。使团成员都由康熙皇帝亲自审定，均由内大臣、一等塔布、一等侍卫、大喇嘛等组成。使团规格之高、队伍之庞大、出使时送行仪式之隆重，足以看出皇帝极为重视。那次出使历时一年，纳兰性德不在此列。

厄鲁特蒙古，又分为和硕特、土尔扈特、杜尔伯特、准噶尔四部，他们主要分布于伊犁河谷、额尔齐斯河两岸、塔尔巴哈台、乌鲁木齐一带。后来因为各部之间冲突加深，土尔扈特部向西迁徙，和硕特部向东南迁徙到青海一带。其中准噶尔部日益发展壮大，在康熙十六年

(一六七七)时,它的首领噶尔丹出兵攻灭了已迁到青海的和硕特部;康熙十七年(一六七八),噶尔丹攻取了天山南路叶尔羌等"回部"各城,西侵哈萨特、布鲁特等地,还侵占哈密和吐鲁番,控制河西走廊西部并不断干涉漠北喀尔喀蒙古事务,严重危害着清朝的统一和边疆安宁。

康熙帝并不干涉准噶尔的内部事务,但反对它对别部的吞并或攻掠。当时西北地区受噶尔丹压迫的部族不满噶尔丹的统治,纷纷逃跑,缘边地驻牧,他们拥护清廷。康熙帝非常同情这些逃跑的人,但此刻他并未与噶尔丹发生正面冲突,而是策略巧妙地一再通知额尔德尼和硕齐、巴图尔额尔克济农等逃走的人,"系属尔属下人,当限日收捕",如果过期,即超过康熙二十四年(一六八五)四月,将由清廷任意处理。此次康熙帝派大型使团便是与噶尔丹等交涉此事,因为康熙帝清楚,噶尔丹对西北地区的侵吞掠夺,遭到各部族激烈反对,其内部也问题重重,根本无法控制局面,也根本无法在限期内收捕逃走之人,到时候自然要由清廷来解决。

果然,内大臣奇塔特出使归来汇报说,他于二十一年十二月二十八日见到噶尔丹,曾以额尔德尼和硕齐、巴图尔额尔克济农的问题向他质问。噶尔丹表示可以召他们回来,但能否如愿就不敢说,这表明他并没有能力收捕逃人。所以后来理藩院题,鄂尔多斯贝勒松阿喇布等报称:"厄鲁特巴图尔额尔克济农于黄河崖驻牧,议遣司官二员,谕使归部"。康熙批示:"此事暂留,回京再奏。"

这次皇上亲自派纳兰性德再组使团出使西域,恐怕就是解决这个上次遗留下来的问题,纳兰性德大概就在这次带着谕巴图尔额尔克济农归降的使命而去的。虽然所负使命不像上次那么重要,使团的规模也不似上次大,但这却更明确地表明了皇上的心迹——他要给纳兰侍卫更多一些单独展示自己文才武略的机会。一般来说,这是委以重任前的一个明显征兆。

纳兰性德将第一次独立率队远征。

出京城正东是通州，通州再往东有一处树木葱茏、花草繁盛、溪流泉涌、亭台隐露、美不胜收的地方——燕郊。这是京城一大名胜，康熙帝每次重大出巡离京前常到此处小憩。

这里的宁静忽然被一阵喧哗笑声打破。在京城的诗朋文友们正在此处为即将远征的纳兰性德饯行。时至深秋，身上已微感凉意，但此刻正是燕郊最美的季节。松柏依然青翠，丹枫已是火红，银杏树一片金子般的灿烂，白桦林笔直挺拔的躯干昭示着醒目的白……比起姹紫嫣红的春日，这秋光更有一种五彩斑斓的丰富。可现在友人们的热语浓情竟使这宜人的景色变得黯淡了。

大伙儿有理由为纳兰性德高兴。这次远征对纳兰性德来说意义非比寻常，这些年他作为皇上的一等侍卫，目睹龙颜之近，时亲天语之温，地位尊贵令人艳羡，可朋友们深知，一次又一次陪皇上出巡游猎，那旅途上的漫漫黄沙淹没了容若的满腔抱负与一身才华，那几个时辰一动不动地站在乾清门下站岗值班蹉跎掉他的青春，空耗着他年轻的生命。而这年轻的生命本该活得更有光彩，闪耀出与众不同的、创造的光芒！而现在容若终于有机会展示他自己了。再说此次远征其意义还远不止此，这是升迁的先兆，说不定从此容若便走向仕宦之路的坦途呢！

大家热烈谈论着这次西域之行。有人把它与当年陆贾赐佗、相如谕蜀相提并论。西汉年间，南越的尉佗自立为王，汉高祖命使臣陆贾千里迢迢赐尉佗南越王印。汉高祖此举一是表示自己宽大为怀，同时也警示尉佗仍隶属汉朝，不可轻举妄动。可那尉佗恃权傲慢骄横，并未把汉王放在眼里，也没有归臣于汉之心，甚至不以礼待陆贾。对此，陆贾并不介意，而是在南越王尉佗面前大讲汉王怜百姓之苦，不愿加兵于南越，又说起汉王灭诸侯诛项羽，兵力如何强大。晓之以理，恩威并用，最后说得南越王心服口服，自愿称臣于汉。又汉武帝时，唐蒙打通西南夷，调遣巴蜀隶奴千人，巴蜀百姓大惊。汉武帝遂派司马相如去安抚巴蜀、责唐蒙。相如至蜀后发布谕告，安定了民心，终止了巴蜀的不稳定形势。

而如今纳兰性德有陆贾之辩才、有相如之文采，马上可挽弓射雕，驱驰可日数百里，文武兼备又风华正茂，此次出使西域定能成功归来。

友人们的祝贺、赞叹、期望、祈愿之辞不绝于耳，杯光酬醉之声响成一片。大家都有些情绪激动。毕竟容若这一走就是将近一年，已经从南方回京的姜西溟此刻已拈得七律一首：

> 吹笳落日乱山低，帐饮连宵惜解携。
> 别梦已惊千里雁，征心惟听五更鸡。
> 侍中诏许离丹禁，都护声先过月题。
> 会看乌孙早入质，蒲桃苜蓿正来西。
> ——《宿燕郊，送容若奉使西域》

姜西溟的内心是矛盾的，他一方面为他年轻的友人高兴，容若他终于有显示自己才华的机会了。可不知为什么，他却笑不出来，眼前总晃着西北大漠那苍凉荒败的景象。容若这一走就是一年，西路漫漫，迢迢万里，他不知要吃多少苦呢？想到这儿，他神色有些黯然，诗句的色调也有些阴郁，但他姜西溟再率真，也知道此刻不能流露出感伤之情，这是在给容若壮行，万不能动摇军心！其实，这是每位朋友的心情，他们都在为即将到来的远别忧伤，但又都小心翼翼躲避着令人

第五章 叛逆

感伤的话题。

唯有被送行的主人纳兰性德心情异常平静，既没有作为皇家使者独自率队远征的兴奋，也没有以往远离京城时的惆怅烦乱……刚接到圣谕时，他便明白了皇上的用心——这不大不小、不轻不重的使命既没有十分的风险又足以考验他的能力，还能在世人面前昭示他的才华。"皇上可谓用心良苦啊！"如果在若干年前，他一定会为此激动、兴奋，全力以赴。可现在他没有，现在官场与仕途上的任何升迁对他都不再具有诱惑力。委以重任也好，继续做皇上的侍卫也罢，已全然不在乎。既然命里注定无法摆脱这种自己并不喜欢的位置，那么他只有以一种宿命的态度对待。他要做的一切他都会做得很好，但糟糕的是，他的内心对这一切已没有了热情。既然自己的政治理想无法实现，那么仕宦还有什么意义？他更不会为职务的升降而烦恼而兴奋，或喜或悲……

此刻，纳兰性德嘴角露着一丝微笑，静静地听着朋友们热烈谈论着自己将要踏上的那条漫漫出关路，像个局外人。

又上路了，又到了绿杨曾折、与友人分手的地方。深秋的北京，太阳照耀的时候依然可爱，可是渐行渐远、渐西渐冷，狂风伴着黄沙劈头盖脸地向他们扑来。纳兰性德的队伍"晓背阳乌而辘辘，宵瞻元武而驰驱"，这次西域之行不似上次去东北侦察梭龙羌公务紧急，但为了赶在严冬到来之前到达目的地，也少不得日夜兼程。可是，这一次路途太遥远了，而且茫茫的塞外草原只有一条土路夹在荒草中，伸向天边，仿佛永远没有尽头。四周的景色单调、荒凉、缺少变化，这条路就显得更加漫长，纳兰性德的马队就显得更加渺小，显得行走缓慢。"这路何时才走到尽头呢？"纳兰性德的心绪糟透了：

又到绿杨曾折处，不语垂鞭，踏遍清秋路。衰草连天无意绪，雁声远向萧关去。　　不恨天涯行役苦,只恨西风,吹梦成今古。明日客程还几许,沾衣况是新寒雨。

——《蝶恋花》

  年轻的诗人低头垂鞭,常常半天不语,任凭马儿载着自己迟缓地向荒原纵深处走去。偶然,天空中一阵雁鸣,循声望去,那是离去而南飞的大雁。而雁声过后,是更可怕的死一般的寂静,了无生命的迹象。纳兰性德感到自己仿佛被这无边无际的衰草吞没一般的窒息。"不恨天涯行役苦,只恨西风,吹梦成今古",这哪里是不恨?无端地迁怒西风,这里的怨情、愤恨该有多重?他恨这西风,恨这衰败,恨这天涯行役,恨生命被无端地放逐,恨这无常的命运!这哪里能找到一点皇家使臣的使命感?诗人的生命意识被这无尽无涯的衰草提醒,加重了。可这又怎么样呢?明天依然要继续赶路,征衣上仍旧要沾上一层新雨,不属于自己的人生啊!

  第一次走在这西行古道,诗人的脑海中有时会跳出那些唐代边塞诗句:"忽如一夜春风来,千树万树梨花开",岑嘉州笔下的绝塞是一幅如此奇伟瑰丽的图画;"大漠孤烟直,长河落日圆",而在王摩诘这里,大漠又是这样的雄浑壮丽;还有"海上众鸟不敢飞,中有鲤鱼长且肥"的生趣盎然;当然还有"醉卧沙场君莫笑,古来征战几人回"的视死如归;"黄沙百战穿金甲,不破楼兰终不还"的豪情伟魄……这些诗句是伴着纳兰性德成长的,它们早已烂熟于胸,无数次在他脑海中激越、奔涌,后来就升华出"志欲吞鲸鲵"的宏伟志向。那西域大漠曾多么令他神往,催他投入它的怀抱,可现在自己真的来了,感受竟全然不同。纳兰性德深深叹了口气,是啊!历史上那最辉煌、最壮丽的一幕永远沉落下去了,那些动人心魄的诗句便也只能成为那辉煌瞬间永恒不变的定格，只能成为人们疗治创伤的一味补剂罢了。

往事越千年。当年轻的诗人也走进这块曾沸腾过现在又归于沉寂的荒原大漠，他该作如何想？大自然静默无语，目睹人间沧桑、世事巨变，依然不动声色地用它宁静、宽阔的胸襟包容着人类的偏狭，年轻的诗人却无法平静，他的心在激烈跳动中发出一串心灵的颤音：

今古河山无定数。画角声中，牧马频来去。满目荒凉谁可语？西风吹老丹枫树。　　幽怨从前何处诉。铁马金戈，青冢黄昏路。一往情深深几许，深山夕照深秋雨。

——《蝶恋花·出塞》

身向云山那畔行，北风吹断马嘶声，深秋远塞若为情。　　一抹晚烟荒戍垒，半竿斜日旧关城。古今幽恨几时平！

——《浣溪沙》

古戍饥乌集，荒城野雉飞。何年劫火剩残灰，试看英雄碧血满龙堆。　　玉帐空分垒，金笳已罢吹。东风回首尽成非，不道兴亡命也岂人为。

——《南歌子·古戍》

年轻诗人显然已不似他的诗人前辈们那般单纯、天真，因为他没有生在他们那个健康、昂扬、充满生命活力的时代。因此他必须承载极重的精神负荷。他忧心忡忡，深邃的目光环顾四周——大自然的山川河流依然奇伟瑰丽，可到了他的笔下却总杂糅着深深的失落、悲凉、缺憾；今古河山、铁马金戈的阔大壮伟，反衬出青冢黄昏路、劫火剩残灰、晚烟荒戍垒的苍老破败；英雄碧血的壮志，一往情深的怀抱终于化为无数幽怨的叹息和物是人非、家国兴亡的感喟！

如果说唐代诗人笔下的边塞诗是一曲时代的壮歌，那么纳兰性德的这些边塞词是否可以看作一曲时代的挽歌？字里行间大有凭吊之感、悼亡之悲。这哪里是开国臣子、八旗贵胄该有的心态？

向西，继续向西，纳兰性德的使团已经到了阴山的脚下，天也苍苍，野也茫茫，却没有风吹草低见牛羊。

> 试望阴山，黯然销魂，无言徘徊。见青峰几簇，去天才尺；黄沙一片，匝地无埃。碎叶城荒，拂云堆远，雕外寒烟惨不开。踟蹰久，忽冰崖转石，万壑惊雷。　穷边自足愁怀。又何必平生多恨哉？只凄凉绝塞，蛾眉遗冢；销沉腐草，骏骨空台。北转河流，南横斗柄，略点微霜鬓早衰。君不信，向西风回首，百事堪哀。
>
> ——《沁园春》

这就是年轻诗人眼中的阴山，险绝、荒僻、惨淡、苍凉——置身其中似乎都能闻到旷野中飘散着的尸骨的气息。亲历过这种艰苦卓绝的跋涉，亲自品尝过生命被放逐的凄苦滋味，所以日后再回首时仍然惊魂未定，心有余悸。

> 谁道阴山行路难，风毛雨血万人欢。松梢露点沾鹰绁，芦叶溪深没马鞍。　依树歇，映林看，黄羊高宴簇金盘。萧萧一夕霜风紧，却拥貂裘怨早寒。
>
> ——《于中好》

第五章 叛逆

这是他一次极其特殊的经历。无边无际的荒原、嶙峋险拔的高山、浩瀚广纱的大漠，风毛雨血、飞沙走石……大自然把它冷峻、残酷、无情的一面袒露在纳兰性德面前，让他的体魄与心魂都经受着一次前所未有的磨炼与考验，所有表层的、虚饰的东西都沉潜了，而于他本来就很强烈的生命意识在外界的刺激下更加强烈：

> 万里阴山万里沙，谁将绿鬓斗霜华？年来强半在天涯。　魂梦不离金屈戌，画图亲展玉鸦叉。生怜瘦减一分花。
> 　　　　　　　　　　　　——《浣溪沙》

时光消逝，岁月空流，年轻的生命就在这天涯行旅、万里漂泊中无端地老去。满头的绿鬓哪里斗得过塞北的风沙？悄然间便染上一层霜华。身在万里阴山、心在故园的柔乡，这无法化解的冲突便铸就了他无奈的人生。此刻纳兰性德的内心就似这天寒地冻的西域绝塞，感到一种彻心透骨的冰冷。

可是，大自然在这里也不完全是冷漠的，有时候它会突然向他展示出奇伟瑰丽、令人不可思议的美。当一日清晨，纳兰性德走出帐篷的时候，他被眼前的景象惊呆了。漫天的大雪把整个世界装点成一片银白，所有的贫瘠、荒败、污秽连同内心的郁闷全被这圣洁的白压下去了。纳兰性德惊喜地睁大双眸。

雪，京城冬日常有的风景，看得多了，也就没有什么更特别的感觉。现在却全然不同了。天穹是如此广大，大地是这般无垠，而这天与地此刻又被洁白的大雪连成一个浩瀚广袤、阔大浑成的世界。这世界又是那样洁净、透碧、清新，人站在这里觉得自己是多么渺小柔弱，可又分明感到一种令自己身心舒展、净化、升华的力量，仿佛在浑然不觉中整个人已经消融在这茫茫大自然之中……

　　天上依然不停地飘着雪花。那雪花大如鹅毛，一片一片无声地落在地上，就像暮春时节纷落在泥土中的花瓣。纳兰性德仰起脸，饶有兴致地观赏这些漫天飞舞的雪花，他的帽子上、身上已经落了厚厚的一层。那雪花仿佛与他开玩笑似的，顽皮地钻进他的脖领，凉丝丝地挺舒服。真怪，连日来那种透心彻骨的寒冷仿佛消失了，代之的是清爽宜人的感觉。望着望着，纳兰性德忽然被深深地感动了：这些呈六边形的晶莹雪花实在是太可爱了，它们急急匆匆又静谧无声地从天而落，那么平凡、那么不被人注意，可正是它们组成了这个奇丽壮阔的银白世界……将进入荒凉大漠以来就一直伴随他的阴郁、凄冷的心绪化解了，一股温热柔和的情感从心底里苏醒、涌动流出，他轻轻吟道：

　　　　非关癖爱轻模样，冷处偏佳。别有根芽，不是人间富贵花。　谢娘别后谁能惜，飘泊天涯。寒月悲笳，万里西风瀚海沙。

　　　　　　　　　　　　　　　　　　——《采桑子·塞上咏雪花》

　　是啊！这些雪花太普通了，普通得几乎不能与任何其他的花相提并论。它们只存在于从空中坠落的一瞬间，一旦落在地上，它们便是雪而不再是花，而当太阳出来时，它们便消失得无影无踪。它们生命短暂得不被任何人注意。不是吗？自从东晋女诗人谢道韫"未若柳絮因风起"的诗句后，谁还咏叹过它？珍爱过它？它实在是与富贵无缘。但是它晶莹透碧、冰清玉洁，用它内在的美丽与高贵装点净化着这个世界，有多少花能与它媲美？它飘泊天涯、寒月悲笳的阅历，又有哪些花能具备？纳兰性德忽然就想到了自己。在世人的眼中，自己是命运的宠儿，是一朵地地道道的富贵之花。可有谁知道他憎恶这富贵！

正是这富贵荼毒了他，正是这富贵逼他走上了这非己所愿的生命之路，过着没有自由、没有个性、没有意志、没有幸福的人生。他的命运还不如这不被人注意、欣赏的雪花。只是富贵的自己与不是人间富贵花的它有一点是相同的，"飘泊天涯。寒月悲笳，万里西风瀚海沙"，正是自己此刻的处境！纳兰性德竟与小小的雪花产生了一种命运相关的亲密之感，他的心灵里又多了一个知己。

入冬了，纳兰性德的使团已经深入西域腹地，大概是青海一带，沿昆仑山脉而行。在那绝漠固阴之薮、太蒙沍寒之区里穿行，大自然恩威并施，既苛刻地让你的体魄经受严峻考验，又慷慨地让你领略到别处所没有的奇观异景。

这日，纳兰性德一行走至一个山谷，眼前突然一亮，山外还是冰天雪地，奇冷无比，而这深谷里却是葱菁乔陵，虽不是春天，却如春天般温暖宜人。这是因为深谷迤逶，阳光充沛而寒风却吹不进来，形成了一个小气候。只见谷中"同心并蒂之葩，四照九衢之萼"含英吐秀，一片灿烂。刚刚经过荒寒大漠的苍凉，突然走入这宛若仙境之地，纳兰性德惊愕地嘴唇翕动着却说不出话来。然而，令他吃惊的还在后面。

在深谷的上空一团团的东西飞舞着，远看黑压压的一片，近看在阳光的闪烁下泛着五彩的光。究竟是什么飞禽呢？性德心中纳闷，再登高仔细凝视，啊！他惊呼起来，原来这是成千的锦蝶在阳光下翩翩起舞，上下翻飞。他怀疑自己的眼睛，拭了一下双眼，一点没错，是蝴蝶。只见那些蝴蝶"或元如阆风之鹤，或赤若炎洲之雀，或黄如金衣公子，或缟若雪衣慧女，或彪炳如长离之羽，或错落如孔爵之尾，或黑若喻麋之墨，或黝若秋螓之翼，或青如木难之珍，或红如守宫之殷，或绿若雉头之氄，或晃如鹦鹉之背，或赪似珊瑚，或纹成玳瑁"……总之五彩缤纷，千姿万态，美极了！

纳兰性德先是惊愕，接着便让人捕捉，然而那蝶群如千军万马，成铺天盖地之势，哪里捕捉得完？纳兰性德屏息凝视，站在那儿一动不动地望着大自然中这一神奇景观，体悟着造化的创造之功。原以为蝴蝶从来生长在丹青之树、橘柚之乡的南国，却不想今天在这昆仑山麓、星宿之海见到如此壮观的蝶群，简直不可思议。

这奇异景象一直萦绕在脑海中，回到京城纳兰性德特意洋洋洒洒，铺采摛文了一大篇《五色蝴蝶赋》。年轻诗人感慨道："于斯益信宇宙之广大，造化之绸缪。地何生而非美物，何处而无尤？"是啊，宇宙苍穹浩瀚无垠，大自然永恒而神奇。它创造万物，抚育众生，在它的怀抱中，到处可以长出美丽的生命，而它的博大又使每个个体的生命显得渺小而短促。明白了这条自然永恒的规律，也许就不会为个人的得失而大悲或大喜，也许就能以超脱的胸怀看待你周围与发生在你自己身上的事情。

年轻诗人蓦然悟到，既然在永恒神秘的大自然面前，人是如此渺小，生命那么短促，为何不更加珍惜？在有限的时光里做些自己愿意做的事情？行进在漫漫的西域古道，纳兰性德的思绪异常活跃，他有时间对自己已经走过还不算太长的生命历程做一番回顾、反思，未来自己将走向何方，一个信念愈来愈明晰、愈来愈坚定。

> 何处淬吴钩？一片城荒枕碧流。曾是当年龙战地，飕飕。塞草霜风满地秋。　　霸业等闲休。跃马横戈总白头。莫把韶华轻换了，封侯。多少英雄只废丘。
>
> ——《南乡子》

"莫把韶华轻换了，封侯"，这就是纳兰性德得出的结论。长时间烦躁不安、无聊乏味之后,他终于用词句简洁清晰地传达出自己的心声。经过西域大漠塞草风霜的洗礼,面对废丘荒城反思,他终于在社会的人与性灵的人之间做出自己价值取向上的抉择。他完成了一次精神上对自己的超越。

纳兰性德的西域之行大概历时一年之久,是他侍卫生涯中最长、最远、最苦的一次征程。他的使团究竟走的是哪条路线?他们都去了哪些少数民族部落?究竟完成了哪些使命?……所有的记载早已淹没在历史的尘烟中,以致今天的研究者对此次的行动很难做出准确结论。纳兰性德这次西域之行究竟完成了什么业绩并不重要,连他本人都全然不在乎。重要的是,他一路行走,一路吟唱,留下了一串忧心泣血般的心灵足音,这就足够了。

四、愿学海鸥,闲飞闲宿

返回京城,有一件令人高兴的事在等待纳兰性德,竟使他连旅途中的辛劳疲累都忘光了。

他在府中为梁汾兄构筑的茅屋已经落成。纳兰性德笑吟吟地站在三楹茅屋前,一会儿进屋看看,一会儿又围着茅屋转着瞧。屋里还没有摆设,茅屋的四周也还未来得及种植草木,但整个建筑的格局完全是当初设想的——简朴、自然。纳兰性德满意地笑了。

当晚他铺纸研墨疾书梁汾兄。离别三年了,好漫长呵!这三年,梁汾兄为母守丧,滞留南国。朋友们有的离京,有的忙于公务,渌水亭畔的笑声已是久违。而自己呢?皇事在身,驱驱行役,羁旅奔波。荏苒光阴中,却一天也没有忘记远方的梁汾兄,只有把无限的思念化为张张尺素和首首诗章词篇,鸿雁相传,南北相通。

春天红梅花开,他想起梁汾兄:

> 杏花庭院月如弓,又见江梅一瓣红。
> 知是东皇深着意,教他终始领春风。
>
> ——《暮春见红梅作简梁汾》

而秋风渐紧,秋雨袭来,他牵挂梁汾兄:

> 才听夜雨,便觉秋如许。绕砌蛩螿人不语,有梦转愁无据。 乱山千叠横江,忆君游倦何方。知否小窗红烛,照人此夜凄凉。
>
> ——《清平乐·忆梁汾》

除夕团圆之夜,他赋新词,期待与梁汾兄重逢之日:

> 荔粉初装,桃符欲换,怀人拟赋燃脂。喜缄江双鲤,忽展新词。稠叠频年离恨,匆匆里、一纸难题。分明见、临缄重发,欲寄迟迟。 心知。梅花佳句,侍粉郎香令,再结相思。记画屏今夕,曾共题诗。独客料应无睡,慈恩梦、那值微之。重来日,梧桐夜雨,却话秋池。
>
> ——《凤凰台上忆吹箫·除夕得梁汾闽中信因赋》

而每每失意、感伤,心绪不安、思虑不宁时,最想向其倾诉的还是梁汾兄:

> 木落吴江矣。正萧条、西风南雁,碧云千里。落魄江湖还载

酒，一种悲凉滋味。重回首、莫弹酸泪。不是天公教弃置，是才华、误却方城尉。飘泊处，谁相慰。　别来我亦伤孤寄。更那堪、冰霜摧折，壮怀都废。天远难穷劳望眼，欲上高楼还已。君莫恨、埋愁无地。秋雨秋花关塞冷，且殷勤、好作加餐计。人岂得，长无谓。

——《金缕曲·寄梁汾》

这离别的三年，是纳兰性德公务最繁重、陪御驾出征最为频繁的三年，也是他对仕途、对官场认识最深入、最清醒，而内心的矛盾冲突也最激烈、最痛苦的三年。他痛苦的心声，只想倾吐给三千里之外的梁汾，纵有山水阻隔，他们的心是相通的。他体会着远方友人的可悲际遇，安慰他，化解他，然后把自己的苦恼、困惑告诉他，那颗跳宕不已的年轻的心便能获得暂时的平静。

岁月增递，三年终于过去了，重逢指日可待，这三楹茅屋就是赠给友人北归的厚礼，纳兰性德为此兴奋不已，笔下一首五律《寄梁汾并葺茅屋以招之》一挥而就：

> 三年此离别，作客滞何方。
> 随意一樽酒，殷勤看夕阳。
> 世谁容皎洁，天特任疏狂。
> 聚首羡麋鹿，为君构草堂。

诗寄走了，剩下的是静静地等待。每日入值归来，纳兰性德最常做的事情是与正在府中任西席的吴兆骞一起读书、研究诗文，还谈论着最近一段时间聊得最多的一个话题——茅屋。纳兰性德很得意自己的构想，在这豪门广厦、高堂大殿、亭台楼阁、红栏翠瓦之间，立着三楹小小的茅屋，该是多么有趣的一道风景。当然它并非真正由茅草搭成，而是取简洁质朴的返璞归真之意。这绝不是乌衣公子的附庸风雅，而是纳兰性德的真心向往。他实在羡慕当年"复得返自然"的诗人陶渊明，羡慕他用自己丰富想象营造的理想之境桃花源，他还羡慕浣花溪畔的杜子美，那茅屋陋舍中诞生过多少不朽的诗篇。而他自己几十年来才真正是一只"久在樊笼里"的金丝雀，没有自由、不敢鸣唱。他是多么渴望能冲破樊笼，返归自然。他已经开始幻想，他日与梁汾兄在茅屋中，过过像当年桑榆墅夜望时把酒话桑麻、风雨对床眠的自由自在的质朴生活。那时候朋友们相聚茅屋，"谈笑有鸿儒，往来无白丁，可以调素琴，阅金经……"他低声吟诵起刘禹锡的《陋室铭》，一阵快意迅速遍及全身，纳兰性德的双眸又烨烨放着光芒。

顾贞观很快回信，他告诉容若，盛夏一过，他便上路。三年了，他也在日夜思念北地的年轻知己。从容若封封信笺和篇篇诗词中，他强烈地感受到他年轻的朋友处于极度孤独寂寞和精神苦闷之中，顾贞观苦思冥想，如何才能给容若一点安慰，帮助他摆脱目前这种低落的精神状态。他知道，容若的痛苦一部分来自理想破灭与志意落空，另一部分则是卢氏去世带来的。失去闺中知己，容若就像一只失去爱侣的孤雁，在爱人死去的地方，苦苦哀鸣，久久地盘旋，不肯离去。尽管容若后来又娶了妻，但他并没有解决孤独的问题。容若他对爱情的要求太高，他不仅需要妻子，更渴望身边有位红颜知己。

顾贞观忽然想到，三年前他与容若在桑榆墅三层小楼彻夜畅叙，每每谈到故乡江南，谈到江南佳丽、锦绣女子时，容若总流露出羡慕向往的神态。"在江南，在我所认识的人中确实不乏钟灵毓秀之女子，何不给容若介绍一位呢？"他在给纳兰性德的信中委婉地透露出这个意思。

第五章 叛逆

展读来信，纳兰性德想："知我者莫若梁汾兄啊！"自从爱妻卢氏病逝，自己悼亡之吟不少，知己之痛犹存，这是一种无法弥合的创伤。续妻官氏相夫教子，也称得上贤淑，但在精神上却与他没有共同语言。今后的人生还很长，还能再觅到情趣相投的闺中知己吗？看来，梁汾兄的考虑是唯一的机会了。他提笔回信：

望前附一缄于章藻处，计应彻览。弟比日与汉槎共读萧选，颇娱岑寂，只以不对野王为怊怅耳。黄处捐纳事，望立促以竣，不可以泄泄委之也。

顷闻峰泖之间颇饶佳丽，吾哥能泛舟一往乎？前字所言半塘、魏叟两处如何？倘有便邮，即以一缄相及。杪夏新秋，准期握手。又闻琴川沈姓有女颇佳，亦望吾哥略为留意。

愿言缕缕，嗣之再邮。不尽。鹅梨顿首。

之后一段时间，北京、江南鸿雁频繁往来，梁汾兄北上的日期越来越近了，纳兰性德的神经处在一种亢奋状态。这不仅因为就要与梁汾兄重逢了，更重要的是几年来的困惑、焦虑，现在已经有了清晰明确的答案，并且开始在行动上做出自己的抉择。这些年来，他努力在做一个忠臣、孝子，赢得了世人一片赞叹，似乎已能看到辉煌的前途在向自己走来。但是，他并不幸福，活得好累、好沉重。而从今往后，他要为自己而活，要按自己的心性过自己所愿的心灵自由的人生。他挥笔投笺，写下《满江红·茅屋新成却赋》：

问我何心，却构此、三楹茅屋。可学得、海鸥无事，闲飞闲宿？百感都随流水去，一身还被浮名束。误东风迟日杏花天，红牙曲。　尘土梦，蕉中鹿。翻覆手，看棋局。且耽闲啸酒，消他薄福。雪后谁遮檐角翠，雨余好种墙阴绿。有些些欲说向寒宵，西窗烛。

批判了过去的生活，他创立了新的方向——学得海鸥，闲飞闲宿，这就是他对未来人生的选择。纳兰性德以这种精神状态迎来他的而立之年，他能如愿以偿吗？

第六章 早殤

第六章　早殇

晨曦，第一缕阳光透过茜纱窗幔洒在屋里，洒在那张熟睡的、年轻又苍白的脸上。沐浴在阳光中的那张脸是安详的。

窗外，黄莺、八哥、麻雀还有各种知名与不知名的鸟，又在草巢、树丛里比赛似的唱歌了。青草带着露珠昂起头，花朵散发着幽香，所有的生命在苏醒，新的一天开始了。

大自然中的生灵依然美丽，造化万物蓬勃着新的灿烂。阳光下的世界创造着欢乐，也酝酿着悲伤，这就是生活。只是这生活已不再属于他，欢乐与悲伤都正在渐渐地离他远去……

高烧退去了，撕心裂肺般的咳嗽消失了，头不痛了，身上所有不适的感觉都消失了。纳兰性德静静地躺在那儿，只觉得自己的身子愈来愈轻，飘飘忽忽向高处飞升。他感到一种前所未有的舒服、轻松与解脱。

人们看到，那张年轻又苍白的脸上浮起了微笑，灿烂的微笑。

一、最后的行旅

"兰佩紫，菊簪黄"，又一个秋风飒飒时节。

顾贞观一路风尘回到京师，阔别三年的挚友终于重逢了。纳兰性德紧紧握住梁汾兄的手，激动得久久说不出话来。这时的他已经从西域之行的疲惫中休整过来，周身上下洋溢着青春的活力，现在因为兴奋就更神采奕奕了。当然，在挚友归来的欢悦中还有另一份欣喜，他见到了与梁汾同行而来的女子——沈宛。

沈宛,这段日子纳兰性德的脑子里总萦绕着这个芳名。梁汾兄早在信札里给他详细介绍了这位吴兴远近有名的才女,纳兰性德也在想象中编织着她的芳姿倩影。可是现在站在自己面前的这位江南女子比想象中还要美丽得多。一身淡绿色的撒花散裙罩住她窈窕的身段,洁净素雅却掩不住青春的秀丽妩媚,白里透粉的鹅蛋脸上嵌着一双梦幻般会说话的眼睛。这沈宛既有他表妹的灵透妩媚,又有卢氏的婉丽端庄,还有一种只属于她自己的飘逸、如诗如梦般的韵致。纳兰性德暗自赞叹:"真是一方水土养一方人,都说江南出佳丽,果不其然。"

那沈宛此刻也恬静地、略带羞涩地望着眼前这位潇洒倜傥的年轻公子。不错,这就是自己想象过上千遍,梦中也相会过无数次的饮水词人,正是自己倾慕多年的梦中情人。今天真的相会而且竟近在咫尺,这是梦想成真啊!倏地,一片红晕飞上面颊……两人的心跳都加快了。他们互相凝视着,还未开口早已心相属。纳兰性德为沈宛安排好临时住处。

接下来的日子甜蜜而温馨。沈宛虽是江南民女,但也长在世代书香门第。故乡的柔山媚水养育了她美丽姣好的容颜,而历史上有名的人杰地灵之乡又滋润了她钟灵毓秀的灵秀之气。自幼她便习音律、抚琴弦,书法绘画俱佳,又能写得一手好诗词,是闻名三乡五里的才女。她温柔多情又聪慧解人,最重要的,几年前她刚刚读到《饮水词》,便深深倾慕于这位忧郁而痴情的纳兰公子,每每读到他那些凄美动人的长短句,她总是泪水涟涟。当顾贞观把纳兰容若的心意告诉她,她没有犹豫,便一同北上了……现在两个志趣相同、气质相近、互相倾慕、心有灵犀的青年男女终于走到一起。一种重新觅得红颜知己的幸福感再一次回到纳兰性德的身上。那颗因为孤寂而变得疲惫衰老的心一下子又年轻起来。

秋天的旷野上又出现了纳兰性德骑马奔驰的英姿,矫健有力,似一只束缚多时终得放飞的雄鹰。万木霜天下,他朗声长吟:"人生须行乐,君知否,容易两鬓萧萧。自与东君作别,划地无聊。算功名何许,此身博得,短衣射虎,沽酒西郊。便向夕阳影里,倚马挥毫。"

沈宛的到来使纳兰性德重又燃起生活的热情,可是幸福的时光总是过得飞快,命运之神给纳兰性德的恩赐从来都转瞬即逝。

九月底康熙皇帝决定巡视东南。亲政以来,这是他第一次东南之行,也将是一次隆重的、声势浩大的远征。明珠父子当然被列在伴驾陪征的行列中。

纳兰性德一步也不愿再离开京城了。西域归来,他已经认真考虑了撤身官场的事情。他想向皇上告长假,然后回家中读书做学问;他要与朋友们一起吟诗酬唱、徜徉山水,像海鸥般闲飞闲宿;更何况现在身边又有了慧心人沈宛。

但是皇命不可违。而且连他自己都始料不及的,二十几年的研习苦读,儒家的圣贤教化已经融入他的血液甚至潜意识中,以致极大程度左右着他的思想与行为。尽不完的责任像一道无形的枷锁紧紧束缚着他,空有想摆脱这一切的愿望,他不能战胜的还是他自己。

一走又是好久。来不及与友人告辞,行前他给严绳孙匆匆写一信:

> 中秋后曾于大恩僧舍以一函相寄,想已入览矣。弟秋深始归,日值驯苑,每街鼓动后,才得就邸。曩者文酒为欢之事,今只堪梦想耳。兹于廿八日又扈东封之驾,锦帆南下,尚未知到天涯何处,如何言归期耶?……
>
> 弟胸中块磊,非酒可浇,庶几得慧心人以晤言消之而已。沧

落之余，久欲葬身柔乡，不知得如鄙人之愿否耳？

乘舆南往，恐难北上，如尚未发榇，须由中州从陆。以岁前为期，便当别置帷房，以炉茗相待也。此札到日，速以答书见寄，必附章藩乃能速达。

九月廿七日午刻，饮水弟顿首白

纳兰性德此刻欲走又不甘心、欲留又不能的心境在这封信中反映出来。他与沈宛缱绻难分、恋恋不舍，他们相约，待容若年底返归京城，他们便立即完婚。

带着无奈又满怀期望，纳兰性德又一次踏上征途，他走得很迟疑、很不情愿。他不知道，这竟是他生命中最后一次行旅。

九月二十八日，皇上南巡的队伍出午门、正阳门，紫盖玉辇，黄龙大纛，浩浩荡荡。

这是康熙帝六下江南的第一次，距上一次松花江畔祭祖又过去两年了。此刻的大清国，四海归一，国泰民安。太平之岁，三十而立的玄烨要效法历代贤君明主去泰山举行封禅大典，祭告天地。另外，此次南巡还有一件重要的事情，这些年，康熙帝一直牵挂着南方的治河之事，现在战乱平息，发展生产，此事便成为当务之急。这次皇上要亲自巡查治河工程，沿途探访体察民情。因此，这次南行便显得格外隆重热烈，声势浩大。

皇上的御驾一路经永清、霸州、河间，接着经献县、阜城、德州、平原、禹城，然后到达济南府。走平原，过山区，皇上一路巡视，考察民情，处理政务，体恤地方官吏，了解地方风土民情，兼或围猎，一直兴致勃勃。

一等侍卫纳兰性德随驾扈从、保护着皇上的安全，责任重大，辛

第六章 早殇

苦异常。这几年连续几次远距离出行，他本来已是孱弱的身躯承受着超负荷的支出，真有些不堪重负了。何况此刻他的心仍然留在京城，他惦念初到北方、举目无亲的沈宛，一想到她独自面对冷月轩窗，日夜思念着自己，心情就更加沉重。

阴历十月的齐鲁平原，秋庄稼已经收割完毕，田里只剩下一些玉米秸、高粱根。大道两边的白杨树叶子已经落光，那些枯叶在风中打着旋儿，随后落在道沟、田垄里，一片狼藉、萧疏……一种从里到外的疲惫感迅速漫及全身，纳兰性德觉得自己就要倒下去了，他咬牙坚持着……

皇上的玉辇于阴历十月初十到达泰安。翌日，皇上亲自步行蹑登而上，行四十里，一口气登上泰山极顶。他在昭真宫天仙殿行礼，又东北上数百步于东岳庙行礼。又西北上百余步，至玉皇宫行礼。又东至秦观峰及孔子小天下处，又东南至日观峰，直到薄暮时分才回行宫。

第二天，皇上又率从官于天仙殿行礼，御书"坤元叶德"四大字，悬额殿中。回至行宫，他兴致不减，又御书"普照乾坤"四字、"云峰"二字宣示从臣。那烨烨大字神采焕然，楮墨间备乾坤之广大并云汉之光华。而立之年的皇帝玄烨，此次巡幸所至间问下民、闾阎疾苦，蠲租徭、恤耆老、悯颠连，的确显现出泱泱大国之君的胸襟与气度。他有理由这般自信，銮舆过处，欢呼载道，白叟黄童引领望幸……

站在泰山极顶，俯视莽莽苍苍的齐鲁平原，极目远眺如练的黄河，纳兰性德心境澄明空阔，疲劳抑郁之感顿减，他以诗人的目光写道：

> 灵符作镇敞天门，群岳称宗秩望尊。
> 三观峰高擎日月，五株松偃老乾坤。
> 雕甍贝阙神宫壮，碧藓苍崖古碣存。

> 远眺齐州烟九点，不知身在白云根。
>
> ——《泰山》

祭毕泰山，皇上继续南巡，视察治河工程，这是他此次出巡的一个重要目的。黄河自古由西向东而流，绵绵延延五千多公里，养育了中华文明，可是因为它流经内蒙古、山西、陕西和河南西部，不仅一路容纳十几条支流的水量，而且夹带大量黄土高原的泥沙。黄河下游河道宽阔，水流缓慢，那些泥沙便淤积在这里，以致下游河道成了高出两岸平地的"地上河"。每到汛期，河水泛滥、改道，给沿河百姓带来巨大灾害。从夏代的大禹起，历朝各代的贤明之君便都致力于治河除灾。现在这件事情轮到了年轻的康熙皇上，他对此高度重视，随着政局稳固、国力逐渐雄厚，他在这方面投以愈来愈多的人力财力，委派得力的官员，下决心全面治理黄、淮两河，提出修河治河要"务为一劳永逸之计"的方针。

这次皇上"以黄河屡岁冲决，欲亲至其地，相度形势，察视河工"，他仔细地巡察了宿迁、桃源、清河等地的治河工程，并嘱咐河道总督靳辅：

> ……大略运道之患在黄河，御河全凭堤岸，必南北两堤修筑坚固，可免决啮，则河水不致四溃。水不四溃，则浚涤游垫，沙去河深，堤岸益可无虞，今诸处堤防，虽经整理，还应培薄增卑，随时修筑，以防未然，不可忽也。

关切之心溢于言表。皇上每至一工程处，见河工夫役运土、下桩、夯筑甚力，他都要驻跸很久，亲自慰劳，并叮嘱靳辅要体恤民工，要坚决杜绝地方贪官克扣民工食饷。

　　一路辛劳，阴历十月二十二日，皇上乘舟到了扬州，继而至镇江，又从镇江的京口渡扬子江。扬子江辽阔的江面风恬浪静，江两岸依旧是浓郁的绿色，而葱茏中又夹着赤橙黄紫，绚丽的色彩与北方初冬的凋残、萎败形成鲜明的反差。江水澄碧，天空湛蓝，阳光明媚。江南冬日的阳光格外温存可爱。它绝不似夏日的骄阳争当主角般炫耀自己的热烈，而只是静静地点染万物，那万物也就变得柔媚温馨。此刻皇家的船队便在温和的水面上风樯十数里，浩浩荡荡地行进着。

　　纳兰性德站在船上，全身洒满阳光，心里暖洋洋的。前一段旅途中的疲惫荡然无存。第一次在这辽阔的扬子江上行舟，心境好极了。这就是自己向往已久的江南，就是健庵先生、梁汾、荪友、西溟、竹垞、其年等平生师友，还有沈宛的故乡呵！江两岸旖旎的风光、充满灵性的土地、平和恬淡的人们……这一切使他备感亲切。一种美好的情感浸润着他的心田，恰似这南国的秋阳，明丽而温暖。"江南好，风景旧曾谙。日出江花红胜火，春来江水绿如蓝。能不忆江南？"他情不自禁地轻声吟诵起白居易那首《忆江南》。"好一个'日出江花红胜火，春来江水绿如蓝'，那白香山真把江南的春景写绝了，可这眼前的秋光秋韵也绝不逊色啊！"

　　　　江南好，何处异京华？香散翠帘多在水，绿残红叶胜于花。无事避风沙。

　　　　　　　　　　　　　　　　　　——《忆江南》

　　浑然不觉中，他又轻轻吟出一首与白香山同调的长短句来，当然这回全是他自己的感受了。此刻他已经忘情于这片他早已听熟了但却第一次踏上的土地。公务之余,他用有限的时间一一拜访了在江南的友人和此刻不在家的友人居所。他心情怡悦,用心感受与体会着这块抚育了诗朋文友们的充满灵性的土地,色调明快的长短句一首首涌出心房,这是过去陪皇上出巡他从不曾有过的:

> 江南好,虎阜晚秋天。山水总归诗格秀,笙箫恰称语音圆。谁在木兰船。
>
> ——《忆江南》

> 江南好,佳丽数维扬。自是琼花偏得月,那应金粉不兼香。谁与话清凉。
>
> ——《忆江南》

> 江南好,真个到梁溪。一幅云林高士画,数行泉石故人题。还似梦游非?
>
> ——《忆江南》

> 江南好,水是二泉清。味永出山那得浊,名高有锡更谁争。何必让中泠。
>
> ——《忆江南》

终于来到梁汾兄的故乡——无锡。就好像早就预谋好了似的,纳兰性德一到无锡就病倒了。一个多月的奔波、侍卫工作的辛劳,精神处于兴奋状态,现在到了无锡,稍一松弛,自然可恶的寒疾就乘虚而入。但它也没能影响纳兰性德欢快的情绪:

第六章 早殇

> 润州山尽路漫漫，天入蓉湖漾碧澜。
> 彩鹢风樯连塔影，飞鸿云阵度峰峦。
> 泉烹绿茗徐蠲渴，酒泛青瓷渐却寒。
> 久爱虎头三绝誉，今来仍向画中看。

这首《病中过锡山》竟没有一个病字，也找不到一点病态。内心渴慕已久的向往，此时这里秀美明丽的湖光山色，使纳兰性德一踏上这片土地便深深爱上了它。这块曾孕育了自己所喜爱的晋朝大画家、被誉为"才绝、画绝、痴绝"三绝的顾恺之，还抚育了他的挚友顾梁汾的土地，让他感到身心舒畅、踏实，甚至有一种回归故乡的感觉。徜徉太湖水，流连惠山泉，观花光柳影，听鸟语溪声。他蓦地升出几分遐想——如果能够在这远离金殿玉阙、世网尘嚣之地，过上闲云野鹤般的生活，了此一生该多好？他驻足在梁汾兄的居所积书崖，细细地看着屋舍的每一个角落、抚摩着屋中每一样器物，脑子中想象着梁汾兄在此读书、会友、生活的情景；他又在朋友的陪同下登上惠山贯华阁，这是梁汾、荪友及梁溪诗人们当年常常相聚的去处。纳兰性德是在用自己的心体会他的朋友们以往的生活氛围，在贯华阁，他流连良久，不舍得离去。告别时，他把刚刚绘制而成的自己三十岁的小像留在了贯华阁，身子不能留在此地，就让自己的画像还有自己的一颗心留在这儿吧！他想，总有一天自己还会来的。可是他万万想不到，这一去便是永诀，这小像是他留给江南友人永久的纪念了。

身在锡山，他更加思念远在京城的沈宛、梁汾还有朋友们，他提笔给梁汾写了一封长信，太多的思念、太多的感受如水流泉涌，让他无法止笔：

扈跸遄征，远离知己，君留北阙，仆逐南云。似蛮蛆之初分，如珪璋之乍判。柳青青于客舍，魂恻恻于河梁。缱绻之情兄固有之，弟亦何能不尔也。

惟是登封大典，旷代希逢，趣马微劳，臣职已定。老父艾年尚勤于役，渺予小子敢惮前驱？况复王道荡平，非同九折，天清气朗，时值三秋。风伯驱尘，雨师洒路。千乘万骑，驰骤风飙。豹纛蜺旌，蔽亏日月。《云门》宛转，与雁唳而俱闻；铙吹悠扬，随渔歌以互答。黄华分翠凤之香，紫蓼映红云之丽。仆手携湘管，身佩吴刀，随昌寓以侍衣，偕方明而夹毂。日睹龙颜之近，时亲天语之温。臣子光荣于斯，至矣！虽霜花点鬓，时冒朝寒，星影入怀，长栖暮草。然但觉其欢欣，亦竟忘其劳勚也。

若夫登岱宗之绝顶，齐鲁皆青。涉河济之波涛，鱼龙可狎。金泥玉检，秦篆依然。瓠子宣房，汉歌不远。指匹练而吴趋在望，乘枯槎而银汉可通。此亦宇宙之神皋，河山之奥室也。虽无才藻，颇有赋心。既而自念身在属车豹尾之中，名属缀衣虎贲之列。尚敢与文学侍从铺《羽猎》而叙《长杨》也乎？

至于铁锁横江，金焦矗日，倚妙高之台畔，访瘗鹤之遗踪。瓜步雄风，神鸦社鼓，扬州逸兴，坐月吹箫。听六代之钟声，半沉流水；望三山之云影，时动褰裳。此亦可以兴吊古之思，发游仙之梦者矣。更有鹤林旧刹，甘露精蓝，近海岳之幽偏，多老颠之遗墨，零缣断素虽不可求，薛碣牛磨时有可问。此又仆所徘徊慨慕而不自已者也。

及夫楚树连云，吴船泊岸，牙樯锦缆，觉鱼鸟之亲人；青幰碧油，喜风花之媚客。梁溪几曲，无异鉴湖。虎阜一拳，依稀灵岫。千章嘉树，户户平泉；一领绿蓑，行行西塞。品名泉于萧寺，听鸟语于花溪。昔人所云茂林修竹清流激湍者，向于图牒见之，今以耳目亲之矣。且其土壤之美，风俗之醇，季札遗风，人多揖让。言偃故里，士尽风流。稻蟹莼鲈颇堪悦口，渚茶野酿实足销忧。而况林屋龙峰，布帆不断；金阊锡岭，兰桡可通。侍绛帐于昆冈，结芳邻于吾子。平生师友，尽在兹邦，左挹洪崖，右拍浮丘。此仆来生之夙愿，昔梦之常依者也。

夫苏轼忘归，思买田于阳羡；舜钦沦放，得筑室于沧浪。人各有情，不能相强，使得为清时之贺监放浪江湖，亦何必学汉室之东方浮沉金马乎。倘异日者脱屣宦途，拂衣委巷，渔庄蟹舍，足我生涯。药白茶铛，销兹岁月，皋桥作客，石屋称农。恒抱影于林泉，遂忘情于轩冕，是吾愿也。然而不敢必也。悠悠此心，惟子知之，故为子言之。北风多厉，千万眠食自爱。

——《与顾梁汾书》

信札写得洋洋洒洒数千言，骈体工仗，辞采华然。但内容情真意切，他面对一生的知己，知心话汩汩流出心田，其中全是江湖野漻之志、林泉鱼鸟之思，归隐江南的心愿强烈又真诚，可是同时又为自己的身份及责任所困惑。这就是一个真实的纳兰性德，永远怀着对自由、理想人生的渴望，那双漆黑的眸子被内心美丽的梦想激励着，烨烨放光。他的心愿在振翅飞翔，带着强烈的叛逆色彩，但行为上，又永远"不敢必也"。这会儿，无锡再好，也不能久留，纳兰性德又随着皇上的玉辇，到了金陵。

金陵，六朝古都。早年，东吴、东晋、宋、齐、梁、陈曾在这里有过短促的辉煌，但它们过快地沉寂了，消亡了，留给古往今来无数诗人一个感历史之兴亡、发思古之忧情的不衰话题。现在诗人纳兰性德也来了。钟山还是莽莽苍苍，潮打石头城的涛声依旧，诗人写道：

> 胜绝江南望，依然图画中。
> 六朝几兴废，灭没但归鸿。
> 王气倏云尽，霸图谁复雄。
> 尚疑钟隐在，回首月明空。

——《金陵》

到达金陵的当天，阴历十一月初二，皇上便遣内阁学士席尔达于明太祖陵读文致祭。当日巳时，皇上又亲率内大臣、侍卫、部院官员往谒明太祖陵，于孝陵殿前行三跪九叩头礼，于宝城前三奠酒。对于被征服了的先王朝的开国之君，清圣祖玄烨充分表现出新朝天子的气度、胸怀，当然还有统治自信。纳兰性德又写下一首《秣陵怀古》：

> 山色江声共寂寥，十三陵树晚萧萧。
> 中原事业如江左，芳草何须怨六朝。

这首七绝显然就是针对明王朝有感而发了。但无论是这首《秣陵怀古》还是上一首《金陵》，都写得比较冷静，似乎带着一种旁观者心平气和、客观凝神的观照。因为这时候占据他满脑子的已不再是志于轩冕、济世安邦。他似乎也不愿意让历史上那一段段伤心的往事来冲淡他这次江南之行比较圆满的心境。

> 江南好，建业旧长安。紫盖忽临双鹢渡，翠华争拥六龙看。雄丽却高寒。

——《忆江南》

> 江南好，城阙尚嵯峨。故物陵前惟石马，遗踪陌上有铜驼。玉树夜深歌。
>
> ——《忆江南》

在金陵他还写下三首《忆江南》，而同一曲牌他一连写了十一首，其基调均明丽而轻快，很能代表此次南行的情绪。诗人一路行来，江南的明山秀水、美景佳丽、平生师友、历史故人……他的感受太多了。而一遍接一遍的"江南好"唱出了他期待向往的心声，这是他近十年侍卫生涯中，所有羁旅词不曾有过的！

纳兰性德还专程拜访了此刻正在金陵任江宁织造的友人曹寅。这曹家乃世代包衣之族，因为曹寅的母亲曾是康熙幼年的乳母，故曹家便深受皇室的荫庇，曹寅的父亲被任命为江南织造，曹家也便成了金陵的乌衣大户。曹寅幼年在京时曾被康熙皇上赐为"侍读"，那时便与纳兰性德时有往来，交谊不薄。如今，曹寅接父职任江宁织造，但仍喜诗文，有《楝亭集》。此次纳兰性德难得到金陵，曹寅特在府中楝亭为友人接风洗尘。把酒临风，唱和叙情，纳兰性德留下一首《满江红·为曹子清题其先人所构楝亭，亭在金陵署中》：

> 籍甚平阳，美奕叶、流传芳誉。君不见、山龙补衮，昔时兰署。饮罢石头城下水，移来燕子矶边树。倩一茎黄楝作三槐，趋庭处。　　延夕月，承晨露。看手泽，深余慕。更凤毛才思，登高能赋。入梦凭将图绘写，留题合遣沙笼护。正绿荫青子盼乌衣，来非暮。

以楝亭为题赞誉友人的家世与友人的才华，留下美好的回忆。

至此，康熙帝的东南之行已告圆满，十一月初五自金陵回銮。御舟至仪凤门外，督、抚、提、镇各级大小文武官员及地方缙绅士民数十万于两岸跪送。石头城渐渐远去，终于隐没在一江秋水的后面，纳兰性德这才蓦然从江南之行的逸兴中醒来。屈指一算，离京已经一个多月了。

回銮途中，康熙帝又亲自视察了高家堰等筑堤工程。至山东曲阜，皇上又亲率文武官员举行一系列奠祭孔圣人的仪式。此次南巡，康熙帝封禅泰山、拜天地日月、躬祀阙里、致祭孔圣庙庭，又深入江南河工水道，探察水利，访问民情，慰劳河工，处理政务……可谓辛苦备尝，功德圆满。

阴历十一月二十八日，历时两个月，皇上的御驾终于返回京城。刚刚到家，还未来得及一洗征尘，纳兰性德就主持操办了一件丧事。他憔悴疲惫的面庞上又蒙了一层新的悲伤——他的友人吴兆骞已于十月在京城病故，享年五十四岁。

两年多前，吴汉槎自长白山归来，除了回南方探亲一段时间外，一直住在纳兰性德家，任纳兰性德的弟弟揆叙的西席。纳兰性德空余时总与他一起读书论诗，相处融洽。纳兰性德启程去江南时，汉槎已卧病床榻，让他想不到的是，汉槎竟这么快就走了。想想汉槎历尽磨难，方从那野境鬼域归来，可谓九死一生，本乞望他能安享晚年，不想竟这样快去了。纳兰性德不由悲从中来，连夜写出《祭吴汉槎文》，忧心泣血，字字含悲忍泪。文中有言：

嗟嗟苍天，何厚其才而啬其遇，亦孔艰哉？弱龄克赋，左马右枚。未题雁塔，先泣龙堆。中郎朔方，亭伯辽海。萧萧寒吹，荒荒破垒。子穷过此，二十四载。凌雪欲奏，狗监安在。自我昔年，邂逅梁溪。子有死友，非此而谁。金缕一章，声与泣随，我誓返子，实由此词。……自古才人易夭而贫，黄金突兀，白玉嶙峋。以彼一日，易我千春。知子不愿，卓哉斯文。子志未竟，子劳已息……

纳兰性德出资并亲自张罗，使吴汉槎得以厚葬，灵柩安返故乡。

送走故友的亡灵，他迎来了自己的生日，甲子年（康熙二十三年，一六八四年）腊月十二，纳兰性德迈进了他生命又一个新的年头。而历史的车轮也刚刚跨入公元一六八五年。

这新的、未知的一年，等待纳兰性德的将是什么呢？

二、落花如梦凄迷

震耳欲聋的炮仗声迎来了康熙二十四年。什刹后海北岸的明珠府，张灯结彩一片喜气洋洋。过新年了。这座京城豪华、气派的私家府邸，此刻正敞开着大门，迎接进进出出来拜年的高官显宦们。

明珠端然坐在大堂正中的太师椅上。现在他的官职是武英殿大学士、太子太师。所谓皇帝一人之下、万人之上，是朝中最有实权的人物。有谁敢不仰视他呢？此刻明珠那张富态、几乎看不到皱纹的脸上正挂着雍容、矜持的微笑。他绝不会想到，新年伊始，会有什么人、什么事给他带来不快，更不会想到，让他不快甚至无法承受的打击，竟来自他最珍爱的长子——纳兰性德。

这时候，这座豪华府邸的年轻主人，刚迈入而立之年的纳兰性德在沉默着，沉默使得他与四周热烈喜庆的节日气氛全然不合。这些日子他常常独自在书房中，或长时间伏于案头，或一声不响地在屋中来回踱步。棱角分明的嘴紧抿着，清癯的面庞异常严肃，他在思考一件大事。沉默中，那双本来乌黑清澈却又总蒙着一层忧郁的荫翳的眸子，渐渐地变得更加深邃、明亮，那里面分明发出了成熟又坚定的光芒。

沉默，总是爆发的前奏。他已做出一个决定，并要把这个决定告诉父母。这是他平生第一次为自己做出决定。事不宜迟。

年轻主人纳兰性德要娶汉家民女沈宛的消息，不啻是一颗炸弹在相国府中爆炸了，而受震动最大的当然是明珠。缓过神后，他的第一个本能的反应，便是坚决反对这桩姻缘。

在纳兰性德的记忆中，这是自己与父亲间第一次正面冲突。在以往的岁月中，父亲从来都是自己所有要求与意愿的支持者，他还从来没有拒绝过自己的请求——哪怕像营救吴兆骞这类棘手的请求。而自己这些年虽然对父亲在朝廷中结党营私、搞阴谋权术等有看法，甚至厌恶，但他也只是远远躲开，他从没有想过要与父亲发生正面冲突。

但他知道这次，在娶沈宛这件事上，他与父亲的冲突将不可避免，而且今后在许多事情上的冲突也无法避免。"该来的，只能让它来了！"纳兰性德深深叹了口气。

明珠真的生气了，不，更多的是伤心，或者更准确地说是失落。总之有一种连他自己也说不清的复杂情绪堵在心头。其实，许久以来那种无法了解儿子的苦恼，时常侵蚀他的心。不能驾驭某种事情的情况他还从不曾遇见过，可是现在却发生在他最疼爱、最倾注心力、最寄予厚望的长子身上，他不能不伤心。

明珠不明白，儿子周围有那么多如花似玉的千金小姐，他不去看一眼，为什么非要千里迢迢去迎来一位汉家民女？不错，这女子会些诗词歌赋，这都是儿子所酷爱的，但偌大的京城里不少青楼女子都会吹拉弹唱、吟词诵诗，谁没有年轻、风流过呢？可现在儿子偏偏要把这汉族民女娶回家。先不说堂堂的相国府、满族贵胄之家迎进一位汉家民女，门不当户不对，不成体统。更严重的是，儿子这样做已经传递出一个明确的信号——今后他不会再恋栈仕途，也不再留心富贵显达，这本来是摆在他面前一条顺理成章的道路，但儿子向往的是普通人的生活，他要走向平民。联想儿子近些年来日益加重的忧郁情绪，愈来愈不加掩饰地表现出对仕途的冷淡、厌倦，且愈来愈频繁地与那些汉族文士往来，还在府中为顾梁汾建造茅屋……一个个零散的事情串到一起，这些年明珠心里那隐隐的不安、苦恼，儿子与他之间日益加重的疏离与陌生感，忽然全都找到了答案——儿子正在走向一条与自己完全不同的道路。

　　认识到这一点，明珠受到极大的打击，他怎么也想不通，自己倾注如此心力培养的儿子，竟会变成这样。在官场上还从未输过的他，此刻却有一种深深的挫败感，一种积蓄了许多年的梦想突然全部落空的挫败感填满他的心头。儿子，难道你不明白，作为长子的你必须承担起顶门立户、光宗耀祖的责任？难道你不明白，我辛辛苦苦所经营的一切，就是要重振纳兰家族的大业？难道这一切将在你这里付诸东流了不成？不行，绝不能让这种事情发生。明珠是极其理智之人。他对儿子的宽纵是有限度的，超出这个限度，他不再是开明、富有人情味的父亲。他坚决反对儿子的婚事。

　　但是，这一次，反抗也异乎寻常地坚决。

　　纳兰性德是有名的孝子。平日他温文尔雅、谦恭有礼，对父母他总是恭敬孝顺、关心体贴，从未顶撞过他们，他真诚地恪守儒家的伦理道德规范。作为一个社会上的人，他几乎是完美的。但同时，他又是一位真正的诗人，而诗人所拥有的是人类古老生命中涌动奔流着的诗的性灵。诗的性灵敏感而自由，无羁又无绊，诗的性灵不要规矩成方圆，它超越甚至叛逆传统的人伦纲常、思维观念而坚持对社会生活的自我体认。

　　作为社会的人与性灵的人，纳兰性德都是典型的，因此他内心的矛盾、冲突、分裂就更加强烈。矛盾的破坏力愈大，就愈显出主体性格的深厚，而这主体对自己的有限性的胜利就愈显得伟大。

　　此刻，纳兰性德面色苍白，目光坚定，他一定要娶沈宛。这绝非多情才子的一时冲动，而是一个已经三十而立的、成熟的男人所做出的决定。这是一个男人经过几年痛苦的认真思考后做出的人生抉择——要过自己所愿意的、性灵的、自由的、有血有肉的人的生活！娶沈宛是他实现这种选择而走出的第一步。当然，这对纳兰性德来说是非常重要的一步。

　　三十年人生，坎坎坷坷，他走得很累很累。今后的路会更不平、更难行，他就像跌宕在狂涛巨浪之间的一叶小舟，多么希望停泊在一片宁静的港湾歇息片刻。而他深知在这肮脏污浊的世界上，只有爱情是纯洁、不带功利色彩、极少被污染的一块净土，它是避风的港湾，是精神的避难所。他多么需要身边有一位柔情似水、聪慧颖悟的红颜知己来抚平心灵的创痛，慰解已经疲惫不堪的身心！没想到，他现在竟找到了，在失去卢氏近十年的时候，他终于又找到了沈宛！有慧心人沈宛相伴，他觉得不再孤独，人生的路不再艰难，他对未来充满希望。

　　纳兰性德深深爱上了沈宛，就像当年深爱卢氏一样。当然，又与和卢氏的爱情有所不同。那时，他与卢氏是一对少年夫妻，新婚宴尔，充满激情、热烈忘情的爱似奔腾的一江春水，汹涌着、激越着，一泻千里，势不可当。而这一次，他是一个成熟了的男人，是一个经过了人生风风雨雨，心存忧患，尽管刚到而立之年，却已备感沧桑之人。他此时的爱是深沉的，执着又长久，就像一泓秋水，水面波纹不兴，水下却涌动着湍流漩涡，跌进去就再难走出来了。

第六章　早殇

纳兰性德第一次违拗父母的意志，第一次违背他多年恪守的儒家圣贤教化及孝经礼道，第一次按照心灵的指引做了一件令自己满意的事情——他娶了沈宛。这也就注定了他与沈宛的结合将是一个悲剧。

因为有官氏，所以沈宛的身份只能是一个妾。因为相国府里容不下一个汉家民女，性德只能将沈宛安置在京城一座幽雅僻静的小院内。白天，纳兰性德仍然要去宫中入值，忙于公务。晚上还要先回府中，照例给父母请安、关照妻儿，然后才能回到小院与沈宛相会。

婚后的日子甜蜜与苦涩相伴，且乐少苦多。纳兰性德的身体状况很糟糕，南方之行患的病还未完全恢复，而家庭冲突带来的内心痛苦，又使体质更弱了。唯有慧心人沈宛爱他、照顾他、安慰他，只有他们两人相对弹琴观鼎、赏画吟诗或秉烛谈心时那日子才显得轻松愉快。每每这时，沈宛那双梦幻般会说话的美丽眼睛总是深情地望着纳兰性德——和丈夫在一起的时间太少了，她总是看不够。敏感的纳兰性德从那双眸子中看到了忧伤。沈宛在对自己笑着，但他知道那颗心很苦。

是啊，在这场婚姻冲突中，最苦的要数沈宛。告别了山明水秀的故乡，告别了父母双亲，沈宛为了爱情，千里迢迢，勇敢地来到这片陌生的土地。偌大的宰相府没有她的容身之地，偌大的京城她唯一的亲人就是挚爱的纳兰公子，可是公子并不完全属于自己。他常常披星而出，戴月而归，漫长的白日常常只有她独自一人打发。青春的寂寞、对爱人的牵挂使她煎熬。白天还能读读书，而当夜幕降临时她便心绪不安，她盼望丈夫归来。她独自坐在轩窗下，透过茜纱窗幔，痴痴地望着那轮冷月。凄清的月光打在地上，地上泛着冷冷的光。这时她的耳朵格外敏感，捕捉着丈夫归来的马蹄声。丈夫不回来时她就等着，常常不知不觉睡着了，而醒来时银釭还亮着，可依然是独自一人，泪水早濡湿了罗裳。偶尔，纳兰性德休沐在家的时候，沈宛感到无比快乐,就仿佛过节一般,但节日总是少得可怜。似乎只有作诗填词能排遣一些孤独寂寞,可是那诗篇词句怎么一写出来便那么哀伤凄婉呢?她不敢给丈夫看,怕引起他的感伤。她很少再写了,但不写诗作词自己还能做什么呢?

日子在缓慢地消磨,沈宛内心的不安、凄苦与日俱增。现在折磨她的已不仅仅是寂寞,一个念头愈来愈多次地跳入脑海,扰得她极度不安。原来她一直觉得自己的到来能给公子带来幸福、快乐,可现在他们的结合不仅没给公子带来幸福,反而给他带来那么多麻烦。看着丈夫日渐消瘦的身子、疲惫不堪的倦容,沈宛心如刀绞。既然不能给心爱的人带来幸福,那么自己在这里还有什么意义呢?可是,一想到要离开丈夫,沈宛心脏又一阵紧缩,自己能做到吗?丈夫已经是自己生命的一部分,是自己在这个世界上生生死死都愿相依相伴的那个人,自己实在无法与他分离!沈宛被内心的矛盾痛苦纠缠着、折磨着,整日苦思冥想却又理不出头绪。那张美丽姣好的面庞一天天憔悴下去,原先那个充满青春活力、年轻丰盈的生命在一点一点地枯萎……

纳兰性德看在眼里,疼在心上,他的心何尝不在淌血?现在每日再去宫廷入值、陪御驾出巡、周旋于官场对他已形如苦役,他一步也不愿意离开家,离开他与沈宛的家。可是他又必须去,在无可奈何的悲愤郁闷中便又多了一份对沈宛的放心不下:

> 落花如梦凄迷,麝烟微,又是夕阳潜下小楼西。　愁无限,消瘦尽,有谁知?闲教玉笼鹦鹉念郎诗。
> 　　　　　　　　　　　　——《相见欢》

身在值宿的岗位上,纳兰的心却常常飞回到那幽静的小院。他在想:

第六章 早殇

沈宛此刻正在做什么呢？我了解沈宛，此刻她不会读书，虽然那是她在家乡最喜欢做的事情。现在太多化解不开的愁，扰得她哪有心思读书？她也不会赋诗填词，因为抒写性灵的她，此刻一下笔便会满纸泪痕。孤独寂寞的她唯一能做的就是教玉笼中的鹦鹉念我写的诗来打发那难耐的时光。沈宛她实在太苦了，心里有太多的忧愁却连一个诉说的人都没有，在这里，她唯一的亲人只有我，但她怕增添我的烦恼，是断不肯对我倾诉的，只有任凭悲愁侵蚀着自己，日渐消瘦……想到此处，纳兰性德悲怆又自责："连一个弱女子都不能保护，我还算一个什么丈夫？""落花如梦凄迷"，是他想象中小院的氛围。难道那落花如梦、凄楚迷离的惨淡不正是飘浮在他与沈宛姻缘上空一片不祥的云翳吗？

又是一个冷冽的清晨，送走去宫中入值的丈夫，沈宛正在梳洗。突然一阵眩晕，接着一种抑制不住的恶心袭来，她呕吐起来。片刻的恐慌后，她意识到自己有喜了。一阵惊喜涌上心来，她第一个念头是立刻把这个好消息告诉丈夫。她甚至能想象出，丈夫知道后该会多高兴。但她立刻又改变了主意，最近回老家的念头日甚一日地冲撞着她。她按照自己的思路想去——丈夫是个孝子，为了自己才违背了父母，他承受着强大的压力，只有自己离开，才能缓解他与家庭的冲突，才能使他恢复曾经的生活状态。过去自己迟迟没勇气离去，是实在舍不得丈夫。可是现在，他们的爱情已经孕育出一个新的生命，这小生命是丈夫的骨血，是他们爱情的结晶。有这小生命陪伴自己，丈夫仍犹如在自己身边，自己再不会孤独，也没有什么好担心害怕了。沈宛想到此，从容、坚定起来，她已经有勇气独自面对未来。对，绝不能告诉丈夫自己怀孕的事情，那样他绝不会让自己走的。

纳兰性德实在无法接受沈宛要回南方的请求。历经千辛万苦，两个有情人终于走到了一起，这是一世的缘分，而且他们是那么相爱相知。望着满脸泪水的沈宛,纳兰性德心如刀割。是啊,沈宛她太难了。外界的压力再大,我回到家,还有沈宛替自己分忧,可是沈宛的痛苦谁来排解呢?自己每天必须去做自己所不愿做的事情,把她一个人丢在这凄冷的空房。自己是个不称职的丈夫,不能保护自己心爱的人,不能带给她快乐,还有什么权力留住她呢?凝视沈宛苍白、清瘦、憔悴的面庞,纳兰性德心乱如麻。让沈宛走他不舍,留住沈宛他又不忍,他的内心激烈斗争着,看来是该让沈宛回到生她养她的故乡,让故乡那片充满灵性的山水土地好好滋补濡养她,也许她会很快恢复原来的勃勃生机。至于我,将来一定会到那里寻找她,我们一定会团聚的。

经过漫漫长冬,春天姗姗来临,京城的早春寒风依然料峭,使人感受不到一丝暖意,沈宛带着北方的寒气与内心的凄冷返归南国。沈宛走了,也带走了纳兰性德的希望与欢乐。所有幸福和憧憬又似一场春梦烟消云散了。

纳兰性德变得木然、淡漠、心灰意冷,他依然每日去那小院。小院景物依旧,只是没有了女主人,也就没有了温馨,没有了生机。纳兰性德时常久久站在院子里,痴痴地望着那篱角寒梅,冷月疏桐;感受着飞雪飘花、冰霜点地的凄冷。

昏鸦尽,小立恨因谁?急雪乍翻香阁絮,轻风吹到胆瓶梅。心字已成灰。

——《忆江南》

他依然用《忆江南》的词牌,但仅时隔数月,感情的基调彻底相反了。与现在的沉重绝望比,江南之行十一首《忆江南》的明丽轻快竟虚幻如一场美梦。美梦消失了,纳兰性德只有愤恨。可究竟该恨谁?自己的软弱？可憎的身世？丑陋的现实？无法抗拒的命运？……他说不清，只能茫然地站在雪地里，任飘飞的雪花在自己身上蒙了厚厚的一层，心似灰一般冷。

人生来就是含辛茹苦的。这个世界上有各种不幸，有的人为衣食而愁，有的人受冻馁之苦，有的人懵懵懂懂来到这世界上，又糊里糊涂走向生命的终点。世界上每天都在上演着人生的悲剧。而纳兰公子的不幸，实在是他自我选择的结果。他本来可以安享富贵荣华，他本来可以傲然于自己的出类拔萃，他完全可以在命运之神为他铺就的、长满鲜花芳草的坦途上走向飞黄腾达，他肯定会光宗耀祖。可是他偏偏要抗拒命运之神对他的安排，他与生俱来的天性、诗人的灵魂、内在素质中的强大创造力、强劲的生命力与他的生存环境发生着激烈冲突。他热爱自由，自由偏与他无缘；他忠贞于爱情，爱情却总是得而复失；他珍视友谊，可友谊却总是伴着别离与友人的不幸；他执着于人生的理想，可实现理想的路是那般遥不可及……所有想走的路都走不通。

"我的路在哪儿？"纳兰性德在大声追问。

心灰尽，有发未全僧。风雨消磨生死别，似曾相识只孤檠。情在不能醒。　摇落后，清吹那堪听。渐沥暗飘金井叶，乍闻风定又钟声。薄福荐倾城。

挑灯坐，坐久忆年时。薄雾笼花娇欲泣，夜深微月下杨枝。催道太眠迟。　憔悴去，此恨有谁知？天上人间俱怅望，经声佛火两凄迷。未梦已先疑。

——《忆江南·宿双林禅院有感》

纳兰性德又一次想到佛门。这两首《忆江南》有题为"宿双林禅院有感"。他又常常出入徘徊于寺庙禅院：

> 败叶填溪水已冰，夕阳犹照短长亭，何年废寺失题名。　倚马客临碑上字，斗鸡人拨佛前灯。净消尘土礼金经。
>
> ——《浣溪沙》

人都说暮鼓晨钟能惊醒世间名利客，经声佛号能唤回苦海梦迷人。名利对他已经没有丝毫吸引力，而在苦海中挣扎的他，真能在那经声佛号中解脱吗？其实那《忆江南》的词牌已经袒露了他的心音，他念念不忘的依然是一个"情"字，而那词的内容更完全纠缠在情渊恨海中，恐怕进了佛门也不得五根清净吧！

三十岁的纳兰性德内心处于巨大的分裂状态。一方面对生活、对一花一草一鸟一虫都是那么敏感，那么多情，他如此热爱生活，对生命的每一点喜怒哀乐都有强烈的体验，他从来没有麻木不仁，更没有心死。可另一方面他又常常觉得自己活得那么无奈、无味、无聊，他对生命的意义产生了深深的疑惑。一种深刻的、对外部世界的茫然空漠之感追逐着他、纠缠着他。他在这两种同样强烈的生命感受对抗中挣扎、周旋、搏斗着，被分裂、被撕扯。

精疲力竭，他终于病倒了。

三、冷雨一宵葬诗魂

无论严冬多么冷酷，无论早春的风如何料峭，大自然还是循着它的永恒规律，把春光洒满人间。草绿了，青青葱葱；花开了，万紫千红。杨花柳絮，粉蝶金蜂，春天带着所有诱人的气息鼓动着生命的热情。可是所有这些美丽的、生命的呼唤对纳兰性德完全失去了诱惑。他无心赏春游春，似乎也不再感春伤春。如今，躺在病榻上对他才是一种享受。"……人说病宜随月减，恹恹却与春同。可能留蝶抱花丛。不成双梦影，翻笑杏梁空。"至少他不必再每日走进那已经厌倦透了的宫阙，不必再违心地像一个木头人似的做那些毫无意义的一切。

乙丑年的春天，纳兰性德在病榻上躺了很久，病魔在身，他有理由这么躺着。他就这么静静地躺着，想着自己的今后。他要向皇上告长假，然后在家中从容地披经读史，研究性命之学。他还要编一部有些分量的词集。对了，还要好好钻研一下古文。年轻的时候只顾恋栈长短句，竟把古文疏忽了……再然后，他要与朋友结伴下江南，在那片向往已久的土地上生活，寄情山水，与沈宛白头偕老。沈宛，他念及这个名字，一阵酸楚、思念、沉重便一齐涌来，现在正是江梅盛开时节，沈宛她生活得好吗？

欲问江梅瘦几分，只看愁损翠罗裙，麝篝衾冷惜余熏。　可耐暮寒长倚竹，便教春好不开门。枇杷花下校书人。

——《浣溪沙》

纳兰性德明白，经历了北方酷烈的严冬，沈宛的生活已经被彻底改变，她的心中已不再有春天。那瘦削的江梅，恰似沈宛愁损的腰身。他的沈宛就似那个"万里桥边女校书，枇杷树下闭门居"的唐代女诗人薛涛，灵透飞动，志心灿烂，可命运却这般凄凉，而她的不幸都是我带来的。可是，沈宛你知道吗？我的病也全是因为思念你而来的啊！"离魂何处，一片月明千里。两地凄凉，多少恨，分付药炉烟细……"

轻轻吟着,纳兰公子黯然神伤。

还伏在病榻上,纳兰性德就给远在广东的梁佩兰写信。他觉得自己的身体状况好多了,他想立刻实施自己的计划。很早以前他和顾贞观、梁佩兰等友人就有意合作编一部有分量的词选,现在不正是最好的时机吗?信的内容如下:

> 仆少知操觚,即爱《花间》致语,以其言情入微,且音调铿锵,自然协律。唐诗非不整齐工丽,然置之红牙银拨间,未免病其版折矣。
>
> 从来苦无善选,惟《花间》与《中兴绝妙词》差能蕴藉。自《草堂》、《词统》诸选出,为世脍炙,便陈陈相因。不意铜仙金掌中竟有尘羹涂饭,而俗人动以当行本色诩之,能不齿冷哉。
>
> 近得朱锡鬯《词综》一选,可称善本。闻锡鬯所收词集凡百六十余种,网罗之博,鉴别之精,真不易及。然愚意以为吾人选书不必务博,专取精诣杰出之彦,尽其所长,使其精神风致涌现于楮墨之间。每选一家,虽多取至什至百无厌,其余诸家不妨竟以黄茅白苇概从芟薙。青琐绿疏间,粉黛三千,然得飞燕、玉环,其余颜色如土矣。
>
> 天下惟物之尤者,断不可放过耳。江瑶柱入口,而复咀嚼鲍鱼、马肝,有何味哉?仆意欲有选,如北宋之周清真、苏子瞻、晏叔原、张子野、柳耆卿、秦少游、贺方回,南宋之姜尧章、辛幼安、史邦卿、高宾王、程巨夫、陆务观、吴君持、王圣与、张叔夏诸人,多取其词,汇为一集,余则取其词之至妙者附之,不必人人有见也。
>
> 不知足下乐与我同事否?有暇及此否?处雀喧鸠闹之场而肯为此冷淡生活,亦韵事也。望之,望之。

——《与梁药亭书》

信中纳兰性德详细又明确地阐述自己编词选的主张与方法，他就是想把北宋以来优秀的作品精华保留下来。厌倦了仕宦之路的年轻诗人，要对词这一文学形式的发展做一些有益的工作。年轻人在信的结尾道出自己的心曲——处于这繁杂躁动的雀喧鸠闹之场，能以一种恬静淡泊的心境来品读那些词之精华，与古往今来那些优秀词人对话交流，该是一件多么愉悦、欣慰的韵事，是自己一直神往的生活。

当然，邀请梁药亭入京更是因为纳兰性德有一份放心不下的牵挂。药亭正身处万里之外的南蛮荒僻之壤，生活拮据又年事已高，实在让人担忧。而招他入京既解决了他晚年的生计之忧，又能发挥他博厚的文学功力之长……年轻的诗人为他的朋友可谓考虑周到，用心良苦。

正在纳兰性德翘首盼望梁药亭早日入京的时候，他的另外一位好友严绳孙却要与他话别，启程南归了。纳兰性德一下子又跌入巨大的伤痛中。经历过一次又一次的悲欢离合，此刻他的情感已脆弱不堪，疾病又加重着这份脆弱。更何况他与这位长他三十多岁的荪友在志趣相投的友谊之外还有一份父子般的深情。多少年来，纳兰性德早已在精神上对荪友有一种依恋之情，他的心里话都愿意无保留地向他倾诉。可现在，荪友他却要走了。纳兰性德苦苦挽留，但严绳孙归心已定。

康熙十八年（一六七九），严绳孙作为有名的江南三布衣之一被推荐参加博学鸿儒科时，就极不情愿，自陈有疾在身不能应试，未经允许，便在考场上草草作《省耕诗》，以搪塞了事，没想到仍然被授翰林院检讨。他在宫中任职已五载，颇受康熙帝赏识，但始终对清廷保持心理上的距离，对官场上的黑暗也认识得比较清楚。撤身官场、归隐山林的心思愈来愈强烈，现在终于得到皇上的恩准，放他南归，内心的轻松之感溢于言表，他写道：

> 不是恩深便拂衣，涓埃生死报应稀。
> 吴牛避热先愁喘，宋鹢冲风且退飞。
> 十载青云双凤阙，三春红雨一渔矶。
> 去来我亦无心者，何必从人定是非。
>
> ——《春日荣恩予假南归》

纵有对容若割舍不开的情谊，他也要南归了。再说，容若不也决意归隐江南吗？那么我们在那里再相聚吧！

被离情所苦的纳兰性德深深理解他的朋友。正是对政治、官场有一致的认识，对仕途有同样的厌倦、对归隐江湖有共同的向往……使他与严绳孙有着非同一般的友谊，除了顾贞观之外，他只与严绳孙交换对政治问题的看法，吐露自己的仕宦苦闷。理智告诉他，荪友的选择是对的。他深情地写道：

> 高云媚春日，坐觉鱼鸟亲。
> 可怜暮春候，病中别故人。
> 莺啼花乱落，风吹成锦茵。
> 君去一何速，到家垂柳新。
> 芙蓉湖上月，照君垂长纶。

这首《暮春别严四荪友》写得比较理智，年轻诗人竭力控制着自己的情绪，故作开解之状，他把注意力尽量从离别的感伤处引开，想象荪友在柳浪莺啼、茵锦花乱的故乡，在平湖明月中享受悠然自得的垂钓之趣。但是，随着行期在即，纳兰性德便无法自已，连那表面的镇静也把持不住了。一首《送荪友》情绪大变：

第六章 早殇

> 人生何如不相识，君老江南我燕北。
> 何如相逢不相合，更无别恨横胸臆。
> 留君不住我心苦，横门骊歌泪如雨。
> 君行四月草萋萋，柳花桃花半委泥。
> 江流浩淼江月堕，此时君亦应思我。
> 我今落拓何所止，一事无成已如此。
> 平生纵有英雄血，无由一溅荆江水。
> 荆江日落阵云低，横戈跃马今何时。
> 忽忆去年风雨夜，与君展卷论王霸。
> 君今偃仰九龙间，吾欲从兹事耕稼。
> 芙蓉湖上芙蓉花，秋风未落如朝霞。
> 君如载酒须尽醉，醉来不复思天涯。

沉默的诗心终于爆发，压抑了一个春天的情感，此刻似开了闸的一江春水，喷泻而出。此诗写得酣畅淋漓，情挚意浓。离别的伤痛、内心的依恋、理想的破灭、志意的落空、往岁的追忆、未来的祈愿、殷勤的叮咛……三十年的人生况味，几乎都凝聚在那字里行间之中了。

离别的日子还是来临了，严绳孙最后一次到明珠府与纳兰性德告别。纳兰性德和他二人在书房中谈了许久。叙平生之聚散，究人事之始终，仿佛要把一世的话都说完。性德一再叮咛荪友回江南后去看看沈宛，告诉她，自己很快就会去江南找她……

还没有痊愈的纳兰性德面色苍白，神情凄恻，因为消瘦，两个颧骨更突出了。那双眸子里此刻杂着忧郁、哀怨、悲伤还有恋恋不舍等复杂的内容。严绳孙不忍再看，他怕自己控制不住而大放悲声。几十年的人生，他品尝过太多的酸甜苦辣，早已平和从容，只是面对与他年轻友人的离别，他的情感依旧无法释然。这会儿，他艰难地站起身，是该上路的时候了，他必须走了。

纳兰性德执意出府相送，他身体羸弱，双腿微微颤抖，但却固执地不听劝阻。严绳孙心头掠过一丝惊讶："容若今日神态异于往常，凄怆、缠绵之状有如生离死别。是不是容若恐我年逾花甲，已是衰飒之人，这一别再会无期，所以执意远送？那就让他送送吧！"老少二人沿什刹后海岸边的小径缓缓东行，暮春的斜阳从背后照着他们。纵有千言万语要说，此刻纳兰性德却又什么都说不出来，就这样默默无言地送了一程又一程。

严绳孙万万也想不到，这一别竟是永诀，而先行者却是纳兰性德！

荪友返归江南，把纳兰性德的心也带往江南。五月江南，麦收已毕，梅雨霏微，沈宛她此刻怎么样了？

> 五月江南麦已稀，黄梅时节雨霏微，闲看燕子教雏飞。一水浓阴如卷画，数峰无恙又晴晖。溅裙谁独上鱼矶。
>
> ——《浣溪沙》

江南秀丽丰饶，江南如诗如画。可这一切美好欢乐都不再属于沈宛，此刻她一定孤独地登上鱼矶向北远眺，任凭湖水溅湿罗裙。一种相思，两处忧愁，沈宛，我们什么时候才能团聚？

仲夏五月，渌水亭畔又是碧波荡漾、朱荷点点；佳木葱茏，青翠满轩。躺了一个春天的纳兰性德已经基本痊愈，可以勉强去宫中入值了。这两日他格外高兴，友人梁药亭接受他的邀请，万里迢迢从广东风尘仆仆赶到京城。从上次分别到现在已是四年，为衣食生计所困厄，五十七岁的梁佩兰看上去已有些垂垂老矣。一见到纳兰性德他便老泪纵横，他早就得知纳兰性德与沈宛的事情，并知道纳兰性德为此还大病一场，但乍一相见，他还是大吃一惊——四年不见，纳兰性德竟瘦弱成这样，全是为情所累啊！天下重情至性之人，纳兰公子当数第一，想想自己一介布衣，穷老荒野，衣食无凭，生存维艰，空有一腔诗才古艺无法施展，不想垂老衰飒之年，纳兰公子却给我如此礼遇，真是一片苦心呀！梁佩兰又一想，纳兰公子又何尝对我一人如此？他以贵胄之身却视黄金如土、唯义是赴，见才必怜、见贤必慕，周围的困顿之士，有谁没受过他的眷顾？……实在是难得！梁佩兰百感交集，唏嘘不已。

纳兰性德笑了，这是沈宛走后，他第一次露出笑容。这几年其年、汉槎相继去世，见阳远在湖南，梁汾虽然回来了，荪友却又南归，竹垞等人御书房供俸，公务不得脱身……老友们四散飘零，当年渌水亭畔的风云际会已烟消云散……现在药亭回来了，还有梁汾、西溟等人，今后诗朋酒友又可以常常一起切磋诗艺、静披图史、闲聆管弦、编撰词选……何乐而不为？

纳兰性德把药亭安顿在府中住下。几天后，他特意向皇上乞假，专门为老友接风洗尘，也为了与在京的友人聚聚，因为这场病，竟与朋友们久违了。

五月二十三日，一个没有太阳、有点闷热的日子。明珠府西花园里，顾贞观、姜宸英、梁佩兰、吴天章还有纳兰性德，一次南北名流的聚会。见到老朋友，纳兰性德苍白清癯的面庞上兴奋地泛起一片红晕。他高兴地引着大伙在园子中漫步徜徉。夏日的西花园美不胜收，置身其中，仿佛到了一个绿色的清凉国，珍树奇木蓊郁葱茏，悬罗紫藤丝垂翠缕；葩吐丹砂，香飘满园；一池碧水之中翠荇香菱，芰荷红影……一群文人流连其间，一会儿穿花渡柳，一会儿又抚石依泉，过桥游廊，登山凭栏……说笑声在西花园上空回荡。纳兰性德的情绪尤为高涨，好久都没有这样发自内心地朗声大笑了。可是朋友们还是看到他脸上浮着一层掩饰不住的倦意。而且那身本该在春秋两季才穿的夹层青缎马褂和黑绸坎肩，此刻套在他瘦得都有些嶙峋的身子上显得过于宽松，和友人们的夏衫夹在一起，和这闷热的夏日那么不协调。他们知道容若并没有彻底痊愈，他在强打精神。

最后，他们来到园子南端的一个小庭院，这是纳兰性德的住所。每年的春天，纳兰性德都要从府中搬到西花园住，只是今年春天一直生病，所以直到前几天，马上就要进入盛夏了，他才搬进来。

纳兰性德吩咐人就在庭中摆席设宴款待他的友人。热酒浓情，大伙边吃边聊，畅叙友情，谈别后遭际。那梁药亭从遥远的广东而来，一路风餐露宿，吃了不少苦头，一心只想快到京城，而现在一切都被安顿好后，思乡之情油然而生。一想南北有万里之遥，自己抛家别子，这一来不知何时才能再与家人团聚，不由得脸生黯然之色。纳兰性德想宽慰他，自己却受了感染，埋藏在心底对沈宛的思念倏地涌上心头。不过，这时的他早已打定主意，今后功名富贵都可以不要，只要过完全属于自己的人生，他一定要去江南寻找沈宛。想到此处，他劝慰药亭安心住下，明年春天，他们将同去江南。聚会的气氛旋即又转为明朗……

酒罢歌阑，自然又少不得赋诗填词，酬唱相和。纳兰性德指着庭前那两株今年第一次开花就无比灿烂的夜合花，建议就以此为题，各赋诗一首。其他几人群相呼应，有的铺陈素纸，有的倚榻苦冥，有的来回踱着步子，一个个陶觞抒咏，挥洒情怀。

凝望着那两株亭亭玉立、缀满白色小花的夜合花，纳兰性德的双眸渐渐有些潮湿了。这夜合花的生命力真强！前年从西山挖回来，自己亲自栽在这屋前时,它还那么单薄弱小,可现在竟郁郁葱葱、枝繁叶茂,还开满白色的花。这花小得毫不起眼,但它开得蓬勃,透着灵气,舒展着生命的从容。它消我愤懑,慰我心魂,令我亲切……

> 阶前双夜合,枝叶敷华荣。
> 疏密共晴雨,卷舒因晦明。
> 影随筠箔乱,香杂水沉生。
> 对此能销忿,旋移近小楹。

一首五律《夜合花》一挥而就。忽然,一阵剧烈的头痛袭来。

傍晚的时候天更阴了,空中聚集着乌云。暴雨将至,朋友们告辞相携而去。纳兰性德回房中和衣躺下。又一阵剧烈的头痛袭来。体内积蓄已久的邪气终于狞笑着、毫不留情地向他扑来,如此凶猛、突兀、狂暴、不容分说……窗外,大雨骤然而降。

公元一六八五年七月一日(阴历五月三十)。纳兰性德静静地躺着。七天七夜了,他年轻的生命完成了最后一搏,现在要真正地安歇了。这些年,他活得实在太累,该好好歇一歇了。他无声地躺在那里。躺在那里的只是躯壳,诗人的灵魂已经乘着五彩的云轻轻扬扬飞向空阔的天际。天空真蓝、真大、真美!

忽然,一位仙女驾着白云从远处向他徐徐飘来,瞬间便至眼前。那仙女周身上下一片洁白,与脚踏的白云几乎融为一体,可是那一身素缟仍掩不住她的雍容端丽。他失口叫出,这不是一别十年的爱妻吗?卢氏笑着,眼里却噙满泪花:"夫君,你让我等得好苦!我这是来接你,我们不会再分离了吧?"他正欲上前扶住卢氏,但倏地,白衣仙女不见了,一个身着淡绿撒花裙、秀美窈窕的汉家女子却又站在面前。

那女子张了张嘴,没发出声音,泪水却如雨下,那张美丽的面庞仿佛雨打的梨花,就么泪眼婆娑、痴痴地望着他,半晌从袖口里抽出一叠绣花彩笺递与他:

> 白玉帐寒夜静,帘幕月明微冷。两地看冰盘,路漫漫。　恼杀天边归雁,不寄慰愁书柬。谁料是归程,怅三星。
>
> ——《一痕沙·望远》

> 雁书蝶梦皆成杳,月户云窗人悄悄。记得画楼东,归骢系月中。　醒来灯未灭,心事和谁说?只有旧罗裳,偷沾泪两行。
>
> ——《菩萨蛮·忆旧》

"沈宛,"他轻轻呼唤着,"是我害了你,没给你带来幸福。你的情意,我只有来生相报了。"沈宛泪眼凝眸,痴痴地望着他,哽咽道:"今生能与公子相遇,已是妾的福分。现在妾已身怀六甲,那是你的骨血,妾一定把他抚养成人。公子你放心地去吧!"

他悲喜交加,百感交集。生命,自己的生命在延续,真的可以去了……

天空又淅淅沥沥下起了雨,诗人的心魂伴着空灵的雨丝,飘然而逝。

夜合花谢了,一地洁白。

尾声

画面一：顾贞观，辍笔谢知音

江南，无锡，惠山。

雨后的惠山空翠、葱秀。湿润的空气中飘散着草木、阳光、泥土混合生出的那种非常好闻的清香气息。山并不高，快到顶处一座木质楼阁式建筑隐伏在松柏、灌木、野草、乱石之中，远离尘嚣。楼阁看上去已经很旧了，甚至门框、檐、柱上的漆皮也开始剥落，于是檐下那块白底黑字的匾额就愈发显得醒目。"贯华阁"几个大字端劲挺拔又灵空飞动，勃勃乎大有腾跃而出之势。

此刻，两个文人模样的人伫立于阁前，四目凝视着那块匾额，默默不语。不知过了多久，那年轻人对身边的长者道："先生，我们进去吧！"

这贯华阁不知修筑于何年何月，也不知缘何而修。入清以来，因无锡梁溪诗人们常聚此谈诗论词、酬唱应答而闻名。阁不大，又由于被树木遮掩，光线有些暗。

入得阁中，那老者径直走到一面墙前立定，痴痴地望着壁上一幅人物肖像画轴，泪水像断了线的珠子落到髭须和胸前的衣襟上。半晌，他喃喃地："容若、容若，梁溪顾贞观看你来了。"说完已是泣不成声。

墙上，那张年轻、清俊的面孔正微笑着注视他。那双乌黑的眸子中射出亲切、真挚、眷恋还有一丝忧郁的光芒。这目光他是多么熟悉呵！

容若飘然而逝，友人们也风流云散。顾贞观羁楼荒寓将近一年的时候，携妻子而归故里。刚到无锡，他便让学生杜昭陪他来看容若。这贯华阁有容若前年江南之行留下的匾额与三十岁肖像。

"容若！"他又轻轻呼唤了一声，恍恍惚惚中他年轻的挚友仿佛又回到他的身边。纳兰性德去世已经一年了，可顾贞观仍然陷于这时幻时真、时梦时醒、似信非信的状态。

顾贞观走上前，用自己的衣袖轻轻拭了拭那画像，想掸去上面的浮尘。"容若，你知道吗？你走了，堂上两亲何以为怀？膝前之弱子何以为怙？辇下之亲知僚友何以相资益？海内之文士才子或幸而还，或不遇而失路无门者又何以得相援而相煦？"

墙上那年轻的面孔依然微笑地注视他。

"容若，为什么偏偏是你走？你生命灿若朝霞，你才华如凤毛麟角，你胸中洁洁落落于世味甚淡，于道谊甚真。视勋名如糟粕，势利如尘埃；以风雅为性命，朋友为肺腑。这世上高贵谁人如你，至情至性谁人如你？可为什么老天偏偏把你夺走，为什么？这是为什么？"

年轻的面孔还是无言地注视他。

"容若，我知道你心中太苦，所欲试之才百不一展，所欲建之业百不一副，所欲遂之愿百不一酬，所欲言之情百不一吐……你实在是不能不走啊！"

顾贞观哭着、想着，自问又自答着，感伤着，悲愤着……

又不知过了多久，他的学生杜昭在旁轻轻道："先生请留字吧！"顾贞观挪至案前，见杜昭已备好纸砚，旁边还放着他自己刚刚感赋的二绝句：

此照还同此阁存，几人能唱忆王孙。
风流休数鸳鸯社，只是伤心皂荚屯。

> 宛然侧帽影徘徊，弹指韶华老泪垂。
> 谁取沉香熏小像，十年流落一香眉。

看罢，顾贞观又不禁黯然。当年在京城，容若曾构一曲房，嘱藕渔（严绳孙）书其额，曰"鸳鸯社"。那时容若和他还有别的友人常聚于此，当时的欢笑声至今仍在耳畔回响。转眼水流花谢，一切都成尘梦。怕只能盼来生，再请容若领袖鸳鸯社了。顾贞观继而想到，当年遇到钟子期，俞伯牙高山流水才得知音，钟子期逝，俞伯牙不复鼓琴。如今容若已矣，我顾贞观何忍再拈长短句乎！

他长恸而去。

不久，惠山脚下，立起三楹书房。屋中有南窗，推窗而望，惠山一览无余。主人为书房题名曰"花间草堂"，以纪念他逝去的年轻友人。

老年顾贞观居此屋，一改当年风流倜傥、呼朋聚友、四方交游的性情，而是坐拥书屋，足不出户，悉心钻研理学，很少再拈长短句。正所谓："视平昔才华如絮落花，任其沾泥随水，一切色相不留。"偶有朋辈造访，谈起当年旧事，他昏花的老眼中仍然闪着时而兴奋、时而凄楚的光亮。人们还时常能看到，在通往贯华阁碎石杂草丛生的小路上，一个驼背的老者，步履蹒跚而行。那是顾贞观又去会他的朋友纳兰性德了。

不确知何年何月，一场山火，贯华阁化为灰烬。纳兰性德的小像与他的题额，不复存矣。

画面二：明珠，风烛残年的凄凉

康熙四十七年（一七〇八）暮春。

北京，什刹后海北岸，明珠府。

已是七十四岁的明珠，孤独无助地躺在睡榻上。正月十四日，他心爱的季子揆方病逝。他再也经不起这致命的打击，一病不起。

他双颊深陷，印堂灰暗，两道混浊的目光定定地盯着天花板。这就是那位曾经权倾朝野、不可一世的首席大学士、太子太师明珠吗？此刻他正在想什么呢？

也许，他正在回顾自己那极富有戏剧性的一生。这辈子，大喜大悲全让他赶上了。

康熙二十四年（一六八五）是明珠权力有如日中天之势的人生巅峰时期，可突然，他的长子纳兰性德却与世长辞了。这突如其来的灾祸，使明珠陷入平生以来第一次感情无法自制的状态，他失魂落魄，老泪长流，令见到他的人不忍卒看。尽管时隔不久，梭龙诸羌输款，康熙帝特遣宫使就几筵哭告之，以纳兰性德曾奉命侦察梭龙诸羌，有功于是役，但如此荣誉仍未能宽慰明珠痛失爱子的心。他深知儿子是怀着委屈、怨怼而去的，如果当初自己能宽宥他那桩婚事，他也许不会这么快抑郁而亡！明珠长久地沉溺于懊悔、负疚感之中，无力自拔。

长子性德是明珠的骄傲，也是他仕途上的福星。的确，自从长子出世后，他在官场便一帆风顺，有意思的是，随着儿子的离去，他的厄运也随之而来。

康熙二十七年（一六八八），性德去世第三年的时候，御史郭琇上疏参劾明珠等人。疏中列举八条罪：阁中票拟，轻重任意；传奉谕旨，市恩立威；连结党羽，戴德私门；推举官员，挟私取贿；勒索学官，士风大坏；阻挠开浚下河工程；牵制言官，压制举劾；阴行鸷害，意毒谋险。奏疏一出，康熙帝立刻颁发上谕，严斥在廷诸臣种种恶劣作风，指出官员从政所应具有的质量和态度。最后宣布大学士明珠、勒德洪、余国柱革职，大学士李之芳休致。原有五名内阁大学士，除王熙一人保留外，其他四人全部撤换。

其实参劾明珠原本就是康熙皇帝的意思。他早就洞察到明珠的所作所为，所以准备好要钳制他的力量。此人就是纳兰性德的老师、曾依附明珠而起家的徐乾学。这徐乾学最初在明珠与索额图党争中紧紧跟随明珠，但走入仕途后日益受到康熙皇帝的重视，屡屡升迁，官至左都御史，先是经常与明珠的亲信、同党发生争执，后来干脆与明珠分道扬镳，新立南党公开与明珠的北党相抗衡。这次郭琇参劾明珠就是由皇上授意，徐乾学、高士奇唆使的。在这一回合的政治较量中，明珠败下阵来。长子纳兰性德当年的隐忧不幸而言中。如果性德不死，知此番争斗的双方一个是他的亲生父亲，一个是他的恩师，将会作如何想呢？

毕竟是康熙皇上，他顾念明珠以往的功绩，在他被罢免大学士之职不久又授予他内大臣之职。在后来御驾亲征噶尔丹之役中，明珠仍有所表现。但是这对明珠的影响远远没有长子去世带给他的打击大。在这次党争中如此惨败，本该最不平衡的他却极为平静地面对人生的变迁。他是一个真正的政治家，具有政治家的良好心理素质，对宦海沉浮自有心理准备。他一派处变不惊的姿态，并迅速为自己找好退路。他说道："勋名既不获树立，长持保家之道可也。"如此实际，这就是明珠的风格。

罢了职的明珠迅速购买大量田地，广为购买奴隶。反正他在任时早已聚敛了数不尽的金银财宝，很快地便家田万顷，仆僮盈千。精明能干的明珠在经营家产上亦表现出非凡的能力。他"立主家长司理家务。奴隶有不法者，许主家者立毙杖下"。这样既不用操心，自己的旨意又能严格地贯彻。他"每月优给工资，其年长者偶之以婢，且有指分田产者"。这就调动他们的劳动积极性，用小利换来了奴隶的忠诚。"按口赒以银米，冬季赐以绵布诸物，使其家给充足，无事外求。"这样优厚的物质待遇，导致如果有谁再被明珠府逐出，此人便也不会被别家收留，因为人们认为："伊于明府尚不能存，何况他处也"？

政治上受挫的明珠，这时候更加思念他的长子纳兰性德。他现在似乎理解了儿子当年为何如此厌倦官场、摒弃仕途了。宦海波澜瞬息万变，的确并不是最好的去处与归宿。当然，他肯定有失落，但令他欣慰的是，望着自家"田产半盈、日进斗金"，他得意地想，自己毕竟为子孙搭好了荫庇之所，在他的这棵大树下，子孙们定会历世富豪。

而更让他欣慰的是给他晚年生活带来极大精神安慰的两个人。一个是富格，纳兰性德的长子。性德去世那年，富格已经十一岁。这孩子无论是相貌还是性格、才情都极像他的父亲：生而颖异，笃好图史，室罗古籍；晨昏砥砺发奋，平时友爱两个幼弟。明珠既伤长子早逝，又悲长孙失去父母，所以极爱怜富格。而这孩子极能体谅祖父的心思，以孙代儿，极为克己懂事，唯恐伤祖父的心……而另一个便是明珠的小儿子揆方。说来有趣，揆方生于康熙十九年（一六八〇），长兄逝去时他只有六岁，比他的侄子富格还小五岁。明珠老来得幼子，自是视为宝贝。更有意思的是，这揆方的性格也极像他长兄，尤其酷爱读书，以致常常废寝忘食。他还不惜重金到处搜罗求购各种善本、珍本书籍。与长兄一样，他为人沉静，性格内向而寡言，可一旦与人谈论诸事常能一语中的。他也视富贵如浮云，淡于功利……

对这两个酷似长子的儿孙，明珠尽量让他们发展自己的个性才情，绝不再勉强他们做什么，他不能再让长子的悲剧重演。所以长大后的富格与揆方都没走科举之路，更未迈上仕途。明珠对此没有什么异议，而一孙一儿绕膝左右，为他的晚景带来许多欣慰。

可是哪里想到，康熙庚辰（一七〇〇），只有二十六岁、风华正茂的富格却身染疾患，溘然长逝。而在这前后，性德的女儿、已经嫁给年羹尧的孙女也不幸病亡。连遭打击，古稀之年的明珠情感已经脆弱不堪，他几乎如惊弓之鸟，但是可怕的噩运还是无情地降临在他头上。

这一正月之初，揆方开始患病，正月十四日，元宵节的前一天，便撒手人寰，年仅二十九岁。

所有的痛苦全部压在七十四岁的明珠身上。经过最初的痛不欲生之后，他突然感到极度恐惧。自己的子孙为何均如此命短？是谁让那一个个年轻、绚烂的生命匆匆而去，留下老朽的自己忍受这人间非人的折磨？难道这是老天对自己的惩罚？难道这就是叶赫那拉氏逃不脱的劫数？

明珠惊惧地睁大混浊的眼睛。此刻他已无法说话，人们不知道他在想什么。也许他想到了自己唯一还活着的儿子——次子揆叙。在自己的三个儿子中，只有揆叙最像自己，一样酷爱政治、热衷官场。这揆叙自幼也聪颖过人，有诗才，曾从师查慎行、吴兆骞，故满文造诣很深。但他长大后却狂热地迷上了仕途，此刻他已身为翰林院掌院学士，今年初又受命兼工部右侍郎。但明珠知道，儿子的政治欲望绝不止此，他还想爬得更高。但儿子虽有能力却缺少自己的韬略，他显得有些咄咄逼人。明珠实在担心儿子重蹈自己的覆辙。

不堪老年丧子的凄惨和内心的忧惧，康熙四十七年四月十五日，公元一七〇八年六月三日，在幼子去世三个月后，明珠病故。

一七一七年二月十六日，明珠次子揆叙死，享年四十三岁。一七二四年，揆叙卒后第七年，已经继承皇位的雍正皇帝胤禛，谴责揆叙还有也已死去的阿灵阿在十六年前提出的胤禩（康熙第八子）为太子之事，曾经使他的父皇康熙帝陷入焦虑不安。雍正皇帝还说揆叙用其父明珠留下的巨额财宝一边资助胤禛争夺皇位，同时又阻止被父皇废过一次的胤礽（皇二子，原为皇太子）复为太子。于是雍正皇帝诏谕追夺揆叙全部封赏，并在其墓前敕立刻有"不忠不孝柔奸阴险揆叙之墓"的墓碑。

一个世代簪缨、钟鸣鼎食之家的辉煌，落下了帷幕。

画面三：笔者，龙湾子河畔的萦思

北京西郊，纳兰性德墓地。

就因为杜昭那句"只是伤心皂荚屯"，便特意选了一个阴郁的早晨跳上一辆开往西郊的长途汽车。这之前仔细查阅了北京地图，在西郊还真有个"造甲屯"。"既然发音相同就该去探访一下。"我对自己说。

完全是按图索骥，一路摸索，真的在午后找到了那个叫造甲屯的村子。先沿着村子里里外外仔细搜寻我认为像古墓的东西，村子整洁干净，但也和其他农庄一样普通。在最终未发现任何蛛丝马迹后，便改用眼为用口，专门向村街中遇到的长者询问。于是在一位又一位老人的热心指点下，我被引到了造甲屯的邻村——上庄。确切来说，我要寻访的诗人墓地在造甲屯（即皂荚屯）村西边，现属于上庄村的土地上。

几经辗转，我被介绍给一位叫曹殿元的老人，一个热心、质朴的本地农民。听完我的来意，他立刻爽快地要带我去看墓地，可偏巧这时淅淅沥沥下起雨来。我们只好另约时间。

几天后，再次来到上庄。这次我轻车熟路，走了一条近道，坐的公共汽车一直开进村子。当殿元老人带我来到那块墓地时，我惊呆了。

原来，我要寻访的纳兰性德墓竟就是我刚刚下车的那个汽车终点站！当然，坟冢已不复存在，那百米见方的空地上，摆着修车与修鞋的摊子，还有几个小贩在叫卖。地上仍然坑洼不平，显然是当年挖掘后留下的痕迹。

我愣愣地站在那儿，接着出于本能似的转过身，不愿再看那让人受刺激的一幕。纳兰性德的墓坐东朝西，我转过身自然就是面向西边。四下望去，不知怎么，就生出一种异样的失落感。

面前是一大片稻田。盛夏时节，稻子正在拔节或许正在灌浆，每一株稻子都精神抖擞地高昂着头，而连在一起便是大片逼人的碧绿，显示着生命的蓬勃与茁壮。顺着绿色放眼远眺，目力所及的前方是连绵起伏的燕山山脉。正对墓地的那座山有点怪，峰顶不是尖的而是平的，远远望去像个巨大的平台，又似一架天然的屏障。稻田的左侧是湾河水，水自西向东，然后环绕墓地向北方缓缓流去，细润婉约地把墓地揽入自己温柔的怀抱。河两岸高大的槐树、柳树撑起一片浓密的绿荫。微风拂来，水面荡起轻轻的涟漪，空气中飘飞着潮湿的凉气。置身于此，夏日的炎热顿时减弱了几分。

"好一个生命安息之所！"我在心中叹道。果然殿元老人的话证实了我的遐想，他说这块墓地是由阴阳先生验定的风水宝地。那片稻田原先是神路，神路两侧立着石碑、石刻、石人、石马。正面那座山是大阳山，旁边那条水叫龙湾子河。当年宝山神水环护、润泽的明府祖茔气势宏大，由几个大型墓群组成。明珠墓坐北朝南，位于性德墓北边百米开外的上首。每座主墓均有汉白玉砌成的基座、围栏等，墓前还置有石雕的神龛，四周是苍松翠柏……

老人继续说道，这片墓地自20世纪初就屡遭盗掘，终于在十年浩劫时被掘地挖棺，后夷为平地。老人又领着我看了当时用墓砖盖起的大队部、场房，还有随便丢弃在场院、路边的汉白玉残雕、青石石条等。最后，我们来到一座村中公用的磨房。磨房里光线昏暗，墙上、屋顶上挂着塔灰。老人指了指一块用来垫机器的石板，我蹲下身用手拨去石板上积的粉皮、粉末，借着昏暗的光亮一个字一个字仔细辨认，那是一行小篆："皇清一等侍卫佐领纳兰君墓志铭。"心脏一阵紧缩。

感谢过老人，我又独自返回那块已不复存在的墓地，久久徘徊于龙湾子河畔，心沉到底，悲哀却由心底而生。

纳兰性德，这位用整个生命呼唤情、拥抱爱的文人，生前走过苦难的心路历程，身后又如此凄楚悲凉。他的荒冢浸淫于几百年风霜雨雪，目睹尽人世变幻沧桑，竟最终在我们这一代惨遭湮灭。一个民族如果丧失对自己历史、文化的骄傲与自豪，失去对那些伟大思想家、艺术家的崇敬与热爱，究竟还剩下多少希望？

悲哀，为纳兰性德，也为我们。

龙湾子河在静静地、心平气和地流淌，仿佛能洗却岁月的尘埃。我在想，那位曾安息在这里的贵族青年，他本可以得意于金阙玉阶，本可以沉醉于宝马轻裘，他轻而易举便可飞黄腾达，但他偏偏就是苦闷、忧郁、痛苦、悲伤，甚至过早地选择了孤独长眠在这里。

究竟缘何至于此？

就因为他是个诗人。诗人生来便是负有使命的，在那缺少亮色、流血淌泪的大地，在那丧失性灵的时代，诗人禀赋着人类古老生命中涌动着的性灵之光，以他们锐感的诗心，感领着时代的情绪，以一己的苦难担荷起人类心灵的苦难。

他们忧心忡忡，踽踽独行，仰叩苍天，追问大地，他们反反复复地问："生命是什么？人是什么？人究竟该怎么活着？"他们在茫茫暗夜中步履维艰却无怨无悔、执着向前，苦苦寻觅可以安顿自己心灵的精神家园……

　　为此，他们衰弱、生病、早殇，尽管献出了生命也未必找到家园或通往家园的路。但没有找到路并不意味寻找没有意义，人类因为有他们而留下了骄傲和美好，世界也因为这些心灵的使者而平添了光明和希望。

　　在眼下这个物质极为丰富、科技日益发达，可同时又充斥着战争、暴力、金钱等人性丧失的世界，我们多么需要安静下来倾听一下这些诗人们的心声，借助那些睿智又高贵的灵魂引导我们走出迷失的困惑……

　　所以诗人不死，诗人的精神早已超越他们有限的生命而通往永恒！

　　我在田埂上采下了一束不知名的野花，轻轻地放入河中。龙湾子河依旧静静地、从容地流淌。花，顺着水流无声地远去、远去……